江漢大學图史

江汉大学档案馆 编

长江出版社
CHANGJIANG PRESS

江漢大學图史编纂委员会

序言

PREFACE

岁月如歌，秋实硕硕；
笔墨痕染，点记流年。
书成校史，承前启后；
明德秉志，以鉴来人。

昆仑浩瀚，育出长江；
秦岭巍峨，延于汉水。
四海平阔，九省通达；
楚天鹤鸣，江城才聚。

国之肇始，诸事待兴；
育才造士，为国之本。
选址建校，文理商医；
筚路蓝缕，秉持初心。

五十年代，先辈耕犁；
半世风雨，砥砺奋进。
承首义精神，得天地秀毓；
沐改革春风，偕时代同行。

四校合并，迁址新区；
跨越发展，盛世机遇。
坚信念，树理想，提质量，增实力；
扩规模，升层次，兼百家，纳贤英。

铸红心，为国育才；明明德，绵延文脉；
立潮头，创新思维；勇担当，服务地方。
忆起航处，栉风沐雨，初心如月朗；
看前行时，夙兴夜寐，薪火终不辍。
凡七十年，成就历历，是兴校句点；
创双一流，蓝图绘就，开强校新篇。

一卷史，时光诗；
前者立，今者兴。
愿承传统，再励后人；
记之为册，温故启新。

Preface

Life is like a flowing river, and the autumn of life yields the harvest of seeds we've sown throughout life. Through writing, we record those passing years. The history of our university is therefore written, serving as the university's self moral manifestation and aspiration as well as a learning source for later generations.

The lofty Kunlun Mountains gave birth to the Yangtze River. The towering Qinling Mountains stretch to the Han River. Both the Yangtze River and Han River converge in Wuhan, the Thoroughfare to Nine Provinces. Once ruled by the powerful Chu State and still part of the Chu Culture, this place is associated with the legend of the yellow crane. It is a city of rivers and a hub of talent.

In the early years of the People's Republic of China, everything had to start from scratch, and the fundamental task for the country was to cultivate talent. Against that background, the locations of the precedents of Jianghan University were chosen, and a wide range of disciplines covering literature, science, business, and medicine were established. The people of the precedents of Jianghan University blazed new trails while enduring bitter hardships and had always held fast to their original aspirations.

In the 1950s, forefathers sweated and toiled for the course of the university, and after half a century, people of the university continue to move forward bravely. Inheriting the Shouyi Spirit and blessed with natural beauty, the university had taken advantage of China's reform and opening-up policy and had kept abreast of the times.

After the four colleges and universities merged into the new Jianghan University, the university moved to a new location and achieved leapfrog development by making good use of the opportunity the great era offered.

The people of Jianghan University has adhered to firm ideals and convictions, improved education quality, built up capacities, expanded the class and enrollment size, provided more diversified degree programs, accommodated various schools of thinkers, and gathered outstanding talents. With a patriotic spirit deeply embedded in the genes, the university is dedicated to cultivating talents for the country; it keeps in mind that the way of great learning is to illustrate high morals and proper conduct; standing at the forefront, it strives for creative ideas; taking the responsibility without any fear, it is devoted to serving the city.

Recalling the early years of Jianghan University, it had remained true to its original mission and aspirations despite all kinds of hardships. It has continued to march on with people of the university keeping working relentlessly from one generation to the next like passing the torch.

Great achievements made over the past seventy years illustrate how the university has thrived and prospered, and a new chapter for the development blueprint of the university is now opened for the "Double First-Class" project.

A historical scroll is like a poem about passing time. It records how predecessors established the university and how people today have made it further flourish. It is out of the wish of inheriting the fine tradition of the university and encouraging later generations that the history of the university is written down so people can get both reviews and new enlightenments.

目录

CONTENTS

第一部分　应时应需　改革创新

（合并前 1951—2001）

第二部分　百川归海　再续辉煌

（2001—2021）

武汉市中医进修学校
（1953）

武汉中医学院
（1958）

武汉第二医学院
（1958）

武汉医学专科学校

武汉卫生干部进修学院
（1960）

武汉医学专科学校
（1961）

武汉医师进修学院
（1962）

湖北省武汉市卫生干部进修学院
（1982）

武汉市职工医学院
（1984）

武汉市业余医学院
（1981）
（1985）

弌汉教师学院
（1952）

市教师进修学院
（1953）

汉教育学院
（1980）

93）

第一部分

应时应需　改革创新

（合并前 1951—2001）

江汉大学的校史与武汉市属高等学校发展史息息相关。

新中国成立初期，百废待兴，武汉市各项事业迅速发展，各条战线急需大批人才，武汉市第一师范学校、武汉教师学院、武汉市贸易干部学校、武汉市中医进修学校应运而生。

1958 年武汉市新建两所高校，即武汉财贸学院和武汉第二医学院。

1980 年武汉市人民政府决定设立武汉大学分校、湖北财经学院分校、武汉工学院分校、华中工学院分校。1981 年 9 月和 10 月，湖北省人民政府和国家教育部先后发文批准武汉市成立江汉大学（原）。1982 年 11 月，武汉市人民政府批准华中工学院汉口分院单独建校。1982 年 8 月和 10 月，武汉市人民政府批准将武汉师范学院汉口分院和武汉市财贸干部学校并入江汉大学（原）。

2001 年 10 月，教育部批准四所市属高校合并组建新江汉大学。

弦歌声自远，辉煌载史册。第一部分分四个展区，追溯合并前的江汉大学、华中理工大学汉口分校、武汉教育学院、武汉市职工医学院等四所市属高校的历史渊源，展现四校与祖国共命运、与武汉齐发展的风雨历程、如歌岁月。

Part I: Reforms and Innovations（1951 to 2001)

The history of Jianghan University cannot be separated from the development history of Wuhan’s municipal universities.

In the very early period after the foundation of the People’s Republic of China, the fast-growing Wuhan was in urgent need of a large number of talents. Therefore, Wuhan No. 1 Normal School, Wuhan Teachers College, Wuhan Trade Cadre School, and Wuhan Advanced Studies School of Traditional Chinese Medicine were set up in response to such need.

In 1958, two colleges were set up in Wuhan, namely, Wuhan College of Finance and Trade, and Wuhan Second Medical College.

In 1980, Wuhan Municipal People’s Government decided to set up branches for Wuhan University, Hubei Institute of Finance and Economics, Wuhan Institute of Technology, and Huazhong Institute of Technology. On September 1, 1981 and October 8, 1981 respectively, Hubei Provincial People’s Government and Ministry of Education issued approvals to setting up the former Jianghan University. In November 1982, Wuhan Municipal People’s Government made a decision to turn Huazhong Institute of Technology’s Hankou Branch into an individual school. Earlier in August 1982, the government decided to incorporate Hankou Branch of Wuhan Normal College into the former Jianghan University. It made another decision in October 1982 of incorporating Wuhan Cadre School of Finance and Trade into the formal Jianghan University.

In October 2001, with the approval of the Ministry of Education, four universities and colleges merged to form the new Jianghan University.

Even though the past is already passed, glorious history has been recorded.

In Part I, there are four exhibition sections to trace back the history of the formal Jianghan University, Huazhong University of Science and Technology Hankou Branch, Wuhan University of Education, and Wuhan Medical College of Workers and their relationship with each other. It also presents their development along with the development of our motherland and Wuhan in the past days.

第一展区　改革先驱 江汉大学（原）

一、学校简介

原江汉大学创办于 20 世纪 80 年代初期，其前身为武汉师范学院汉口分院和武汉市财贸干部学校，两校均诞生于 20 世纪 50 年代初。

原江汉大学的办学特点是自费、走读、职业性、短期、不包分配、择优推荐。为了提高学生的动手能力，学校采取了早期实习、多次实习的办法。在师资队伍建设上实行专、兼、聘相结合的原则，在经费管理上实行包干责任制。由于学校在全国高校率先进行了上述改革，被社会誉为中国高等职业教育的先驱。

1985 年，经商得武汉大学同意，由武汉市人民政府批准并报湖北省教委备案，在江汉大学内设立武汉大学分校，专门招收四年制本科师范生。

Section Ⅰ

Reform Pioneer Jianghan University （former）

The former Jianghan University was founded in the early 1980s. It merged later with Hankou Branch of Wuhan Normal College and Wuhan Cadre School of Finance and Trade, both of which were born in the early 1950s.

The former Jianghan University was self-funded and focused on vocational education for day students. It featured a short-term education system and did not guarantee job assignments. It selected outstanding graduates and recommended them to potential employees. To improve students' practical ability, the university encouraged them to do their internships early in university and adopted the multi-internships system. In terms of the construction of teaching staff, full-time, part-time, and contracted ones are all accepted. As for the fund management, it adopted overall rationing and responsibility systems. Because the university took the lead in carrying out the above reforms among colleges and universities across the country, it was known as the pioneer of China's higher vocational education.

In 1985, with the consent of Wuhan University, the approval of Wuhan Municipal People's Government and after being put on record by the provincial education commission, a branch of Wuhan University was established in Jianghan University to specially recruit students for four-year normal undergraduate education.

二、历史沿革

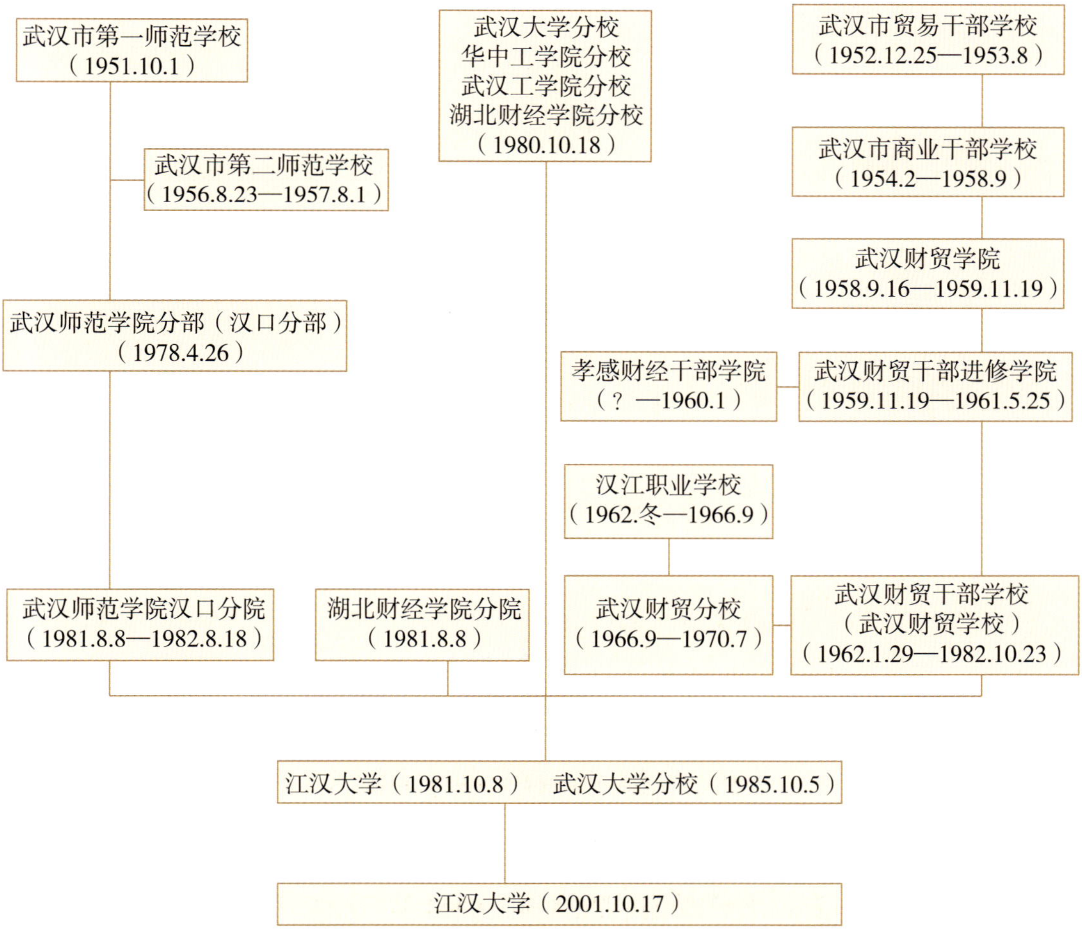

1. 首任领导

党委书记　宋　捷

宋捷，江苏丰县人（1925—2010）。1944年9月参加革命工作，1947年3月加入中国共产党。解放以后，历任中南局育才子弟学校校长，武汉市第十七中学校长，武汉市第一师范学校党总支书记，武汉市教育局副局长、副书记，江汉大学党委书记（1982.4—1984.3）。

校长　王千弓

王千弓，陕西临潼人（1923—2016）。1947年毕业于中央大学法律系，1946年加入中国共产党。解放以后，先后在人民法院、市保险公司、市政府办公厅、市财办、市蔬菜局、市政府等单位工作，并担任过不同的领导职务，直至担任市政府秘书长。他热爱教育事业，解放初期，参与了武汉财政学校的创建，并担任副校长，1955年任武汉中医学院副院长，在担任市政府秘书长期间（从1980年开始）兼任江汉大学校长，1983年卸任市政府秘书长，任江汉大学校长，1984年任江汉大学党委书记，1988年担任市政协副主席。

2. 历任领导

职务	姓名	任职时间
书记	宋　捷	1982.04—1984.03
书记	王千弓	1984.03—1988.07
书记	黄　威	1988.07—1990.08
书记	戴国家	1990.08—1998.03
书记	徐耀良	1998.06—2002.06
副书记	项本承	1982.04—1988.07
副书记	黄　威	1984.03—1988.07
副书记	王永超	1987.07—1992.06

续表

职务	姓名	任职时间
副书记	刘英志	1991.01—1999.05
副书记	潘经澄	1991.07—1993.05
副书记	柏盛湘	1994.08—2002.06
纪委书记	项本承	1988.07—1991.01
纪委书记	柏盛湘	1991.10—1993.05
校长	王千弓	1982.04—1988.08
校长	刘胜荣	1988.08—1990.09
校长	王永超	1990.09—1992.07
校长	戴国家	1992.07—1994.09
校长	柏盛湘	1994.09—2002.06
副校长	张薇之	1982.04—1983.03
副校长	熊向高	1982.04—1983.03
副校长	刘家穆	1983.03—1988.05
副校长	周庆苾	1983.03—1991.03
副校长	陈泽延	1983.03—1988.08
副校长	杨江柱	1984.04—1988.08
副校长	刘胜荣	1984.04—1987.08
副校长	王永超	1985.04—1987.08
副校长	张维麟	1988.08—1997.01
副校长	魏震祥	1988.08—2002.06
副校长	张厚恩	1990.09—1992.08
副校长	潘经澄	1992.07—1993.06
副校长	蕙楚生	1993.06—1997.01
副校长	蕙　雷	1994.04—1995.12
副校长	李跃龙	1996.11—2001.09
副校长	张元树	1997.02—2002.04
副校长	廖国桐	1997.04—2002.06
顾问	关云锦	1983.03—1984.07
顾问	张薇之	1983.09—1988.04

续表

职务	姓名	任职时间
顾问	宋　捷	1984.04—1988.03
巡视员	熊向高	1983.04—1988.05
巡视员	庄明理	1991.04—1991.12

3. 四个分校

1980 年 10 月，市政府批准下达了《武汉市关于高等学校招收自费走读生方案》，随即决定从汉口第六十七中学、汉阳鹦鹉洲中学调整出 16 间教室、抽调 16 人负责教学和行政管理工作，并拨出 16 万元，创办两个教学点，开设了 7 个专业 8 个班，共招收学生 284 名，这就是江汉大学首届学生。

1980 年 12 月 25 日，武汉市人民政府经与武汉大学、湖北财经学院、华中工学院、武汉工学院协商，将汉口第六十七中教学点定为武汉大学分校、湖北财经学院分校，将汉阳鹦鹉洲中学教学点定名为华中工学院分校、武汉工学院分校。

武汉市第六十七中学旧址，原为武汉教育学院南区

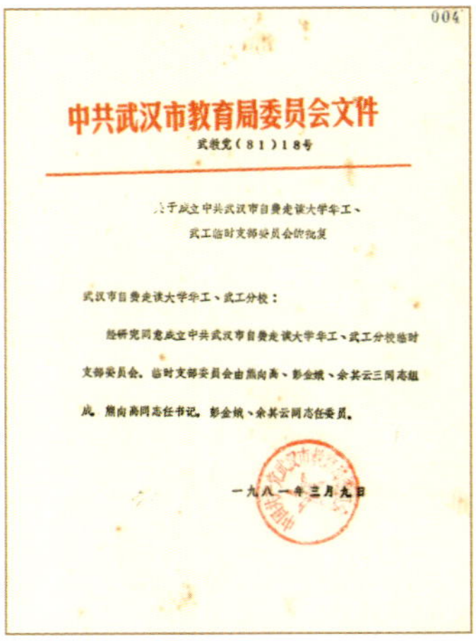

004

中共武汉市教育局委员会文件

武教党（81）18号

关于成立中共武汉市自费走读大学华工、武工临时支部委员会的批复

武汉市自费走读大学华工、武工分校：

经研究同意成立中共武汉市自费走读大学华工、武工分校临时支部委员会。临时支部委员会由熊向高、彭金娥、余其云三同志组成。熊向高同志任书记。彭金娥、余其云同志任委员。

一九八一年三月九日

武汉市鹦鹉洲中学旧址，现为武汉市第三十二中学

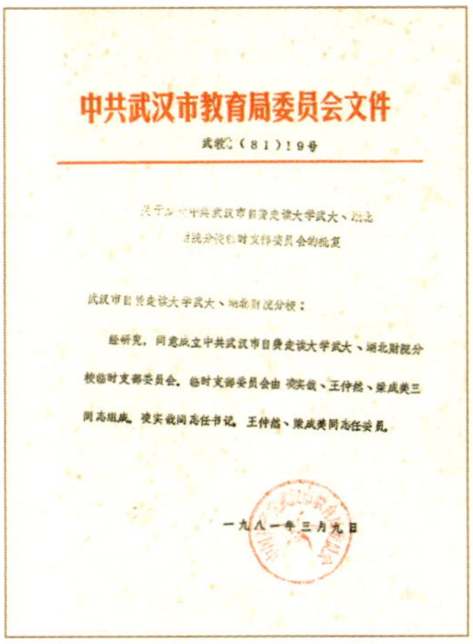

中共武汉市教育局委员会文件

武教党（81）19号

关于成立中共武汉市自费走读大学武大、湖北财院分校临时支部委员会的批复

武汉市自费走读大学武大、湖北财院分校：

经研究，同意成立中共武汉市自费走读大学武大、湖北财院分校临时支部委员会。临时支部委员会由谈实载、王仲然、梁成美三同志组成。谈实载同志任书记。王仲然、梁成美同志任委员。

一九八一年三月九日

4. 集中办学

1981 年 4 月，武汉市将四所分校合并，校址选在武汉市第四十中学内，调整出 14 间教室的教学楼和一栋办公楼同时组建了四所分校统一的领导班子。

1981 年 8 月 8 日，湖北省人民政府批复，同意武汉市建立华中工学院汉口分院、武汉师范学院汉口分院、湖北财经学院汉口分院。武汉市决定将湖北财经学院汉口分院、华中工学院汉口分院暂设在武汉市第四十中学内。1982 年 4 月，华中工学院汉口分院单独建校。

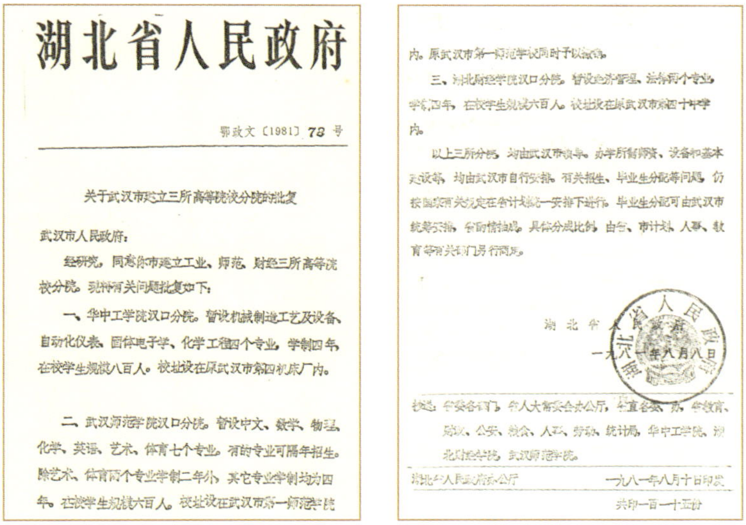

湖北省人民政府

鄂政文〔1981〕73 号

关于武汉市建立三所高等院校分院的批复

武汉市人民政府：

经研究，同意你市建立工业、师范、财经三所高等院校分院。现将有关问题批复如下：

一、华中工学院汉口分院。暂设机械制造工艺及设备、自动化仪表、固体电子学、化学工程四个专业，学制四年，在校学生规模八百人。校址设在原武汉市第四机床厂内。

二、武汉师范学院汉口分院。暂设中文、数学、物理、化学、英语、艺术、体育七个专业。有的专业可隔年招生。除艺术、体育两个专业学制二年外，其它专业学制均为四年。在校学生规模六百人。校址设在武汉市第一师范学校内。原武汉市第一师范学校同时予以撤销。

三、湖北财经学院汉口分院。暂设经济管理、法律两个专业，学制四年，在校学生规模六百人。校址设在原武汉市第四十中学内。

以上三所分院，均由武汉市领导。办学所需师资、设备和基本建设等，均由武汉市自行安排。有关招生、毕业生分配等问题，仍按国家有关规定在省计划统一安排下进行。毕业生分配可由武汉市统筹安排，省酌情抽成。具体分成比例，由省、市计划、人事、教育等有关部门另行商定。

湖北省人民政府

一九八一年八月八日

抄送：省委各部门，省人大常委会办公厅，省直各委、办，省教育、财政、公安、粮食、人事、劳动、统计局，华中工学院、湖北财经学院，武汉师范学院。

湖北省人民政府办公厅　一九八一年八月十日印发

共印一百一十五份

武汉市第四十中学校门

5. 八方支援

（1）市政府召开武汉地区高等院校支持江汉大学办学座谈会

1985 年 4 月 15 日，武汉市人民政府召开武汉地区有关高等院校支持江汉大学办学座谈会。武大、华工、华师等十一所院校的领导及教务处负责同志应邀出席，就学校师资培养、兼课教师酬金、实验实习场所的使用和费用等交换了意见。

（2）武汉大学赠送图书

1983 年 12 月 16 日，武汉大学校长刘道玉将 5 万册赠书中的第一批 27，000 册图书的目录交给了江汉大学副校长刘家穆，并向江大表示热情友好的祝愿。

武汉大学校长刘道玉（中）捐赠图书目录

（3）武汉地区十一所高等院校热情支持江汉大学办学

据 1982 年 3 月 31 日媒体报道，江汉大学创办以来，得到华中工学院（华中科技大学前身）、武汉大学等十一所高等院校和市财贸干部学校的热情支持。许多院校的主要领导都曾亲临学校指导工作；共选派 154 名教师，其中副教授、讲师 133 名到学校任教；帮助解决学校实验、实习、教材等方面的困难。

（4）1983 年 11 月 12 日，有记者来访湖北省图书馆了解江汉大学学生学习情况。此前湖北省图书馆是不向大专院校学生发放借书证的，为了照顾江大学生，取消了这个规定。当时省图书馆发放大专院校学生的图书证，江大学生居首。

张沛霖（左）向学校捐款 14 万元

（5）1985 年 9 月 29 日，武汉市工商联顾问、85 岁高龄的张沛霖先生，把他亲笔书写的向学校捐赠 14 万元的信郑重地交给王千弓校长（右）。

（6）1990 年 4 月 2 日，武汉汉港房屋开发装饰工程有限公司董事、经理谢俊明先生向刘胜荣校长赠送 5 万元支票。

谢俊明（左）向学校赠送 5 万元支票

著名画家端木梦锡先生向江汉大学赠送 150 幅字画

（7）1985 年 6 月 24 日，著名画家端木梦锡先生向江汉大学赠送 150 幅字画。

（8）1986 年 9 月 17 日，辛甫（前排左三）、高顺龄（前排左一）、杨志成（前排右二）为“志成图书室”开放剪彩。

“志成图书室”开放剪彩

6. 扩点办学

1981 年学校先后建立了武昌新河街中学办学点、武昌粮道街中学办学点、武汉大学内珞洪教学点。当年招生 1026 人，专业增加到 18 个专业。

新河街中学旧址，现新河街学校

武汉市粮道街中学

江汉大学珞洪教学点（旧址原为武汉大学走读部、九一二展览馆，现为武汉大学经济与管理学院）

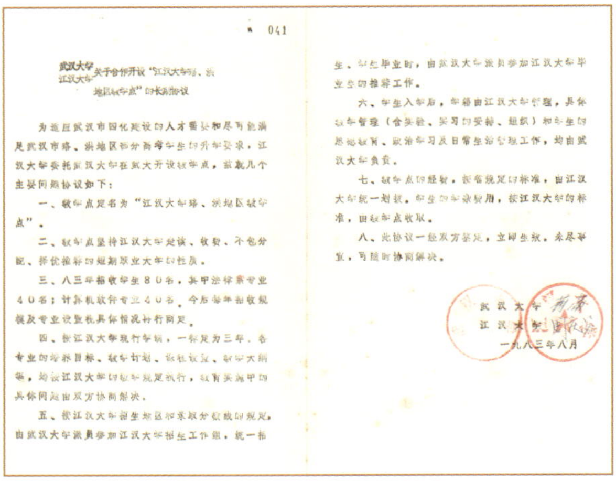

041

武汉大学
江汉大学关于合作开设"江汉大学珞、洪地区教学点"的长期协议

为适应武汉市四化建设的人才需要和尽可能满足武汉市珞、洪地区部分高考学生的升学要求，江汉大学委托武汉大学在武大开设教学点，兹就几个主要问题协议如下：

一、教学点定名为"江汉大学珞、洪地区教学点"。

二、教学点坚持江汉大学走读、收费、不包分配、择优推荐的短期职业大学的性质。

三、八三年招收学生80名，其中法律系专业40名；计算机软件专业40名。今后每年招收规模及专业设置根据具体情况另行商定。

四、按江汉大学现行学制，一律定为三年。各专业的培养目标、教学计划、课程设置、教学大纲等，均按江汉大学的教学规定执行，教育实施中的具体问题由双方协商解决。

五、按江汉大学招生地区和录取分数线的规定，由武汉大学派员参加江汉大学招生工作组，统一招生。学生毕业时，由武汉大学派员参加江汉大学毕业生的推荐工作。

六、学生入学后，学籍由江汉大学管理，具体教学管理（含实验、实习的安排、组织）和学生的思想教育、政治学习及日常生活管理工作，均由武汉大学负责。

七、教学点的经费，按省规定的标准，由江汉大学统一划拨。学生的学杂费用，按江汉大学的标准，由教学点收取。

八、此协议一经双方签定，立即生效。未尽事宜，可随时协商解决。

武汉大学
江汉大学
一九八三年八月

1983 年 8 月，武汉大学与江汉大学签订合作开设珞洪教学点的长期协议

7. 正式成立

1981 年 9 月 1 日，湖北省人民政府批复同意，武汉市成立江汉大学。1981 年 10 月 8 日，教育部发文同意武汉市成立江汉大学。

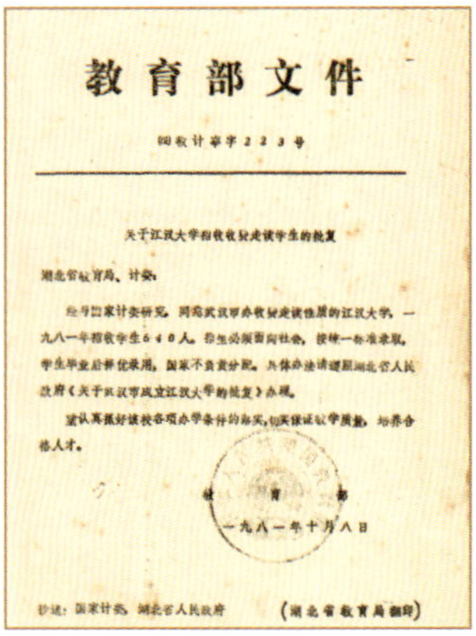

教育部文件

(81)教计字223号

关于江汉大学招收收费走读学生的批复

湖北省教育局、计委：

经与国家计委研究，同意武汉市办收费走读性质的江汉大学，一九八一年招收学生640人。招生必须面向社会，按统一标准录取，学生毕业后择优录用，国家不负责分配。具体办法请遵照湖北省人民政府《关于武汉市成立江汉大学的批复》办理。

望认真抓好该校各项办学条件的落实，切实保证教学质量，培养合格人才。

教育部
一九八一年十月八日

抄送：国家计委、湖北省人民政府　（湖北省教育局翻印）

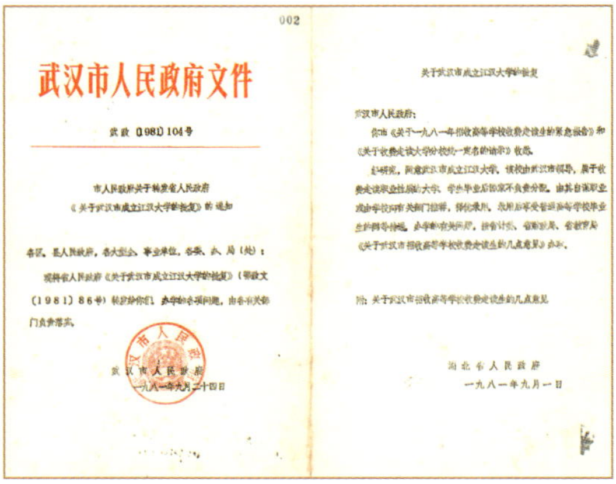

002

武汉市人民政府文件

武政〔1981〕104号

市人民政府关于转发省人民政府《关于武汉市成立江汉大学的批复》的通知

各区、县人民政府，各大型企、事业单位，各委、办、局（处）：

现将省人民政府《关于武汉市成立江汉大学的批复》（鄂政文〔1981〕86号）转发给你们。办学的各项问题，由各有关部门负责落实。

武汉市人民政府
一九八一年九月二十四日

关于武汉市成立江汉大学的批复

武汉市人民政府：

你市《关于一九八一年招收高等学校收费走读生的紧急报告》和《关于收费走读大学分校统一更名的请示》收悉。

经研究，同意武汉市成立江汉大学，该校由武汉市领导，属于收费走读职业性质的大学，学生毕业后国家不负责分配，由其自谋职业或由学校向市有关部门推荐，择优录用。录用后享受普通高等学校毕业生的同等待遇。办学的有关问题，按省计委、省财政局、省教育局《关于武汉市招收高等学校收费走读生的几点意见》办理。

附：关于武汉市招收高等学校收费走读生的几点意见

湖北省人民政府
一九八一年九月一日

湖北省和教育部两个文件明确了江汉大学的校名、性质、招生、分配以及学生毕业后的待遇等问题。10 月 8 日为建校纪念日。

抚今追昔　开创未来——胡耀邦同志题写校名的来历

1978 年，改革开放揭开序幕。当时各类人才奇缺，多出人才、快出人才成为时代的迫切要求。伴随着经济体制改革开放的春风，江汉大学等一批新型的地方大学犹如雨后春笋应运而生，从 20 世纪 70 年代末到 80 年代初短短的几年间，全国各地创办这类新型的地方大学 128 所。江汉大学是这类学校中创办最早的大学之一，在这类大学中发挥着领头雁的作用。

1986 年 6 月 25 日，江汉大学以校党委、校行政及全体师生员工的名义致信胡耀邦同志，汇报了学校办学 6 年来取得的成绩，并恳请他为江汉大学题写校名。书信由当时任中共中央党校副校长、曾任胡耀邦同志秘书的陈维仁同志转呈。胡耀邦同志看到书信后非常高兴，对陈维仁同志说：这类大学是我国高教改革开放中诞生的新生事物，应该支持！并且欣然接受江汉大学的恳请，同意为江汉大学题写校名。1986 年 8 月 16 日，中共中央办公厅秘书局将胡耀邦同志 8 月 15 日题写的“江汉大学”校名，连同中共中央办公厅秘书局致江汉大学的函，通过中共湖北省委办公厅、中共武汉市委办公厅转交到江汉大学。

8. 打造主体（本部三院 三个分部）

1982 年 8 月和 10 月，武汉市人民政府决定：武汉师范学院汉口分院和武汉财贸干校并入江汉大学。1983 年 1 月，市政府决定将武昌中华路中学（现中共五大会址）调整出来作为江汉大学武昌分部；将汉阳七十三中调整出来建立江汉大学汉阳分部。由市农委支持建立农学分部。将武汉市第四十中学划归江汉大学。原市财贸干校、武师汉口分院、第四十中学三处校址作为校本部，校本部分北院、东院和西院。

江汉大学本部北院

江汉大学本部东院

江汉大学本部西院

江汉大学武昌分部

江汉大学汉阳分部

江汉大学农学分部

9. 世行贷款

世界银行对贷款学校的要求是：（1）这笔贷款只能用来购买仪器设备和图书资料，不能移作他用；（2）这次贷款从 1982 年开始到 1988 年完成，在完成后的 20 年内，必须分期无息偿还；（3）接受贷款单位必须按 1 ∶ 2.8 的比例（208 × 2.8=582.4 万美元）进行配套工程建设，武汉市市长办公会同意接受这笔贷款，并承诺按期偿还。

1982 年 10 月 30 日，教育部、世行代表团成员、江汉大学有关人员合影

1982 年 10 月 30 日，世界银行专家代表团来学校作世行贷款项目可行性考察，校长王千弓、副校长张薇之向代表团成员赠送校徽

1982 年 10 月 30 日，代表团安德·麦格伦（左五）、艾尔登·史文佛（左四）、简芮苏·狄波（右三）参观校园，教育部计财司副处长徐敦煌（左三）等陪同

1988 年 11 月 3 日，市教委副主任朱木庭在世界银行贷款项目职大效率讲习班开学典礼上讲话

10. 校名研究

名同时不同的江汉大学

历史上，武汉还曾有过一所“江汉大学”。据《民国日报》1916 年（民国五年）7 月 8 日报道，1912 年（民国元年）10 月 26 日黄兴抵达武昌，同日黄兴出席江汉大学欢迎会，在大会演讲中说：“诸君求学，务以远大自相期许，潜心力学，切戒浮动。庶几蔚为新共和国建设人才。”12 月 24 日宋教仁以江汉大学总理名义在《民立报》发表《江汉大学之前途》一文，要求教育部为江汉大学扩充校舍。当时的江汉大学，系湖北国民党支部提倡开办，内容整肃，规模宏大。自宋渔夫先生（即宋教仁，任该校总理）被刺，校务大受挫折，学校以夭折告终，学员经历也颇为辛酸。历史上的江大和今天的江大，都是改革的产物，但前途却迥然不同。

黄兴宋教仁创办江汉大学始末

辛亥革命的领袖，将教育作为唤醒民众、组织民众的重要手段；把学校作为宣传革命思想的重要据点，培养革命青年的重要阵地。辛亥革命胜利后，革命先驱黄兴、宋教仁就积极筹措在武汉创建江汉大学。

宋教仁先生认为武汉宜于办大学，且前景良好。他曾写道：“教仁等以武汉居全国适中之地，为共和发轫之区，四方道里，遐迩尚觉均平，各路交通，去来亦称方便，形势既占优美，文明乃易灌输，爰就此创设斯校（指江汉大学），藉江汉之炳灵，留中华之纪念，范围取其宽宏，教育期以普遍，合教蒙满回藏。陶熔一致，不问东西南朔，畛域胥泯。此风始播，薄海同声，负苏章之笈，千里来游，等杨震之门，多槐成市。”

1911年，爆发了震惊中外的武昌起义。在革命党人的竭诚努力下，仅半年多的时间，一所崭新的大学——江汉大学在武汉创立。学校由宋教仁亲自出任总理，蒋翊武任协理，石瑛任校长，设有大学预科、政治科、经济科、法律科。1912年秋季开学时，来自全国十四、五个省的学生共有600多名。宋教仁以学校总理的名义，告诫全体师生："强国之要，学战为先。"他鼓励大家，"希望甚大，誓同世界争雄。后事方长，当与同仁共勉。"新创立的江汉大学是辛亥革命后，全国发起最早、规模初具的大学。然而革命未取得胜利，资产阶级民主革命派进行的教育革新也随即夭折，江汉大学仅开办一年就被扼杀在摇篮内。

明初清末江汉大学

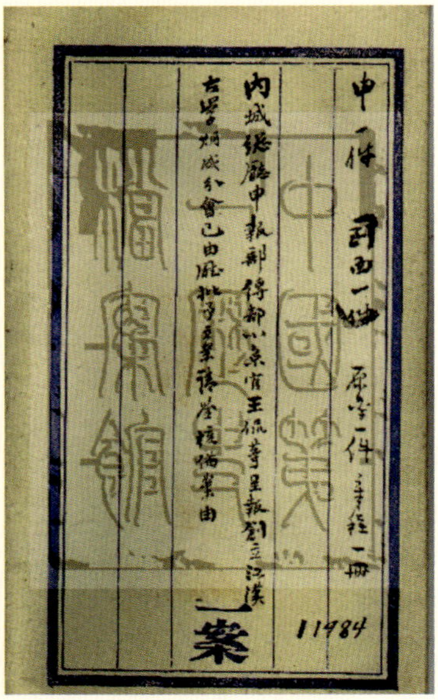

1909年同盟会在日本筹建江汉大学期成会（中国第一历史档案馆提供）

黄兴在江汉大学的演讲

（一九一二年十月二十六日）

列强承认问题，祇须求我国内政修明，秩序恢复，有可以承认事实而已。至于人之承认与否，可不计也。调和南北感情之事，本来不成问题，不过外人轻信一种无识者之言，妄相拟议。此次孙先生及兴北上以来，此种浮言已归冰释。但此后建设需材孔急，则教育至为急务，诸君求学务以远大自相期许，潜心力学，切戒浮动，庶几蔚为新共和国建设人材。先民艰苦缔造之美满河山，可期久远，可谋光大。

据上海《民立报》一九一二年十一月一日

黄　兴

江汉大学之前途

（一九一二年十二月二十四日《民立报》）

民国江汉大学校总理宋教仁、协理蒋翊武、校长石瑛、教务理事李祖贻、内务理事黎尚雯等呈请教育部及黎副总统通咨各省都督文云：为呈请事：窃以措国家于磐石，端赖贤豪，范人士于炉锤，全资教育；况当大局初定之秋，尤为百废待兴之会，经纬万端，事机丛集，外则欧风美雨，咄咄逼人，内则恶耗暗潮，时时发现。感坠天之有象，忧切木巳［si(四声）］人；念炼石之可为，补怀娲氏，棫朴作人，髦士为之崛起；菁莪造士，成周因以肇兴。教仁等以武汉居全国适中之地，为共和发轫之区，四方道里，遐迩尚觉均平，各路交通，去来亦称便利。形势既占优美，文明乃易灌输，爰就此间创设斯校，藉江汉之炳灵，留中华之纪念，范围取其宽宏，教育期以普遍，合教蒙满回藏，陶熔一致，不问东西南朔，珍域胥泯。此风始播，薄海同声，负苏章之笈，千里来游，等杨震之门，多槐成市。综其现额，已达六百余名，若论籍居，亦经十四五省。课程将满一期，班次现分四项，计大学预科、政治科、经济科、法律科。遵照定章，限年毕业，业经呈由大部，核准在案。惟经营伊始，困难异常，款项拮据，若磬悬而无恃，校基褊隘，复人满而难容。目前之建设方殷，来日之规划宜预，仪器图画，当分门而准备，农工商矿，宜按日而开班。凡兹一切之设施，均藉多钱之挹注，一木势孤，岂能支乎？大厦众擎举易，是所望于群豪。前蒙湘都督谭，暂拨开办及常年费各一万元，并允再行加筹，接济在案。唯大学本众材陶冶之场，武汉又全国观摩所系，教科当达完全，校舍尤宜开拓，事体重大，非一省经济所能扩充，费用浩繁，无常年巨赀难持久远。查大部划定大学区域，凡北京、武昌、江宁、广州四处，皆得设立大学。敝校发起最早，又在部定学区之内，组织有条，规模粗具，一迸部章办理，可否直接由大部提款收办，抑或准予酌给津贴，并通咨各省都督，筹拨开办及常年经费，

宋教仁

蒋翊武

石　瑛

以资协济而策进行？又敝校校址未定，栋宇宜崇，恳即转咨鄂都督，于省垣旧署书院学校及各栈之中，择一阔大壮丽之处，作为校舍，以示依归。强国之要，学战为先，希望甚大，誓同世界争雄。后事方长，当与同人共勉。所有敝校一切应如何规定之处，理合具文呈请察核，明示办法，赐复施行。须至咨者。

——选自陈旭麓主编宋教仁集（下）中华书局 2011 年版

江汉大学学生邓初民

1911 年 10 月 10 日，以武昌起义为标志的辛亥革命，在“居天下之中，当四战之地”的武昌爆发了。武昌首义的消息传到荆州，希禹极为振奋，以为国家可望从此好起来。翌年，希禹离开家乡来到被视为革命中心的武昌，考入刚刚筹办起来由宋教仁担任校长的江汉大学。虽然宋教仁并未到职，课程也不正规，但学校的革命空气比较浓厚。“当时在学校里就有同学宣传社会主义，但多半是宣传原始共产主义的那种初民生活。原来就受大同世界思想影响的我，自然向往初民生活。为了表示我为初民生活的理想而奋斗，从此改名为‘初民’。”

邓初民

当时江汉大学有一个自称“林一足”的人，他经常邀集同学们宣传社会主义，散发社会发展史的书籍。“林一足”原名林修，广东潮州人，早年留学日本，是中国同盟会早期重要成员，也是湖北革命组织文学社的重要成员，他积极推动湖北革命组织文学社和共进会的联合，并组织推动成立武昌起义总指挥部，发动武昌首义，在保卫武昌的战斗中，林修被清军的炮弹击中，失去了一条腿，但林修仍然积极宣传革命思想，后来林修担任广东潮安县县长。在“林一足”的宣传下，邓初民十分向往“共同生活，共同分配，没有阶级，没有剥削”的社会。

1912 年，孙中山先生被迫将临时大总统让给袁世凯。但国民党在国会议席中尚居多数，倡导内阁制的宋教仁想以“政党内阁”来制约袁世凯。1913 年 3 月，宋教仁被袁世凯密谋刺死于上海，辛亥革命烈士的血迹未干，革命就被北洋军阀践踏了，江汉大学就此停办。曾对革命满怀希望的邓初民陷入深深的失望之中，为了寻求救国救民的真理，他决定出国留学。

选自政协石首市委员会编《邓初民》新华出版社 2021 年版

武汉大学体育馆位于狮子山西部南坡底。民国初年的总统黎元洪（字宋卿）病逝于天津后，原想迁葬于珞珈山南麓，校方没有答应。1934 年 4 月，黎元洪之子黎重光（绍基）、黎仲修（绍业），将其先父保管的辛亥革命志士筹建江汉大学的捐款，全部移赠武汉大学修建体育馆，因此，该馆又称宋卿体育馆。1935 年 10 月开工，1936 年 7 月竣工。馆长约 35.05 米，宽约 21.34 米，建筑面积 2748 平方米，工程造价 12.31 万元，由上海六合公司中标承建。

总统黎元洪（字宋卿）

体育馆建筑特点是采用当时先进的三绞拱钢架结构，大跨度空间和别具一格的山墙、屋顶造型。绿色琉璃瓦屋顶随三绞拱的弧线轮廓而转折，形成轮舵式的山墙和三重檐歇山顶。既表现出现代新型的建筑技术，又保持和发扬了中国传统建筑的特色，为体育活动创造了良好的空间和采光通风等条件。里面有看台，外有观景台，屋顶覆绿色琉璃瓦，利用密檐高差采光通风，体育馆是又一典型的“中西合璧”式建筑。

1938 年 3 月，国民党临时全国代表大会在这里召开，推举蒋介石为总裁，号召全国军民团结抗战。1947年武汉大学“六一”惨案追悼大会也在这里举行。

武汉大学体育馆（宋卿体育馆）

三、社会影响

1. 出席重要会议

盛会归来话教改

1985 年 6 月 15 日，江汉大学校报报道：近日，王千弓校长作为全国一百多所短期职大的两位代表之一，参加了在北京召开的全国教育工作会议。这次全国教育工作会议，是新中国成立三十五年来规模最大的一次。盛会归来，王校长欣然接受了采访。他谈到，要发挥短期职大的优势，一是要加强教学的针对性，二是教学方法要改革，要发扬“求实、创新”精神。在师资建设方面，要聘请一批有责任心、水平高的教师；在学生管理方面，则要严格考试制度，严格升留级制度，达不到标准的学生坚决淘汰。

黄威出席全国高校党建会

1984 年 6 月 6 日，江汉大学党委副书记黄威参加由中共中央宣传部、教育部、全国总工会、团中央在北京召开的全国高等学校思想政治工作会议。

2. 重要简报

1985 年 3 月 30 日，江汉大学顾问宋捷、张薇之和高等职业教育研究所伍骅、徐佳丽到北京向党中央书记处研究室汇报了江汉大学的情况，书记处研究室文教组陈舜尧同志听了汇报后指出：江汉大学的生命力在于改革，在改革中必须加强思想政治工作，加强党的建设。并要求江汉大学随时将改革情况上报书记处研究室。随后，由中央书记处研究室主编的内部刊物《调查和研究》上登载了由学校提供的《要办好短期职业大学》一文，肯定了职业大学的方向和前景。4 月 16 日，书记处研究室的《情况简报》中登载《一种新型的地方大学（短期职业大学）的发展概况》的资料，提交中央领导同志参阅。

调查和研究

中共中央书记处研究室编

交通运输应该有一个较大的发展　李鹏

对我国交通运输结构的探讨　王黑明　张旭明

我国农村能源发展战略对策刍言　杨纪珂

关于列宁论创作自由的一段译文的重要订正

1985 9

调查和研究

1985年第9期

内部刊物·注意保存
未经同意·不得转载

目　录

要办好短期职业大学

江汉大学

中共中央书记处研究室编
经济日报出版部印发

1985年6月10日

3. 重要题词

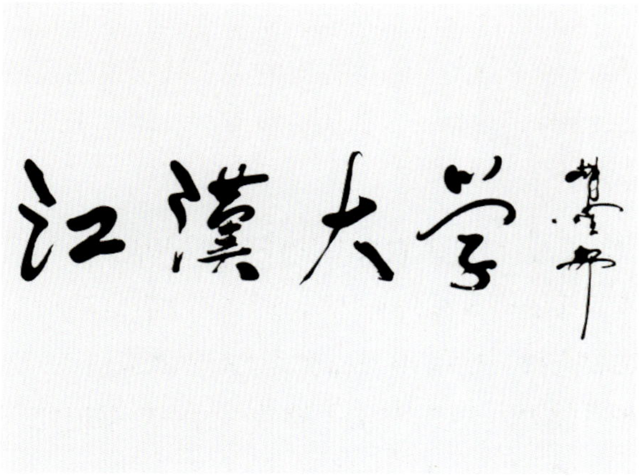

胡耀邦题写校名

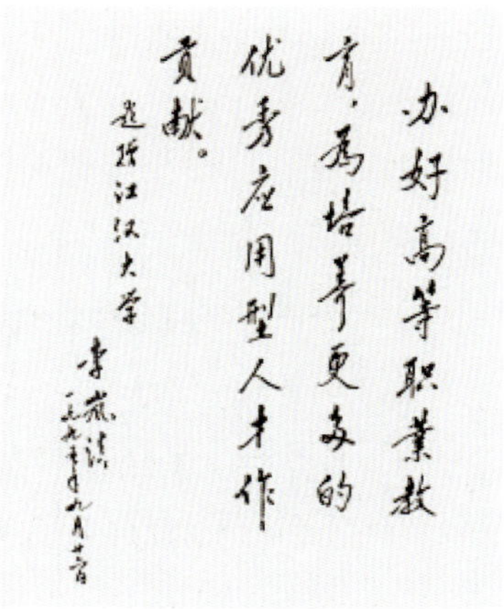

李岚清题词

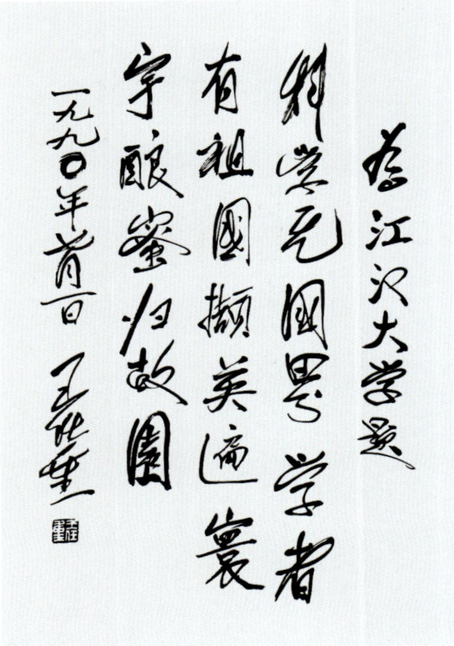

王任重题词（大众企业管理、校庆）

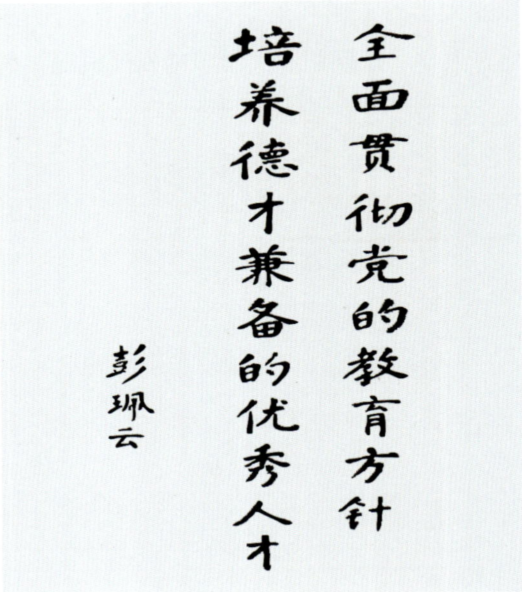

彭珮云题词

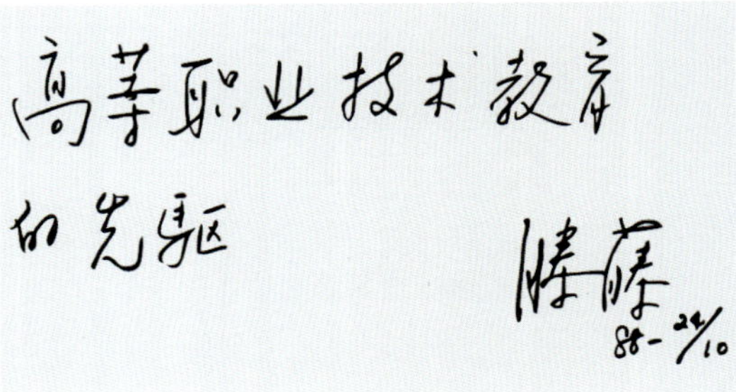

滕藤题词

4. 重要调研

1985 年 10 月 26 日，中共武汉市委书记王群偕同市委宣传部部长李岩、市人民政府秘书长任德亮、市教委主任李珠视察江汉大学，还到校外学生宿舍区进行察看，中午和同学们共进午餐，下午和一百多名师生举行座谈，回答师生提出的关于武汉市的经济形势、学生思想教育工作和学校经费等问题，最后并题词：“坚持教育改革，把江大办成我国第一流的社会主义新型大学。”

王群（左一）等领导同志参观学校远景规划模型

王群（左）向居住在农民家的学生了解情况

王群（右）勉励同学们努力学习，将来为“四化”建设多作贡献

王群（左四）等领导同志参观校园

王群（左三）向正在进餐的同学们了解食堂伙食情况

张晓林调查报告

1983年3月1日至6日，中共中央书记处研究室专门派出张晓林同志来江汉大学了解情况。研究室拟定了调查提纲15个，包括创办、招生、师资、教学、学生、设备、经费、社会反映各个方面，张晓林在校召开了学生、教师、干部、学生家长6次座谈会，最后表示这次了解的情况比原来估计的要好得多。

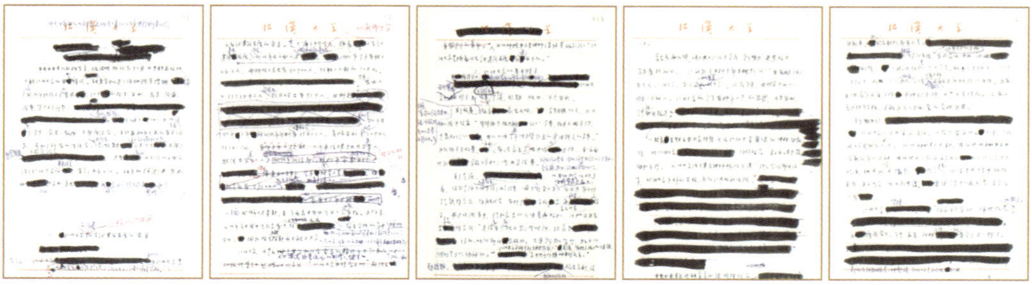

中共中央书记处研究室派专人来江汉大学进行调查研究手稿

四、知名学者

王千弓

1949年以后长期从事秘书工作，他深知大学校长应当是教育家，教育家就必须从事教学、研究工作。他创办了全国第一个秘书专业，第一个秘书学系，开设了秘书、档案、信访等一系列专业。他主编了《秘书学和秘书工作》《秘书词典》《企业秘书》《实用秘书手册》等专业书籍，在秘书学专业建设方面成就显著。中国高等职业教育研究会授予他“终身成就奖”。

张薇之

研究员，我国高等职业技术教育理论研究的开拓者，20世纪80至90年代，他担任中国高等职业技术教育研究会常务副会长、秘书长，高等职业技术教育研究所所长，《高等职业教育》杂志主编，其论文《论短期职业大学的基本特点》先后在《新华文摘》《人大报刊复印资料》《中国日报》（英文版）等重要报刊转载，荣获湖北省1978—1983年社会科学优秀成果奖三等奖。2010年，他关于教育特别是关于高等职业教育的研究成果《教育之树常青——薇之论教育》结集出版。中国高等职业教育研究会授予他“终身成就奖”。

谢能泳

教授，全国普通高校工程专科化学课程委员会副主任，1989年评为全国优秀教师，1993年获国务院政府特殊津贴。

陆兆熊

教授，国内黑白电视机差转机的发明人之一，与武汉大学张肃文教授合著的《高频电子线路》全国通用教材被湖北省人民政府授予科技进步一等奖，享受国务院政府特殊津贴。

沈仪藻

江汉大学首位教授。1932 年获复旦大学外文经济双学士学位，1949 年 9 月至 1952 年任中华大学经济系教授。

杜星福

教授，全国自学成才优秀人物。在研究世界著名数学家希尔伯特 23 个数学问题中第 16 个“二次系统三阶细焦点外围无极限环”这一猜想的外围战役里，取得重大突破，以上论文用中英文在《中国科学》（1985 年第五期）和《科学通报》上发表后，受到华罗庚教授的赞赏及国内外专家的关注。

周熙文

著名财政学专家，武汉市财政局总会计师，编撰出版了《武汉财政志（1911—1992 年）》。

连志远

著名会计理论专家，武汉市特级模范教师，全国优秀教师。

安天荣

教授，国际武术裁判。曾参与担任音乐舞蹈史诗《东方红》和电影《武林志》的武术设计。连续5年获全国武术比赛冠军，1977年被聘为湖北省武术队主教练。

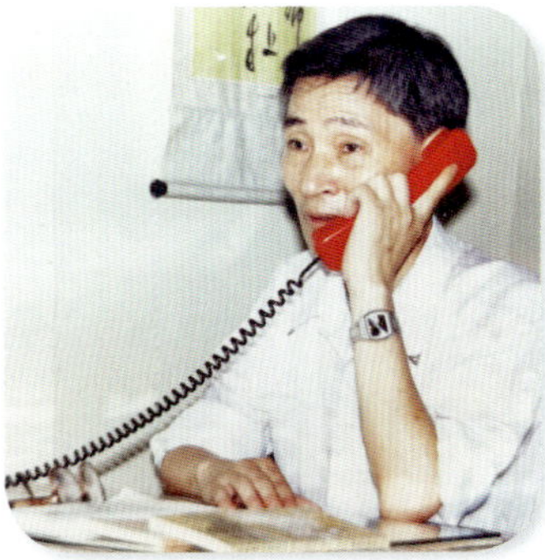

刘继生

教授，全国职业院校德育教学研究会理事长。主编的《历史、爱国、社会主义》丛书，即《国耻愤》《民族魂》《强国路》，于1990年出版，中共中央书记处书记胡乔木为该书题写了书名。著名历史学家戴逸为该书作序。共青团中央、国家新闻出版署为《国耻愤》一书颁发首届青年读书节“青年喜爱图书”证书。

杨江柱

教授，比较文学专家，著作有《西方文海一勺》，译著《科学家——大象历险记》《蟠蝉奇遇记》《神秘失踪六小时》等，论文《比较文学与报国情思》荣获湖北省1978—1983年社会科学优秀成果三等奖。

吴峤

教授，《课堂教学把开拓学生智力放在首位》一文获湖北省优秀教学成果一等奖。

五、江大精神

1. 八字校风

什么是校风？校风是一个学校集体反映出来的精神风貌。

一个学校的领导者，从办好学校的战略思想出发，往往根据学校的历史和传统，总结出具有这个学校个性特征的校风；或者根据党对这个学校的要求，提出体现学校特色的校训，经过长期坚持不懈的培养，使之蔚然成风。

校风具有如下的特点：一是为学校集体所有，表现在领导、干部的作风之中，表现在教师的教风之中，也表现在学生的学风之中。它沛然充塞于学校生活的各个领域。二是它既反映出学校的历史和传统、办学的战略思想，又具有时代的特色和气息，学校集体中的每一个成员，都受到它潜移默化的熏陶。三是具有稳定性和连续性。它的形成是长期的有目的有计划的教育实践结果，它一经形成就如春风常驻，尽管学校工作人员会调出调进，学生也年年有送老迎新，校风却无声地传递着发展着。

江汉大学是在新的历史时期，在高等教育改革中应运而生的。为了贯彻党的思想、政治路线，适应社会主义物质文明和精神文明建设的需要，为了体现“振奋精神，开拓前进，

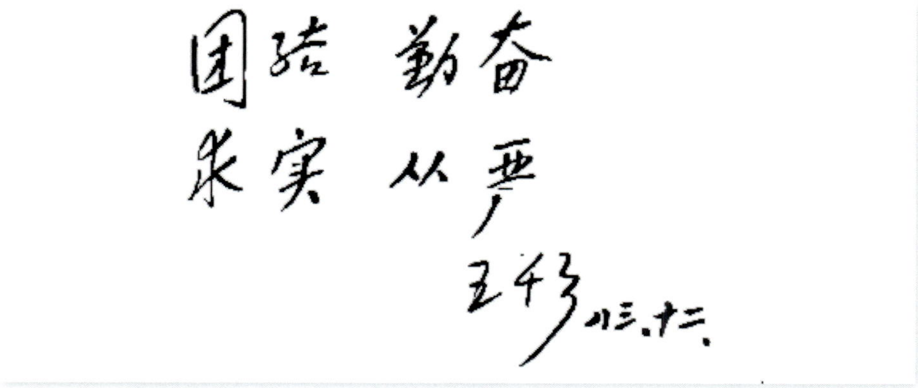

王千弓题写的“团结　勤奋　求实　从严”

坚毅不拔，奋斗不息”开创新局面的时代精神和革命风格，为了有利于教育方针的贯彻和学校教育任务的实现，为了促进党风和社会风气的根本好转，学校领导提出建设江汉大学校风的问题。在全校教职员工和学生酝酿讨论的基础上，经过认真思考，提出“团结、勤奋，求实、从严”八个字，以期经过全校师生的努力，使之形成为江汉大学的校风。

团　结

团结就是力量，团结才能胜利。马克思和恩格斯在《共产党宣言》中向无产阶级发出的第一个号召就是“全世界无产者联合起来！”从此，觉悟的无产阶级及其政党都自觉地把“团结”作为争取胜利的重要武器。中国共产党在民主革命斗争中，以工人阶级为领导，以工农联盟为基础，团结了全国各族人民、各民族阶级、各民主党派，团结了除少数反动派以外的一切可以团结的人，通过武装斗争，终于推翻了压在中国人民头上的三座大山，取得了民主革命的胜利。

革命需要团结，建设同样需要团结。毛泽东同志在党的八次代表大会上指出团结的目的是“为了建设一个伟大的社会主义国家”。经过十年内乱之后，在党的十一届三中全会路线指引下，我国社会实现了安定团结、生动活泼的新局面，党和人民对团结的意义认识更深刻，并将“团结”写入新的历史时期总任务的表述之中。团结是政治路线不可缺少的内容，是实现政治路线的重要前提，团结的路线，就是胜利的路线。

学校把“团结”列为校风，是江汉大学胜利前进的需要。江汉大学原为三个实体，合而为一。九百多名教职工，近四千名学生，一百多个教学班，以赵家条三个大院为基地，遍布武汉三镇。这支队伍已是相当可观，但是为了适应武汉四化建设的需要，它必须继续发展。在这种形势下，除了要逐步实现管理现代化之外，团结之风将显得特别需要。没有团结，岂不成了一盘散沙？学校团结的核心是学校党委。全体师生员工也不断地增强着向心力，紧密团结在党委的周围，奋力推动学校的运转。

团结之风是一种巨大的凝聚力，这种凝聚力来自深刻地认识江大，热爱江大。组织上的统一，还要求思想上的进一步一致。学校工作的重点已由组建工作转移到提高教学质量上来，学校全体成员思想上必须适应这一转移，特别是处在教学第一线的老师，要把自己的专业转移到为江大的职业性服务的轨道上来，使辕辙一致，协力向前。

团结的校风还要求在党的领导下，部门之间，同志之间，互相尊重，彼此谅解，紧密配合，协同动作，向着共同的方向和目标阔步前进。不然，一根绳上八只鸡，四面八方，自行其是，必然互相牵扯，抵消力量，造成原地挣扎、寸步难进的局面。学校工作的运转要灵，前进的步伐要大，要求团结的气氛也益浓。

团结的校风也要求各教研室之间、教研室内部教师之间，认真合作，互相尊重。当代科学的发展，各门科学的分支越来越细，而相互之间的渗透面却越来越大。科学技术上任何一种重大突破和惊人的成就，常常是知识密集的体现，而不是某个人单枪匹马所能办到的。江汉大学想要在改革中开展教研、科研活动，大力进行教学改革，使制订的新的教学计划，编写的新的教材，符合时代的要求，这就需要教师们通力合作，真诚团结，把集体的智慧集中起来。

我们把团结作为校风，还有一条重要的理由，就是希望在一个团结的大集体里，造就一代具有团结品格的新人。能够团结人一道工作，看来似乎是一门学问或一种艺术，做到这一点，需要懂得团结的对象、团结的基础、团结的目的和团结的方针和方法。其实它还是一种崇高的品格。这种品格是思想觉悟、理论水平、道德修养的集中体现，是马列主义、毛泽东思想教育和共产主义理想、道德教育的产物。古人把能团结人或能与人和睦相处叫作“乐群”，并和“敬业”联系起来，称之为“敬业乐群”，今天是敬四化建设之大业，乐亿万人民之群。我们的学生是国家的未来，武汉的未来，在校期间，就应该在团结的校风熏陶下，促进团结品格的形成。

这种品格，具有“高、远、阔”的特点。“高”是指思想境界高，能把人民的利益放在高于一切的地位，真心做到关心别人比关心自己为重，在学校生活里，爱护集体，关心同学，乐于助人，在紧急关头，能挺身而出，不顾个人安危，舍己为公，舍己救人。“远”是指看得远，具有远大的共产主义理想，懂得共产主义的实现需要亿万人民几代人的艰苦奋斗，是人民群众创造历史，而不是靠匹夫之勇包打天下，在学校生活里，能团结同学，一道学习和工作，能积极参加集体活动，认识到群众力量的伟大；走向工作岗位，则能相信群众，依靠群众，与群众同呼吸、共命运，善于集中群众的智慧，从群众中来，到群众中去，和群众一道开创工作的新局面。“阔”是指有辽阔的胸怀，能容事容人。古人称之为“虚怀若谷”，俗语也有“宰相肚里能撑船”的说法，比喻一个人的气量宏大。社会主义事业接班人的胸中装的是“四海之水”“五洲风雷”，自然要比封建士大夫的心胸宽广得多。在学校里，同学之间能和睦相处，谦虚忍让，维护团结像维护眼睛一样慎重，不因些许小事斤斤计较，不因受点冤屈耿耿于怀；走向工作岗位，则能顾全大局，以事业为重，坚持真理，修正错误，不但能够团结与自己意见、性格相合的同志，也能团结那些与自己意见、性格不合的同志，不断增强所在部门、所在单位的团结。这种团结的品格，必须在团结的大集体里，在群众的有声有色的教育活动中逐步地培养起来。

勤 奋

勤是指充分利用生命的有效性；奋是指充分发挥人的自觉能动作用。“业精于勤”。只有通过勤奋，才能使我们的事业、专业、学业精益求精。

首先,勤奋可以提高时间的效益和生命的有效性。全国各族人民在党的领导下,正以“只争朝夕”的精神,为实现21世纪末的宏伟战略目标,战斗在各条战线上。时间是极为宝贵的。但对于每个人来说,人的一生是有限的,任何人都不是时间的富翁。如何“把有限的生命投入到无限的为人民服务中去”是人生观的重要课题。我们的干部都是人民的勤务员,勤务员就要勤奋。只有勤奋,才能提高生命的有效性,才能为人民多服务一点,服务得好一点,才不致岁月蹉跎,年华虚度。周恩来同志生前为中国人民、世界人民谋利益,日理万机,夜以继日,忘我地工作。为了充分利用时间,他在赴会途中,常常在汽车行进的时候吃饭;即使这样,还是一边吃饭,一边听秘书汇报工作。他真正把生命的每一瞬息都用在为人民服务上了。鲁迅,当有人肯定他的成就时,他说:“我是把别人喝咖啡的工夫都用在工作上。”又说:“节省时间,也就是使一个人的有限生命更加有效,而也等于延长了人的生命。”

学校的工作人员,担负着创业的任务,既要有“俯首甘为孺子牛”的思想,也要有“不用扬鞭自奋蹄”的行动。为了提高时间的效益,必须反对那种拉车不出力,套绳不绷紧,拖拉松垮的工作状态;必须反对那种饱食终日,无所用心,上班一杯茶,天南地北扯闲话的不良习气;必须反对生理未老,心理先衰,暮气沉沉、萎靡不振的精神状态。勤奋是与韧劲、毅力血肉相连的,也必须克服那种一曝十寒,三天打鱼、两天晒网的冷热病。生命属于自己,更属于党、属于国家和人民。共产党人不能容忍自杀,也不能容忍浪费生命这种慢性自杀的现象。人总是要有一点精神的。勤奋就是这点精神中的重要内容。我们的同志勤奋成风,工作效率就会大大提高,学校就会朝气蓬勃、生机盎然。

勤奋是人才成功不可缺少的条件。天才并非天赋之才,天才出于勤奋。古往今来,一切为人类作出卓越贡献的人物,无论他们成功的原因有多少,都不能离开勤奋。高等学校是为“四化”建设培养各种专门人才的场所。列宁说:“只有用人类创造的全部知识财富武装自己的头脑,才能成为共产主义者。”但是,人类积累的知识已经很多,新的知识又在源源不断地涌来,世界先进科学技术的发展已有较大的突破,我们正面临着西方发达国家所谓“第三次浪潮”的挑战。科学知识在宏观上是无限的,各门科学的分支在微观上也是无限的。摆在高校师生面前的不断增高的“书山”和不断加宽的“学海”,要鉴别它、掌握它、运用它、发展它、更新它,使自己具有两个文明建设之才,这是何等艰巨的任务啊!解决这一问题就要勤奋。

陈毅同志说:“应知学问难,在乎点滴勤。”这正是指的“书山有路勤为径”的道理。马克思有段名言这样写道:“在科学上没有平坦的大道,只有不畏劳苦沿着陡峭山路攀登的人,才有希望到达光辉的顶点。”毛泽东同志也曾这样教导过我们:“世上无难事,只要肯登攀。”无产阶级的导师们是这样讲的,也是这样做的,他们就是孜孜不倦,勤奋探索,勇于攀登,从而踏上时代高峰的巨人。

我们需要有勤奋的校风是由于江汉大学的现状和特点决定的。作为新校，它的领导班子、师资队伍、经济来源、设备条件、学生入学时水平与老高校相比，理所当然地存在着相当大的差距；作为高教事业发展的一条“新腿”，一个层次，在开拓前进的道路上，也只是刚刚起步；我们还要看到，学校既是为满足地方建设需要而办，它的地方性决定办学的结果必须使武汉社会经济发展需要得到应有的满足。群众说得好：“千新万新、千好万好，归根结底是要产品质量新、产品质量好。”正是这样，去年在一次党委扩大会议上我们提出了“江大的生命在于学生的质量”这一尖锐的命题。江汉大学要立足于高等学校之林，为社会所承认，必须拿质量作支柱。好的质量只能来自全体成员的勤奋。笨鸟先飞，勤能补拙。只有勤奋，才能弥补缺陷，才能缩短现状与需要之间的差距，才能不断提高教育质量，增强竞争能力。

江大这类学校人所共知的特点决定学生必须有勤奋的学风。走读，是需要“黎明即起”，“三更灯火五更鸡”，用勤奋来弥补途中往返所需要的时间；短期，就需要紧紧抓住这个难得的，又是眨眼就去的学习机会；职业性，就需要用勤奋千方百计地提高就业能力；不包分配，就学校而言是择优推荐，就社会而言是“学而优则用”，就需要用勤奋去夺取优异的成绩。我们争取了早期实习，使学生早期进入社会，了解社会并根据社会需要来弥补自己知识能力之不足。之前我们还开展了勤工俭学活动，结合专业，广开门路，以适应学校和社会的需要。这样做，有利于学生树立为人民服务的思想，有利于扩大知识领域巩固所学知识，有利于实践能力的提高；同时，从收费的角度看，也会减轻部分家庭的负担，并为部分家庭经济紧张的学生解决一些困难。邓小平同志在1978年全国教育工作会议上提倡全国青少年要树立“勤奋学习、遵守纪律、热爱劳动、助人为乐、艰苦奋斗、英勇对敌”的革命风尚。这位无产阶级革命家在这里首先讲到的是勤奋。全国青少年都应勤奋学习，江大的特点，则促使它的学生更应该勤奋学习。

求 实

“实”就是客观存在的一切事物，及其不以人们意志为转移的规律，“求”就是我们去研究、去探求这些事物及其规律。求实是唯物主义哲学的出发点和归宿。

求实的精神是符合党的实事求是的思想路线的。实事求是是毛泽东思想活的灵魂三个基本方面之一。毛泽东同志曾尖锐地批评过那种同实事求是精神完全对立的脱离实际、脱离群众的主观主义。

求实是辩证唯物主义认识路线的前提和基础。求实是正确处理思维与存在、主观与客观关系问题的首要原则，是唯物主义哲学关于物质第一性、意识第二性信条的具体运用。

江汉大学的诞生，就是武汉市领导从武汉“四化”建设的人才奇缺，严重影响了武汉市经济、文化建设和城市管理的基本状况出发，对老大学培养人才的速度和武汉市各方面人才的急需进行了大量的调查了解，详细地占有大量的材料，进行科学分析与综合，发现急需的人才，如秘书人才、城建环保等人才奇缺，而有些专业人才又相对多了一些，甚至改行干其他的工作。为了把武汉市“四化”建设搞上去，首先得解决建设人才供不应求的矛盾和培养人才与使用人才不对口的矛盾。因而迫切需要有一所能为武汉市“四化”建设对口培养人才的学校，市领导从而才下定决心创办江汉大学，这就使主观认识达到同客观的一致，也就是坚持了实事求是的原则。

学校提出的五个特点，也可以说是办学的五项原则，即走读、收费、短期、职业、不包分配，是求实的结果。这五个原则是植根于“四化”建设、高教改革实际之中的，不是凭空地想当然。所以江大才具有强大的生命力，受到社会各方面的支持和关怀。

求实是江汉大学进一步发展壮大的需要。根据学校的五个办学原则、“四个要”（学生的思想政治要好，基础要厚一点，知识面要宽一点，动手能力要强一点）的培养目标和江大的客观条件，全校各部门既要勇于解放思想，又要量力而行，主动地、创造性地开展工作。我们的同志在创业问题上要胸怀大志，但“千里之行，始于足下”，又必须扎扎实实、一步一个脚印地前进，也就是说，必须要有求实的精神。

求实就得养成调查研究之风。在某种意义上说，江汉大学离开了调查研究，不按实际情况决定自己的工作方针，就失去了自己的优势，就没有生命力。学校的五大特点的形成是求实的结果，也必须在不断调查研究中发挥其特点。没有调查研究，就无法进行人才的预测，确定招生的对象、人数；就无法制定教学计划、教学大纲，更谈不上专业设置等。“扬长避短，发挥优势”是江大发展壮大的方针。要做到“扬长避短，发挥优势”就得有求实的精神，大兴调查研究之风，把求实的精神具体化。

求实就得养成走群众路线，充分发扬民主作风。深入实际，走群众路线，是党的三大作风之一。群众的力量、智慧和实践经验是无穷无尽的，群众是真正的英雄，一切真知灼见都来源于天下实践着的人们。所以，求实就得走群众路线。学校各级领导、教师和工作人员都要改变工作作风，深入到教学中去，深入到学生中去，走群众路线、了解下情，充分搜集各方面的意见，使上下通气，就可避免犯主观主义的错误，会把江大建设得更好。走群众路线的民主作风一旦养成，可使学生受到党的三大作风的陶冶，成为善于走群众路线、集中群众智慧的一代新人。

求实就得养成踏实的学风。班固曰：“修学好古，实事求是。”求学的人要讲究实际、真切，不得求虚名、华而不实。学风问题十分重要，教师对待教学，学生对待学习，应持老实的态度。在科学的问题上，是来不得半点虚假的，正如古人所说：知之为知之，不知为不知，是知也。也就是说要有求实的精神和勇气。我们的教学质量，必须是扎扎实实的，学生毕业后，不仅是有文凭，更重要的是有水平、有能力，经得起社会实践的考验。我们要避免像南郭先生那样滥竽充数的产品。教师分数贬值，学生考试舞弊，制造质量的虚假现象，是违反求实的学风的。这不仅会败坏一代人风，而且会贻误“四化”建设，对党与人民的事业造成危害。

从 严

严是成事之本。在求实的前提下又提出从严的要求，这种严是指科学的严格。有句双关谚语：“省了盐，坏了酱。”做酱需要一定分量的盐，违反了这个规律，酱就会坏掉。我们办事情也好，教育人也好，如果不严，也会坏了事，坏了人。从严，就是要我们严格地按规律、按规格、按规章办事。只有这样才能达到预期的目的。20 世纪 60 年代初，大庆油田的职工提出“三老”“四严”的作风，其中“四严”即是指对待工作要有严格的要求、严密的组织、严肃的态度、严明的纪律。他们以“两论”为武器，以“三老”“四严”为作风，在无垠的雪原上战天斗地，揭开了中国石油史的新的一页。蜚声世界体坛的中国女排，从难从严练出了一身过硬本领，培养了拼搏精神，在国际比赛中，屡次战胜强大的对手，蝉联世界女排冠军，大长了中国人民的志气。古今杰出的军事统帅，能带出一支战胜攻取较撼山尤难的军队，其共同点就是治军严。中国人民解放军早在红军时代，毛泽东同志就为它的成长制定了三八作风。1978 年全军政治工作会议上，邓小平同志为消除林彪、江青两个反革命集团对军队干扰、破坏的影响，谈到军队的整顿时说：“整顿，一定要从严。”看来，从严也是治军的原则。

严师出高徒。治军严，治校也要从严。学校是培育人才的地方。师是指从事学校工作的干部、教师和一切工作人员；徒即指学生。合乎规格要求的高质量的学生是在从严的校风中成长起来的。邓小平同志 1978 年在全国教育工作会议上谈到提高教育质量时说：“要极大地提高科学文化水平，没有‘三老’‘四严’的作风，没有从难从严的要求，没有严格训练，也不能达到目的。”“教不严，师之惰”。学校领导要有严密的管理制度（包括行政管理、人事管理、教学管理等）。干部、职工都要严于职守，勤勤恳恳、兢兢业业地为教学服务，为师生服务，出色地完成本职工作。教师要有严谨的治学态度、教学态度，按照党的教育方针和学校定的培养规格，在教学中对学生严格要求，精雕细刻，一丝不苟，真正做到为人师表，教书育人。人才是宝中之宝，育人是个严肃、光荣的任务，一切玩忽职守、马虎从事听之任之放松对教学的要求都会影响教学质量的提高。这种精神状态是和时代精神背道而驰的。科学需要严格，高精尖的仪器制作组装时不允许有万分之一丝的差错，对人的规格要求，更不能有丝毫草率。

人贵在严于律己。从严的校风，目的在于培养自觉的战士。严师之门，不一定人人都成为高徒。我们常常看到这种情况：新生入学时，年龄大致相同，成绩都在一个分数线段之内，几十个人同班级同教师，但一年之后，即出现分化，形成好、中、差的区别。要避免或改变这种状况，就要教育学生严于律己，自觉“修炼”。“师傅领进门，修炼在个人。”人与物不同，人是有意识有自觉能动性的客体。玉成器，需要能工巧匠地雕琢；人成才，除了他人的教育、指导、帮助之外，还有重要的一条，就是自己按照正确的方向和社会需要所确定的规格，严格要求自己，进行坚韧不拔的努力。这就需要严于律己。

能严于律己是一种自控能力。一个人能否自己控制自己、支配自己，是觉悟高低和意志强弱的反映。江汉大学的学生，住在家里，读在校里，来往于社会，不像住读大学那样居住集中，便于管理，这就更要求每个学生的家长对自己的子女要从严管教，每个学生，对自己要从严要求。时时、事事、处处都必须严于律己。学校领导、教师不可能也不应该像保姆对婴儿那样处处、时时、事事加以照管，但是我们应该有从严的风气，启发他们的自觉，组织他们开展独立活动，从而锻炼培养出他们严于律己的品德和顽强的自控能力。

一个团结、勤奋、求实、从严的集体批评和自我批评。批评和自我批评的主导在于自我批评。只有严于律己的人才有自我批评的精神。对同志讲马列，对自己讲马虎，怎么会有团结，怎么会有勤奋，怎么会有求实精神，又怎么会能自我从严？但是，在一个集体里，能够严格要求自己周围的同志，关心他们，帮助他们，直至向他们中的错误行为和不良倾向作斗争，这是集体中任何一个成员应尽的职责。做到这一点，又必须不断地去战胜自身的自由主义。这就是对同志的严格要求和严于律己的一致性。

提出校风设想到校风的真正形成，要经过一个长期艰苦细致的教育实践过程，不是一声号召或几个动员报告便能一蹴而就的。

为了校风的形成，我们需要狠抓思想政治工作这个中心环节。

为了形成校风，我们的干部必须以身作则，言传身教，为群众表率，因为校风常常是干部，特别是领导干部作风的扩大和发展，又是领导作风的一面镜子，干部的示范作用是非常重要的。

为了形成校风，我们每个成员都要从现在做起，从我做起，把校风的要求付诸实践，并长期坚持下去。因为只有反复实践，才能不断加深认识，形成习惯，养成风气。

为了形成校风，我们还要逐步制定一些规章制度，使校风教育经常化、制度化。使群众有章可循，有规可依。因为有了具体的“规矩”，行为、作风便可随规而圆，随矩而方。

提出培养良好校风在学校刚刚开始。希望全校师生为形成“团结、勤奋、求实、从严”的校风而坚持不懈地努力奋斗。

2. 大运夺冠

1984 年，江汉大学田径代表队在为期三天的湖北省第二届大学生田径运动会中，以二百零五分的优异成绩，荣获丙组团体冠军，并夺得女子团体总分第一名和男子团体第三名。这是学校建校以来第三次派出代表队参加省大学生运动会，前两次成绩分别是零分和三分。这次飞跃，显示出学校群众性体育活动正在蓬勃发展。

3. 女篮夺冠

1986年，武汉地区高校女子篮球比赛中，江汉大学女篮力挫群雄，以优异成绩夺得冠军，党委书记兼校长王千弓亲自主持了女篮夺冠返校的欢迎会，高度赞扬了女篮的拼搏精神。

1986 年 6 月，学校女子篮球队获高校篮球联赛冠军。

1986 年 6 月，校党委书记兼校长王千弓（左一）、副校长周庆宓（左二）欢迎学校女子篮球队载誉归来

学校女篮运动员在投篮

4. 女排赠球

1986 年 11 月底，全国女排甲级联赛期间，江汉大学特派学生前往湖北省体委招待所拜访了国家女排队员，并邀请她们前来学校参观访问。因赛事繁忙，女排姑娘不能亲临学校，为表达对学校师生的深情厚谊，特赠送学校一个签有名字的排球，以作纪念。

5. 先进集体

6. 一副对联

社会需要什么，我们就学好什么！这就是江汉大学的宗旨。在这里，没有“六十分万岁”的容身之地，只有你追我赶的学习竞赛，只有扎扎实实的社会训练！

“自费走读争上游，公费住读拜下足——指日可待。”在欢度一九八三年元旦佳节的时候，江汉大学那个有点寒酸的教室门口出现了这样一副对联。这对联是不是写得有点狂妄？也许有那么一点。然而，他们的这种气概，却表现了一代青年的进取心！有这样的进取心，我们还有必要怀疑它的前途吗？

第一批自费走读的江大学生马上就要走向社会，接受挑选了。我们有理由相信：他们将用自己的价值，证明江汉大学的前途无限！

春光普照着江大的校园，我们迈步在这里，突然联想起了那些篱笆圈围着的杏园。简陋的杏园里可以生长出香甜的红杏，简陋的校园里培养出的将是硬邦邦的“四化”建设人才！那些满坐在教室里的青年们，他们学有成绩，不正是那些红杏吗？

他们正在对着墙外，发出成熟的微笑！

——选自《湖北青年》1983 年第五期

《自有红杏出墙来——武汉市江汉大学印象》

7. 校园新军

这是一所大学。

这里没有美丽的校园，一千三百多名学生挤在四所中学里；这里没有学生宿舍，学生走读，每天坐车乘船，往返三四个小时；这里的学生交学费听课，国家不包分配。

然而，这一串“没有”，却像一组高昂的音符，奏出了一曲令人回味的奋斗之歌！

没有优越感　却有紧迫感

每天，天色熹微，在熙熙攘攘的码头，在挤得透不过气的公共汽车上，在自行车的车流中，江汉大学的校徽不时在人群中闪现。全校学生，分散在武汉三镇的四面八方。据统计，每天途中往返时间在两三个小时以上的学生占百分之八十多，可是出勤率却达到百分之九十九。武汉市住房紧张，多数家庭无法给孩子一点特殊的优待——一间用于学习的哪怕两平方米的斗室。可是学生却每天坚持自学三、四个小时。有的同学风趣地说：我们就像练气功一样，在嘈杂的环境中训练学习的意念。

市某图书馆发现，常来阅览室看书的读者中，竟有一半是江汉大学的学生。其中有一位被称作“烧饼王”的小伙子，叫王沈顺，小王家住汉阳，家里房子小，每天下午放学后，他在学校附近小摊点上买两个烧饼，然后背着书包乘公共汽车赶到图书馆的，直到闭馆，他才回家。三年来的几百个夜晚，他都是这样度过的。法律专业的苏荆、周水琼等六位女同学，费了不少周折，在学校附近租了一间十平方米的民房，屋里塞满了六张床，几乎连插足的地方都没有。床，就是书桌，她们晚上常常学习到深夜。这些没有铁饭碗的大学生，惜时如金。他们没有跻身于高等学府的优越感，有的只是你争我赶，不停地奋发努力的紧迫感！

培养社会需要的人才

会议室里，坐着来自手表厂、自行车厂、照相机厂等厂的厂长和工程师们。市有关部门和江汉大学正在这里召开人才调查座谈会。

“要说人才，哪个单位不缺？可是上面分来的往往专业不对口，只好让他们改行。”

“听说有个学理科的大学生分到行政机关，没有对应的岗位，只好安排他看大门。”

会议室里响起稀稀落落的笑声。听着这些议论和苦涩的笑声，江汉大学的领导心情十分沉重，盲目培养人才这条路再也不能走了！

学校派人下基层调查，他们发现，家用电器逐渐增多，可是修理人员很稀缺，顾客东奔西走，叫苦不迭。他们办了电机电器专业班。全市几千个企业需要会计两万多人，目前仅有九千多人，其中大专毕业生只占百分之四。他们办了两个财会专业班，还办了经济管理专业班、秘书专业班……

江汉大学把根据社会需要办短期职业性综合大学，为武汉市现代化建设培养和输送各种人才作为办学方针，打破了一般大学根据学校条件设立专业、“坐地叫卖”的惯例，把“卖方市场”变成了“买方市场”。

江汉大学第一届毕业生下半年就要毕业了，现在已有不少单位来校预订人才。

让知识插上能力的翅膀

注意能力的培养，在江汉大学已成为各专业的教学重点之一，师生们在教学实践中感到：学生如果只具备狭窄的专业知识，只善于单一职能活动，不能适应各项建设工作的需要，对毕业后的就业和转换工作领域会带来很大困难。教师采取宽口径的培养方法，多培养学生的基础知识和基本的专业技能，在学校没有实验条件的情况下，想办法与兄弟大学和工厂联系，让各专业的学生都有实习的机会。

“老师，秘书应该具备组织工作能力，我怎么锻炼呢？”秘书专业吴丹同学的苦恼，引起了杨光汉老师的深思。几天后，杨老师向大家宣布，班上建立秘书值日周制，每个同学轮流当一周秘书，组织班级活动，处理各种问题。通过锻炼，不少同学现在已经能落落大方地开展工作了。

学校给英语专业的学生除开设一般大学设置的课程外，还增设了英文打字和科技英语。将来走上社会，这些同学就能成为一名能说会译，还会打字的较全面的外语人才。

江汉大学显示出了强大的生命力，一位侨居加拿大的华人在写给中共中央的信中，要求允许她把孙子送到江汉大学学习。国际世界银行工作代表团来到中国，对江汉大学进行实地考察后，向这所大学提供贷款。如今，江汉大学正沐浴着改革的春风，向既定目标前进。

——选自《中国青年报》1983 年 4 月 12 日第二版

《一支崛起的校园新军——记武汉市江汉大学》

当年的烧饼哥就是曾任武汉市体育局局长王沈顺

六、科学研究

1. 重要奖项

江汉大学 1989—1999 年部分获奖科研成果

序号	成果名称	作者	获奖名称	奖励时间
1	《比较文学与故国情思》（论文）	杨江柱	湖北省（首届）社科优秀成果奖三等奖	1989—1999
2	《论短期职业大学的基本特点》(论文）	张薇之	湖北省（首届）社科优秀成果奖三等奖	1989—1999
3	《一群放牛娃》（歌曲）	吕幼安	音乐创作三等奖	1989
4	温式纤维栅除尘器（产品）	余新明	湖北省科技进步三等奖	1990
5	《国耻愤》《强国路》《民族魂》	刘继生 雷惠萍等	首届青年图书节“全国青年喜爱的书”	1991
6	《中国革命史》	柯国志、吴享彬	财政部优秀教材二等奖	1992
7	《常用食物的营养成分》	谢能泳、陈恒初	卫生部科技进步奖三等奖	1992
8	《离散数学》	乔维声	机电部电子类专业高校第二届优等教材二等奖	1993
9	《高等专科秘书专业课程设置与技能训练研究》	杨光汉、章理佳 赵映诚、黄忠林	湖北省普通高校优秀教学成果三等奖	1993
10	《蜿蜒足迹》	吕幼安	第四届全国优秀青年读物优秀图书二等奖	1993
11	《建立（《马列文论》）课程教学的科学体系》	张维麟	普通高等学校优秀教学成果二等奖	1993
12	《主导、引学、勤练、奋争——在数学教学中培养学生笔头表达能力的有效方法》	汤光宋	湖北省普通高等学校优秀教学成果三等奖	1993
13	《完善地方高校思想教育课程建设的综合研究》	刘继生、朱成瑞 程介儒、金　聪	湖北省普通高校优秀教学成果三等奖	1993
14	《机关档案管理学》	黄忠麟	中国档案学会第三次档案学优秀成果著作类三等奖	1997
15	《高频电子线路》	陆兆熊 （第二作者）	湖北省科技进步一等奖、首届全国优秀教材奖电子部优秀教材奖	1998
16	《大江东去》（绘画）	魏康祥	共和国五十年社会主义文化艺术研讨会一等奖	1999
17	《红土情》（绘画）	王小宝	第九届全国美术作品展铜奖	1999

续表

序号	成果名称	作者	获奖名称	奖励时间
18	《课堂教学把开拓学生智力放在首位》	吴　峤	湖北省教学成果一等奖	1999
19	《静静的故园》（绘画）	王小宝	首届中国美术奖、第十一届美术大展铜奖	2009

2. 重要会议

第一次科研工作会议

1990 年 12 月 26 日至 28 日，江汉大学召开了建校 10 年来第一次科研工作会议。会议达到了提高认识、统一思想、交流经验、总体动员的目的，并将为进一步有效地利用学校有限的人力、物力、财力，有组织、有领导地开展科研活动起到推动作用。在这次会议上，王永超校长作了题为《教学为主，科研为本，为建设有显著特色的江汉大学而努力奋斗》的科研工作报告，比较全面地总结了学校 10 年来科研工作所取得的成绩，指出了科研工作今后发展的方向和任务。

1990 年 12 月 26 日，学校召开第一次科研工作会议

1990 年 12 月 26 日，校长王永超作科研工作报告

第二次科研工作会议

1994 年 7 月 1 日，江汉大学第二次科研工作会议在学校举行

第二次科研工作会上，党委书记戴国家讲话

江汉大学首届科研成果颁奖暨学术活动月

1996 年 11 月，江汉大学举行首届科研成果颁奖暨学术活动月闭幕式

第二届学术活动月

1997 年 11 月 4 日，江汉大学举行第二届学术活动月开幕式

1997 年 11 月 4 日，校长柏盛湘在第二届学术活动月开幕式上讲话

3. 先进集体（物理实验室）

物理实验室被评为“全国高校实验室系统先进集体”

1986 年 11 月 24 日至 28 日，在青岛召开“全国实验室系统表彰先进大会”，江汉大学基础部物理实验室被评为“全国高校实验室系统先进集体”。实验室是 1983 年下半年开始筹建，当时实验人员少，实验设备十分简陋。然而，通过几年的建设，他们依靠科学的管理和高度的责任感，不仅较好地完成了实验任务，还可负担全校 15 个班的近 600 名学生的实验，且把实验室管理得井井有条。

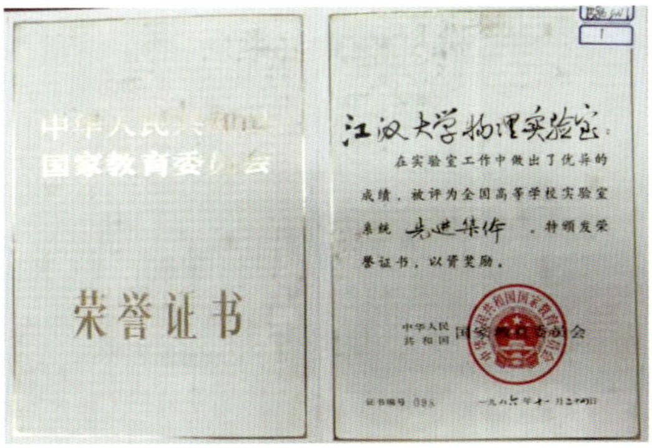

七、党建与思想政治工作

1. 干部选拔

杨江柱，男，汉族，湖南湘潭人，1929年3月生，1947年9月至1950年10月就读于武汉大学法律系国际法专业，1949年10月加入共青团，1950年参加工作，1984年加入中国共产党。曾任《大刚报》《新武汉报》《长江日报》记者、编辑，1978年4月至1983年3月在武师汉口分院任教，任中文秘书系主任、教授。1984年3月任原江汉大学副校长。1985年12月至1986年12月，应美国Cuyahoga Community College的邀请，在该学院讲学一年，主讲中国历史与文学（侧重中西文学的比较）。武汉地区教育界、新闻界及文艺界的著名学者，比较文学专家。中国作家协会会员、省外国文学会副理事长、省翻译工作者协会副会长、省美学学会副会长、省作家协会理事、武汉作家协会评论委员会主任。论文《比较文学与故国情思》荣获湖北省1978—1983年社会科学优秀成果奖三等奖。

黄威，男，汉族，湖北咸宁人，1935年1月生，1951年参加革命工作，1957年11月加入中国共产党，1983年9月到中国人民大学计统专修科学习，并留校工作。工作期间，他参加了人大马列夜大学习并获得优异成绩。1955年9月至1982年3月，先后在武汉市第一商业局、武汉财贸学院、市土产公司、市财贸干校等单位工作。1982年任武汉市财贸干校计统教研室副主任。1983年4月任江汉大学经管系总支书记，江汉大学党委副书记、书记，1990年8月任武汉市委党校校务委员会委员、副校长。

李光慈入党　踏尽坎坷志不移

李之龙

李光慈

“李光慈入党了！”这是从基础课部传出的一个新闻，它引起不少老师的注意。

李光慈同志是我国大革命时期著名的共产党人李之龙（即中山舰舰长）的儿子，时年六十二岁。早在抗日战争后期就积极参加进步学生运动，并加入党的地下外围组织。在这以后的四十年间，他多次申请入党，但由于种种原因，不仅没有实现这一美好愿望，而且从20世纪50年代中期开始，他经历了长期的坎坷过程。这中间他虽然也流露过个人得失的消极情绪，但对党、对共产主义事业的信念始终未泯。他曾说：“我是学历史的，从旧民主主义革命到新民主主义革命的整个历史发展事实看，我懂得‘没有共产党就没有新中国’这个颠扑不破的真理；一九四九年革命胜利以后，我目睹我们的国家在党的领导下，努力进行社会主义革命和社会主义建设，日益繁荣昌盛，国际地位也大大加强，从而更使我相信‘只有社会主义才能救中国，这条历史的结论。我父亲是中国共产党的早期党员，我对党有着深厚的感情。尽管在左倾错误影响下我受过冲击，十年动乱中又被打成牛鬼蛇神，但我相信党是伟大的，我始终觉得自己是党的人。”李光慈同志的话朴实无华，但从中可以看到一个革命后代在坎坷的人生道路上是怎样奋斗和追求的，更可以看到他对祖国的赤子之心和对共产主义事业的坚强信念。

党的十一届三中全会以后，李光慈以皓首之年焕发出青春的活力。他又一次提出入党申请。基础课部党总支积极对他进行培养，多次和他谈话，坚定他的信心。李光慈此时虽已年逾花甲，但工作热情不减，对教学任务总是认真完成。现在，李光慈同志的愿望实现了，我们期待他在今后的工作中作出更大的成绩，为党的事业作出自己的贡献。

——摘自《江汉大学学报》1984年12月15日第三版

2. 十项工作（落实知识分子政策 学校做了十项工作）

（1）为32名知识分子的冤假错案和错划右派留尾巴的问题作了进一步复查清理。

（2）在知识分子中发展党员39名，占教职工中发展党员人数的88.63%。

（3）提拔了51名优秀知识分子进入各级领导岗位，占全年提干人数的89.5%。

（4）选送了103名知识分子进修深造，为146名教师补习了英语。

（5）组织了75名教职工到庐山疗养，其中知识分子占85%。

（6）为知识分子改善了住房条件。西院36套新房有83.3%给了知识分子。20套大男大女结婚用房有90%分给了知识分子。给81名单身知识分子安排了宿舍。

（7）市里分配的平价煤气灶具80%分给了知识分子，并为其余知识分子提供了议价煤气灶具。

（8）生活服务队初步开展了家务劳动服务，为知识分子买米送煤，洗衣洗被，减轻他们的家务负担。

（9）为教职工家属办理了3户农转非手续，其中两户是知识分子。为3户教职工解决了夫妻分居问题。改善了幼儿园条件。为教职工子女开办了电大班、职业班，还安排了20名教职工子女就业。

（10）按有关规定，给全校700余名知识分子发放了图书资料费。

1991年4月，到二汽轴瓦公司锻炼的青年教师

1991年4月，青年教师凌彤纬在二汽参加车间劳动

1983 年 9 月，中秋节前夕，学校食堂为教职工做月饼

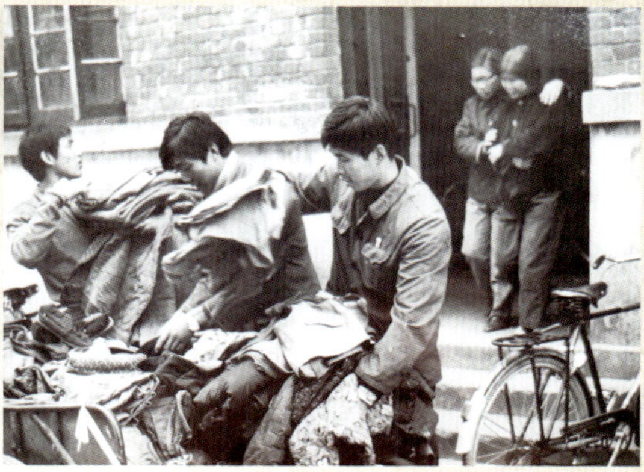

1983 年 11 月，江大师生为灾区捐衣捐物

1984 年 3 月 1 日，学校学生在武汉展览馆开展为您服务活动

1985 年 9 月，学校学生上街举行“学习雷锋，为您服务”活动

1983 年 4 月，学校学前教育专业学生在幼儿园实习

3. 家长座谈

1984 年 6 月 10 日，江汉大学召开首次家长座谈会，有 106 位学生家长参加了这次盛会。校党委书记、校长王千弓表示，我们学校召开学生家长座谈会，就是为了沟通情况，增进家长、社会对学校的了解，争取家长、社会对学校的支持和帮助，实现学校、社会、家庭教育三结合，从而达到为四化培养人才的目的。

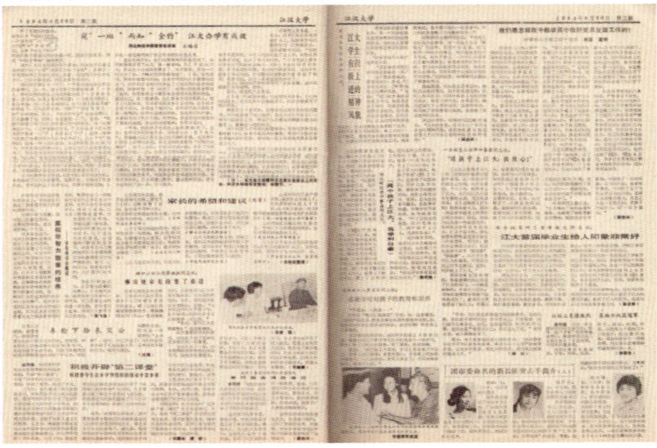

1984 年 6 月 10 日，学校召开首次家长座谈会

4. 教程出版

1986 年，由学校校长王千弓、沈阳大学党委书记梁书林、学校德育课教师刘继生主编的《职业大学共产主义思想品德教程》一书由辽宁教育出版社公开出版发行，第一次印刷的 16000 册已运往全国各地，作为职大学生共产主义思想品德课的正式教材。

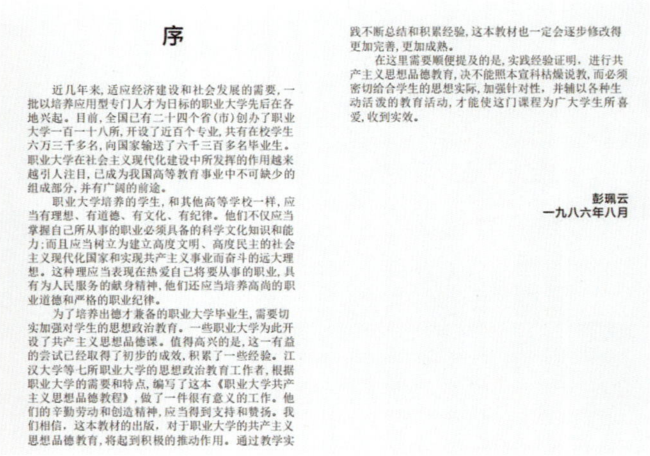

序

近几年来，适应经济建设和社会发展的需要，一批以培养应用型专门人才为目标的职业大学先后在各地兴起。目前，全国已有二十四个省（市）创办了职业大学一百一十八所，开设了近百个专业，共有在校学生六万三千多名，向国家输送了六千三百多名毕业生。职业大学在社会主义现代化建设中所发挥的作用越来越引人注目，已成为我国高等教育事业中不可缺少的组成部分，并有广阔的前途。

职业大学培养的学生，和其他高等学校一样，应当有理想、有道德、有文化、有纪律。他们不仅应当掌握自己所从事的职业必须具备的科学文化知识和能力；而且应当树立为建立高度文明、高度民主的社会主义现代化国家和实现共产主义事业而奋斗的远大理想。这种理应当表现在热爱自己将要从事的职业，具有为人民服务的献身精神，他们还应当培养高尚的职业道德和严格的职业纪律。

为了培养出德才兼备的职业大学毕业生，需要切实加强对学生的思想政治教育。一些职业大学为此开设了共产主义思想品德课。值得高兴的是，这一有益的尝试已经取得了初步的成效，积累了一些经验。江汉大学等七所职业大学的思想政治教育工作者，根据职业大学的需要和特点，编写了这本《职业大学共产主义思想品德教程》，做了一件很有意义的工作。他们的辛勤劳动和创造精神，应当得到支持和赞扬。我们相信，这本教材的出版，对于职业大学的共产主义思想品德教育，将起到积极的推动作用。通过教学实践不断总结和积累经验，这本教材也一定会逐步修改得更加完善，更加成熟。

在这里需要顺便提及的是，实践经验证明，进行共产主义思想品德教育，决不能照本宣科枯燥说教，而必须密切给合学生的思想实际，加强针对性，并辅以各种生动活泼的教育活动，才能使这门课程为广大学生所喜爱，收到实效。

彭珮云
一九八六年八月

国家教委副主任、全国人大副委员长彭珮云作序

5. 先进典型

1929 年，陈业纬出生于一个知识分子家庭，1954 年 7 月从华中师范学院毕业后被分配到河南新乡师范学院任教。1973 年在原武汉市第一师范学院任教，后担任武汉师范学院汉口分院化学系主任。1980 年身患肺癌，步履艰难，她不顾领导劝阻仍然坚持上班。病情加重躺在病床上时，她还关心城建环保系的建设和青年教师的业务进修。在她生命垂危之际，还嘱咐将自己和父亲多年珍藏的书籍献给学校。陈业纬同志对党怀有一颗赤子之心，在她弥留之时，还向党递交了二百元的党费。她在工作中兢兢业业，曾多次荣获先进工作者、科技积极分子、“三八”红旗手等光荣称号。陈业纬同志把自己的一生献给了人民的教育事业。

6. 领导体制

1989 年，学校实行校长负责制。根据中央有关文件和全国高校党的建设工作会议精神，学校认真实行党委领导下的校长负责制。

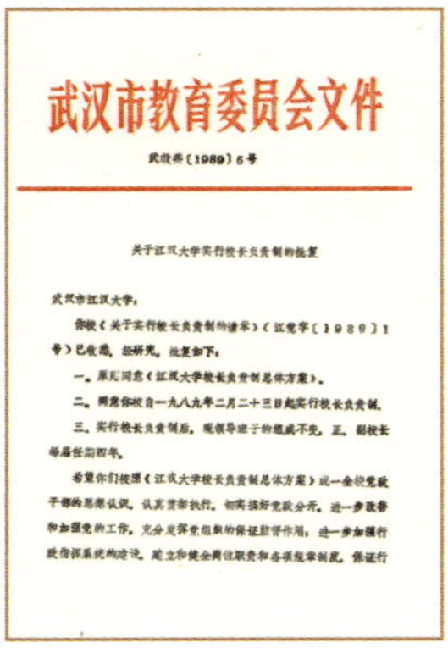

武汉市教育委员会文件

武教委〔1989〕5号

关于江汉大学实行校长负责制的批复

武汉市江汉大学：

你校《关于实行校长负责制的请示》（江党字〔1989〕1号）已收悉，经研究，批复如下：

一、原则同意《江汉大学校长负责制总体方案》。

二、同意你校自一九八九年二月二十三日起实行校长负责制。

三、实行校长负责制后，现领导班子的组成不变，正、副校长每届任期四年。

希望你们按照《江汉大学校长负责制总体方案》统一全校党政干部的思想认识，认真贯彻执行，切实搞好党政分开，进一步改善和加强党的工作，充分发挥党组织的保证监督作用，进一步加强行政指挥系统的建设，建立和健全岗位职责和各项规章制度，保证行

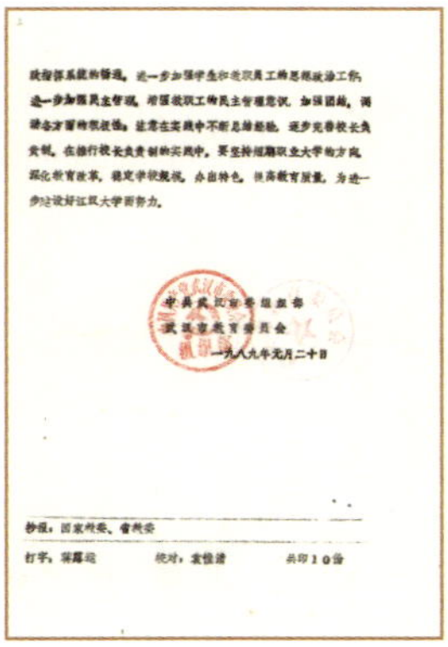

政指挥系统的畅通，进一步加强学生和教职员工的思想政治工作，进一步加强民主管理，增强教职工的民主管理意识，加强团结，调动各方面的积极性，注意在实践中不断总结经验，逐步完善校长负责制，在推行校长负责制的实践中，要坚持短期职业大学的方向，深化教育改革，稳定学校规模，办出特色，提高教育质量，为进一步建设好江汉大学而努力。

中共武汉市委组织部

武汉市教育委员会

一九八九年元月二十日

抄报：国家教委、省教委

打字：[illegible]　校对：[illegible]　共印10份

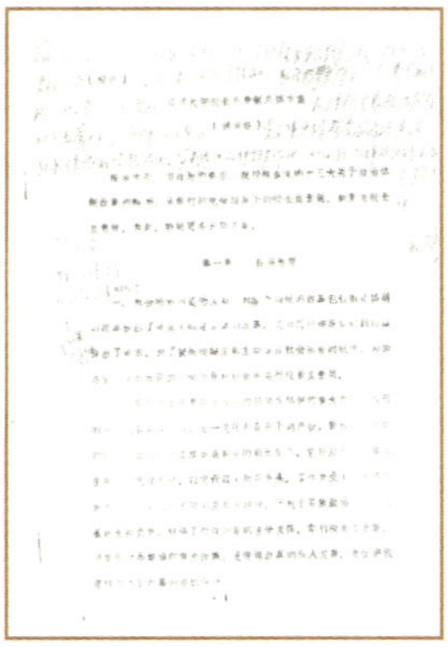

7. 读书热潮

1991 年，“五一”节刚过，江汉大学“校园文化月”活动就拉开帷幕。由著名历史学家戴毅作序的“三本书”——《国耻愤》（中央书记处书记胡乔木题写书名）《民族魂》《强国路》受到学生热捧。与此同时，以“读书明志，坚定社会主义信念”为主题的学生读书征文、“读史明志”书评演讲比赛、《历史·爱国·社会主义丛书》读书评书等活动如火如荼地展开。

1991 年 6 月，江汉大学会计统计系同学开展《历史·爱国·社会主义丛书》读书评书活动

1991 年 6 月，学校举行“读史明志”书评演讲比赛

8. 重要刊物

《江汉大学学报》

《江汉大学学报》于 1985 年元月 16 日由中共湖北省委宣传部批准，原江汉大学主办，国内发行，双月刊，1985 年创刊。2001 年新的江汉大学批准组建，《江汉大学学报》交由新的江汉大学续办。

《大众企业管理》

《大众企业管理》于 1985 年 2 月 4 日 由湖北省出版总社颁证，原江汉大学主办，国内发行，月刊，1985 年创刊，2000 年底停刊。

《高等职业教育》

《高等职业教育》于 1986 年 11 月 25 日由中共武汉市委宣传部批准，中国职业大学教育研究会、原江汉大学主办，内部刊物，季刊，1987 年创刊，1997 年底由新会长单位天津职业大学继续办刊。

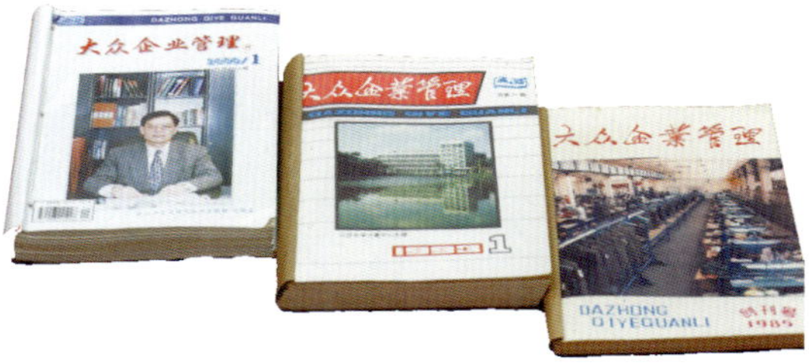

八、学校前身

1. 武汉师范学院汉口分院

分院简介

武汉师范学院汉口分院是武汉市培养中小学师资的摇篮，于 1982 年 8 月并入江汉大学（原）。武汉师范学院汉口分院的前身是武汉师范学院分部，更早是诞生于 1951 年的武汉市第一师范学校。武汉师范学院分部分别在武汉一师、武汉二师、武汉市教师进修学院、武昌县师范学校和汉阳县师范学校开设教学点，1977 年开始招收四年制本科。1981 年 8 月学校改名为武汉师范学院汉口分院，从 1978 年至 1983 年共招收大专师范生 1568 人（其中四年制本科生 515 人），培训在职教师和干部 743 人。教职工增加到 468 人，其中教授 1 人，副教授 8 人，讲师 153 人。设有中文系、政治系、英语系、数学系、化学系、体育系、艺术系、教育学教研室和德育教研室等机构。出版了《武汉师范学院汉口分院学报》。几十年以来，为武汉市中小学和各级教育部门输送了大量人才。

历史沿革

武汉市第一师范学校
（1951.10.1）

武汉市第二师范学校
（1956.8.23—1957.8.1）

武汉师范学院分部（汉口分部）（1978.4.26）

武汉师范学院汉口分院（1981.8.8—1982.8.18）

主要领导

王紫东，男，汉族，辽宁大连人（1928—2016）。1946年参加革命工作，1950年4月加入中国共产党。解放以后，先后在武汉市军管会文教部、市教育局、武汉市文委工农教育处工作，历任武汉市教育局副科长、科长，武汉市第一中学支部书记，武汉市东湖中学总支书记，武汉市六中总支书记，1977年12月至1983年3月任武汉一师、武师汉口分院党委书记，后任武汉市第二教育局副局长。

关云锦，女，汉族，湖北钟祥人（1918—1996）。1946年毕业于四川白沙女子师范学院国文系，1955年加入中国共产党，新中国成立后，历任武汉市第一师范学校、武汉市第二师范学校校长，武汉师范学院汉口分院院长。

历任领导

武汉市第一师范学校历任校级干部情况表

职务	姓名	任职时间
党支部、党总支书记	陈德根	1956.10—1957.10
党总支书记	宋　捷	1960.07—1973
党总支书记	李如璞	1973.05—1977
党总支书记	王紫东	1977.12—1982.06
副书记	蔡普德	1973.05—1978
副书记	关云锦	1978.09—1982.06
副书记	范正仪	1978.09—1982.06
校长	江家瑞	1951.11—1953.08
校长（兼）	黄　凯	1953.08—?
第二校长	江家瑞	1953.08—?
校长	陈德根	1956.10—?
校长	关云锦	？—1959.01
校长	郑　昭	1960.07—?
校长	关云锦	1962—1982.06
副校长	陈德根	1954.01—1956.10
副校长	刘汉章	1978.09—1982.06
副校长	晁　栋	1978.09—1982.06
副校长	魏振祥	1978.09—1982.06
副校长	陈端祥	1978.09—1982.06
副校长	周光清	1978.09—1982.06
副校长	周庆苾	1978.09—1982.06

武汉师范学院汉口分院历任校级干部情况表

职务	姓名	任职时间
书记	王紫东	1982.06—1983.03
副书记	关云锦	1982.06—1983.03
院长	关云锦	1982.06—1983.03
副院长	周庆苾	1982.06—1983.03
副院长	刘汉章	1982.06—1983.05
副院长	晁　栋	1982.06—1983.04

武汉市第一师范学校

武汉市第一师范学校 1951 年成立，中师性质。1977 年以武汉师范学院名义扩招师范大专生。在武汉市第一师范学校、武汉市第二师范学校、武汉教师进修学院、武昌县师范学校和汉阳县师范学校开办教学点，统称武汉师范学院分部，暂由武汉一师代管，暂用武汉一师印章。武汉一师停止招收中专师范生。

1953 年 10 月 10 日，武汉市第一师范学校成立 2 周年纪念大会上教务处处长关云锦宣读毛主席委托中央办公厅给一师师生的回信

武汉市第一师范学校旧址（后为原江汉大学东院）

办学成就

1977—1982 年共招收大学师范生 1568 人（其中四年制本科生 515 人），培训在职教师和干部 743 人。

1977 年的高考，是国家停止高考 10 年后的首次招生。江汉大学人文学院（原武汉师范学院汉口分院）中文系 77 级 1 班同学在改革中成长，在成长中发展，已经成为国家的栋梁、人民的公仆。据统计，全班现有高校教授 8 位（其中全国政协委员、国家二级教授一名），还涌现出党政机关、新闻媒体、司法战线、商务贸易等各行业和领域的精英分子。

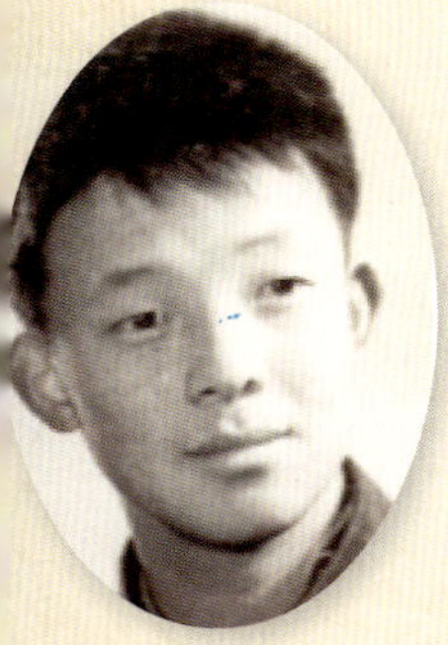

何大江

1997 年在美国获博士
学位后留美任教

胡道立

华中科技大学新闻与
信息传播学院教授

柯素莉

江汉大学人文学院
中文系教授

马秋枫

暨南大学新闻与传播
学院党委书记、教授

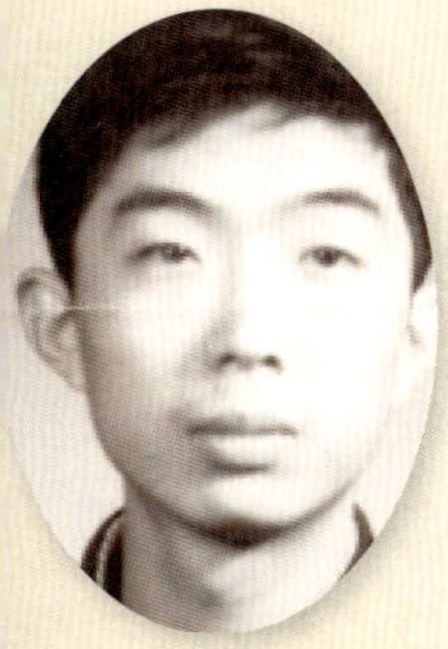

唐铁惠

武汉大学文学院文艺学
专业教授、博士生导师

王　曦

上海交通大学法学院
教授，博士生导师

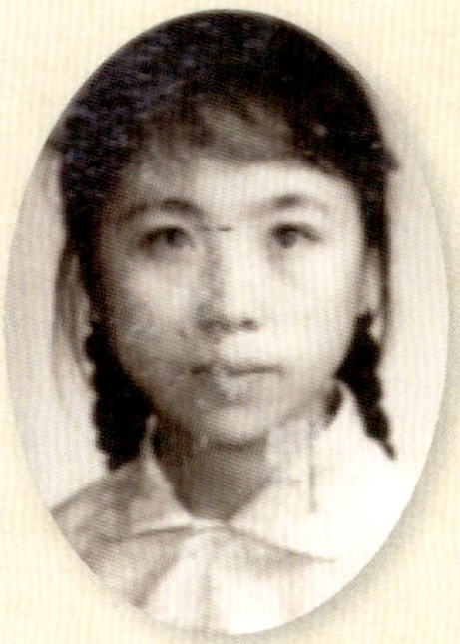

吴　艳

江汉大学人文学院
副院长、教授

吴振国

华中师范大学语言学系
主任、教授、博士生导师

江汉大学（原武汉师范学院汉口分院）中文系七七级一班同学入学三十周年合影留念

2. 武汉市财贸干部学校

财校简介

武汉市财贸干部学校既是武汉市财贸战线培训各级干部的重要基地，也是武汉市培养财会、金融等管理人才的摇篮。于 1982 年 10 月并入江汉大学，是江汉大学前身学校之一。

武汉市财贸干校的前身是 1952 年创建的武汉市贸易干部学校，后来历经变迁，依次改为武汉市商业干部学校、武汉财贸学院、武汉财贸干部进修学院和武汉市财贸干部学校。学校历程整整 30 年。

武汉财贸学院设有财政信贷系、贸易经济系、工业商品学系、农副商品学系和干部轮训部。1959 年武汉市委决定将武汉银行中等专业学校改为武汉财贸学院附属中等专业学校，由武汉财贸学院领导，还决定将孝感财经干部学校并入武汉财院，7 月 30 日又决定在武汉财院内附设财贸技术学校，培训服务行业的技术工人。学院学制有 4 年本科和 2 年专科，1958 年开始招生。

1966 年 9 月，汉江职业学校并入武汉财贸干校，改名为武汉财贸分校。1973 年市财政局所属财政训练班（原市财政学校）并入武汉市财贸干部学校。30 年来，武汉市财贸干校为武汉市财贸系统培养培训各类人才 34721 人。

1983 年，武汉市财贸干部学校

1962 年，武汉市财贸干部学校校门

历史沿革

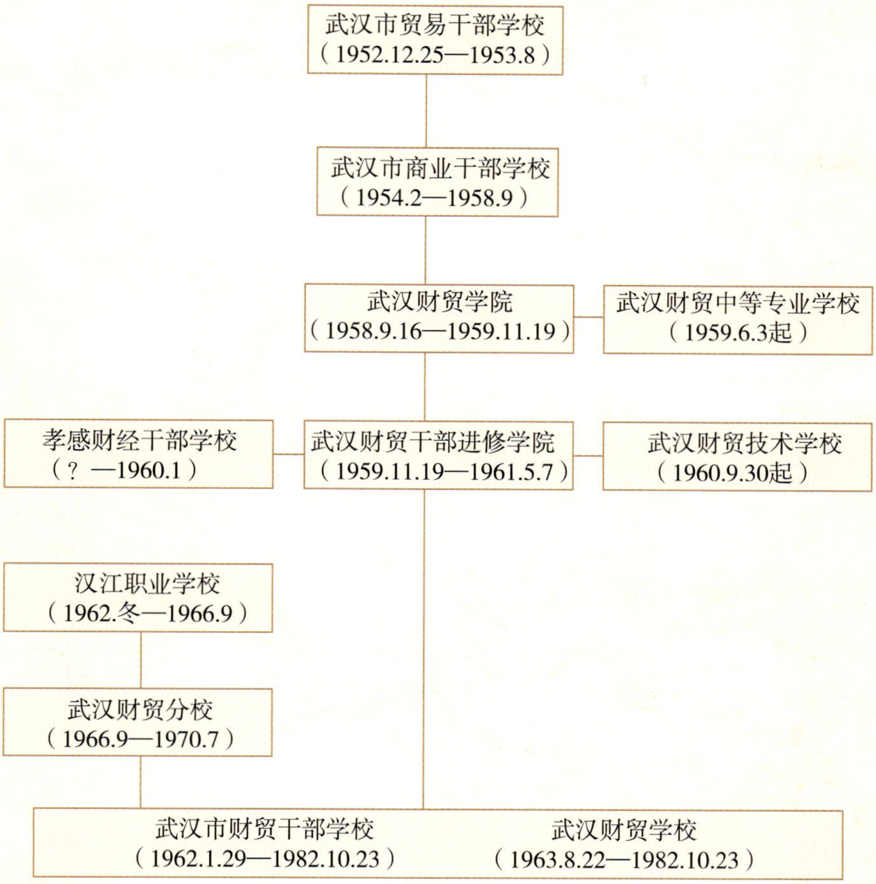

主要领导

沈以宏（左）

沈以宏，男，汉族，安徽青阳人（1921—2003）。1939年8月加入中国共产党。新中国成立后，历任武汉市商业局局长，武汉财贸学院党委书记、院长，武汉市第二商业局党委书记，湖北省商业厅党组书记、厅长，省委财贸政治部，省财办副主任、省社会科学院党组书记，省供销总社党委书记、主任。2003年11月1日实现了生前愿望，将遗体捐献给了医学事业，他是《武汉市遗体捐献条例》实施后实现捐献第一人。

王耕之，男，汉族，河南内黄人（1919—1990）。1942 年 6 月参加革命，1946 年 3 月加入中国共产党。新中国成立后，历任中国蛋品公司科长，中南区畜产公司业务室主任，中南区食品公司副经理，武汉肉类联合加工厂副厂长，武汉市第一商业局副局长兼武汉商业干校校长，武汉财贸学院党委副书记、副院长，武汉市财贸干部学校党委书记兼校长，武汉市劳动局领导小组副组长，武汉市人民银行副行长、党委副书记，武汉市第一商业局党委副书记、局长，武汉市对外贸易局党委书记、局长。

颜白秋，女，汉族，四川大竹人，老红军。1931 年参加革命工作，同年加入中国共产党。新中国成立后，历任武汉市第三区副区长，武汉市财委、中南计委处长，武汉市委财贸政治部办公室主任，武汉财贸学院、武汉市财贸干部学校副院长、副校长、党委书记、校长。2007 年 8 月 31 日逝世，遵照她生前遗嘱将其骨灰撒入长江。

孙川四，男，汉族，山东乳山人（1920—2017），老红军。1936 年 4 月参加革命工作，1938 年 5 月加入中国共产党，1940 年 6 月被捕，1943 年 3 月重新入党。历任胶东东海地委秘书、胶东报社社长、海阳中学校长、乳山县委宣传部部长等职务。新中国成立后，历任武汉市工业局秘书室副主任，武汉市教育局秘书室副主任，武汉市人民政府文委办公室主任，武汉市教育局副局长，市工农教育局副局长、武汉市文化局副局长、党组副书记，文化局代局长，武汉市财贸干校副校长，武汉市文化局局长、党委副书记。离休时为行政十级，享受副市长级生活待遇，享受省长级医疗待遇。

历任领导

职务	姓名	任职时间
武汉贸易干部学校		
校长（兼）	王永贤	1952.12—1953.08
副校长	王绍明	1952.12—1953.08
武汉市商业干部学校		
党支部书记	陈正邦	1954.02—1956.06
分党组书记	王耕之	1956.06—1957.02
党组临时分总支书记	王耕之	1957.02—1957.04
临时分总支副书记	朱　虹	1957.02—1957.04
基层党委会副书记	周传武	1957.04—1958.06
校长（兼）	王永贤	1954.02—1956 年底
校长	王耕之	1956 年底—1958.06
副校长	陈正邦	1955.01—1958.06
副校长	李少云	1956 年底— 1958.08
武汉财贸学院		
书记	沈以宏	1958.06—1959.11
副书记	王耕之	1958.06—1959.11
院长	沈以宏	1958.06—1959.11
副院长	颜白秋	1958.06—1959.11
武汉财贸干部进修学院		
书记	沈以宏	1959.11—1960.11
书记（兼）	赵　萍	1960.11—1961.01
副书记	王耕之	1959.11—1960.10
副书记	杨士豪	1960.11—1962.01
院长	沈以宏	1959.11—1960.11
院长（兼）	赵　萍	1960.11—1961.01
院长（兼）	赵　仲	1961.01—1962.01
第一副院长	王耕之	1960.10—1962.01
副院长	王　敏	1960.10—1961.07
武汉财贸学校、武汉财贸技术学校		
校长（兼）	王耕之	1960.10—1962.01
副校长	万先逢	1960.11—1962.01
校长（兼）	颜白秋	1960.10—1962.01

续表

职务	姓名	任职时间
副校长	刘　钊	1960.11—1962.01
武汉市财贸干部学校（武汉财贸学校）		
委员会书记	王耕之	1962.01—1972.09
校长	王耕之	1962.01—1972.09
副校长	颜白秋	1962.01—1973.09
临时党支部成员	颜白秋 王峰一 李文杰	1972.10—1973.09
书记	颜白秋	1973.09—1980.12
书记	张哲民	1980.12—1982.08
副书记	王峰一	1973.09—1978.04
副书记	刘忠传	1976.08—1982.08
副书记	徐志虞	1979.12—1982.08
校长	颜白秋	1973.09—1979.12
校长	徐志虔	1979.12—1982.08
副校长	王峰一	1973.09—1978.04
副校长	赵德凯	1973.09—1982.08
副校长	孙川四	1975.06—1977
副校长	张薇之	1979.03—1982.04
顾问	颜白秋	1980.12—1982.08
武汉财贸学校		
职务	姓名	任职时间
校长	王耕之	1962.03—1972.09
副校长	颜白秋	1962.03—1972.09
武汉财贸分校		
中共武汉汉江职业学校党支部书记	李昌伦	1965.09—1966.09
中共武汉财贸学校分校党支部书记	李昌伦	1966.09—1968

武汉财贸学院

1958 年 9 月，经中共武汉市委决定，成立了武汉财贸学院。学院建立党委会。

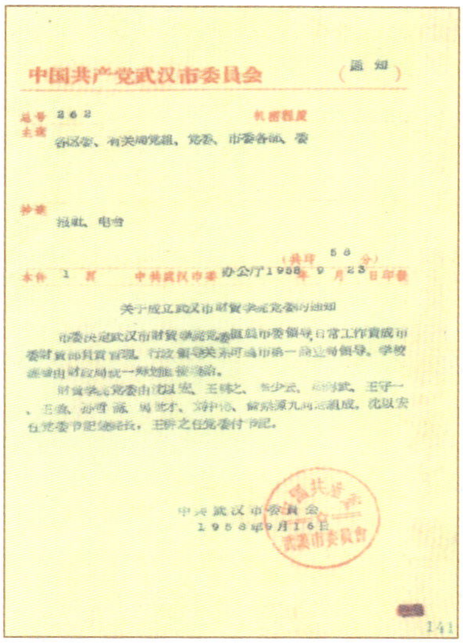
中国共产党武汉市委员会

关于成立武汉市财贸学院党委的通知

中共武汉市委员会
1958年9月16日

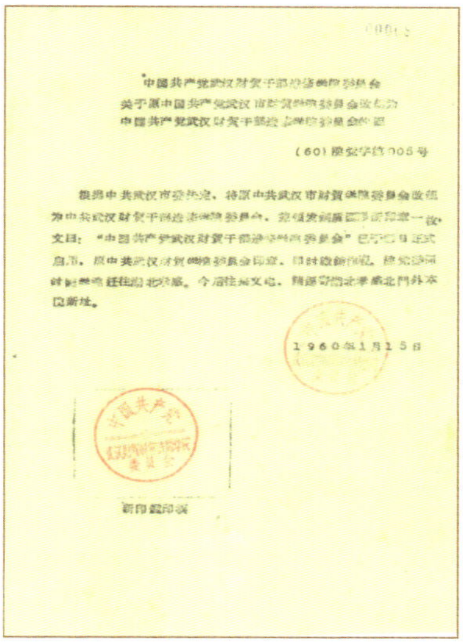
1960年1月15日

系部设置

党委下设组织、宣传两个部。行政机构在院办公室下设教务处、行政处、生产处和科学研究会。教学组织设有财政信贷系（下设财政、信贷两个专业）、贸易经济系（下设贸易经济和贸易计划统计两个专业）、工业商品学系（陆续开设五金机械、电工、化工、日用百货和针纺织品 5 个专业）和农副商品学系（陆续开设粮油、土特产品和副食品 3 个专业）。此外，还设有干部轮训部。1959 年下半年附设有中等财贸专业学校。建院初有教职工 160 人，其中教学人员 91 人。

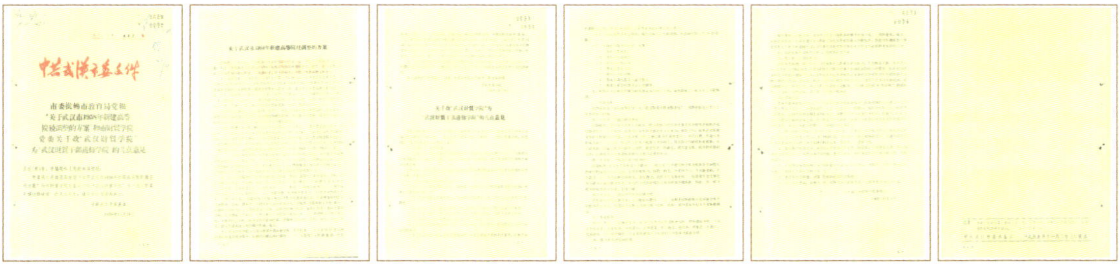

武汉财贸学院更名为武汉财贸干部进修学院的文

学校搬迁

李少云

武汉财贸干部进修学院从汉口循礼门迁至孝感专署，1960年完成搬迁工作。时任武汉财贸学院党委宣传部部长李少云负责学校搬迁工作，后任市委宣传部部长。李少云在《水滴集》中写道：市财贸学院成立不久，湖北省决定孝感地区与武汉市合并。市委决定将市财贸学院迁往孝感地委原址办学。1960年元旦，我与王守一同志打前站，负责在孝感火车站转运和新校舍的安置工作。火车站离新校尚有七八里的路程，学校所有的桌椅板凳和数百人用的床、桌、凳，都要从火车上卸下，再安排汽车运至新校，安置下来。尽管工作量大，且十分繁琐、复杂，我们两人不分昼夜，及时转运，圆满完成了任务。学院在孝感办了一年半，于1961年6月又迁回武汉市。

办学成就

武汉市财贸干校从1952年创建起至1982年并入江汉大学止，历时30年。结合我国的经济发展，根据武汉市不同时期财贸工作的需要，培训了大量的财经人才。

1952—1982年武汉市财贸干校培训情况统计表

名称	人数
干部轮训班	12121
财贸各类专业短训班	11959
财贸中专班	2920
财贸大专班	98
财贸专修班	946
财贸技校班	350
协作他单位办班	6174
合计	34568

1965 年武汉财贸学校首届毕业生全体合影

排演史诗

1964 年底，武汉市财贸干部学校做出一项重要决定：举全校之力，排练大型舞蹈革命史诗《东方红》。虽然排练的难度很大，但全校师生仍以极大的热情投入到排练工作中。演出分序幕和七场，序幕是 100 多个姑娘双手执金黄色的舞扇在东方红乐曲中翩翩起舞，最后定格为一朵大葵花。七场分别是：东方的曙光、万水千山、抗日烽火、埋葬蒋家王朝、中国人民站起来了、建设新中国、全世界人民大团结。学校中专部九个班、大专部四个班全部参与。第一场、第二场由大专部四个班担任，第三场由中专部工业专业三个班担任，第四场由中专部银行专业三个班担任，第五场由中专部商业专业三个班担任，第六、七场以舞蹈为主，由学校再从各班抽出善于舞蹈的同学集中担任，第八场全是合唱，让所有未卸妆的同学直接上场参与合唱。1964 年 12 月 31 日晚 7 点整，在一元路市政府大礼堂举行了第一次演出。市委宣传部领导观看了演出，给予很高评价，并建议学校在现有基础上充实提高，把它作为一项重要的政治任务来完成，要求为全市财贸系统的职工演出。于是，学校决定全校停课，集中排演。为了适应大剧院的演出要求，专门成立了乐队和合唱队。

1965年2月，时任武汉市市长刘惠农接见武汉市财贸干部学校《东方红》部分演职人员

《东方红》序幕，葵花向阳（武汉财贸学校103、203、303班表演）

为了做好排演，不仅学校建立了强有力的后勤服务班子，市委财贸政治部在人员、经费、交通、演出场地等方面也给予全力支持。集中排练两周，开始对外演出。最初每天演一场，由于武汉市很多单位要求观看的呼声太高了，改为一天演两场，地点固定在武汉剧院。演出一直持续到大年三十才告一段落。演出非常辛苦，师生每晚都是11点钟才能返校，但大家感到收获的是永远的幸福、终身的美好记忆。

第二展区 明珠璀璨 华中理工大学汉口分校

一、学校简介

华中理工大学汉口分校经湖北省人民政府批准于 1981 年正式创办。1992 年 2 月，中共武汉市委、市人民政府决定，华中工学院汉口分院与武汉市科技干部进修学院合并，归口市经委领导。学校有教职工 800 余人，其中有专任教师 240 人，正、副教授 70 人，讲师 100 余人。学校坚持面向武汉、服务武汉的办学方针，不断进行专业扩展和调整，逐步形成了自身的特色和优势。设有机械工程系、自动控制工程系、化学工程系、管理工程系、计算机科学系、社科部、外语部、基础部和成教部等九个系部。设置 31 个专业，其中本科专业 22 个。在校全日制普通生 3000 人，本科生占 85%。建校以来，已向国家输送了 6000 余名本、专科专门人才，培训科级干部 4 万人次，为武汉市经济和社会发展作出了积极贡献。

Huazhong University of Science and Technology Hankou Branch was officially established in 1981 with the approval of the Hubei Provincial People's Government. In February 1992, the Wuhan Municipal Committee of the CPC and the Wuhan Municipal People's Government decided to amalgamate the Huazhong Institute of Technology Hankou Branch with the Wuhan Institute of Science and Technology Continuing Education and have it under the leadership of the municipal economic committee. Before being integrated into Jianghan University, the university had more than 800 faculty members, including 240 full-time teachers, 70 professors and associate professors, as well as more than 100 lecturers. The guiding principle for running the university is to provide education services to Wuhan. It has gradually formed its characteristics and advantages by constantly expanding the scope of subjects and adjusting its majors. There are nine departments, including Mechanical Engineering, Automatic Control Engineering, Chemical Engineering, Management Engineering, and Computer Sciences, as well as Social Sciences, Foreign Languages, Basic Education, and Adult Education. There are 31 majors, including 22 undergraduate majors. There are 3,000 full-time students in school, 85 percent of which are undergraduates. Since the establishment of the university, it had cultivated more than 6,000 undergraduates and specialist professionals for the country and trained 40,000 section-level civil servants, making positive contributions to Wuhan's economy and society.

二、历史沿革

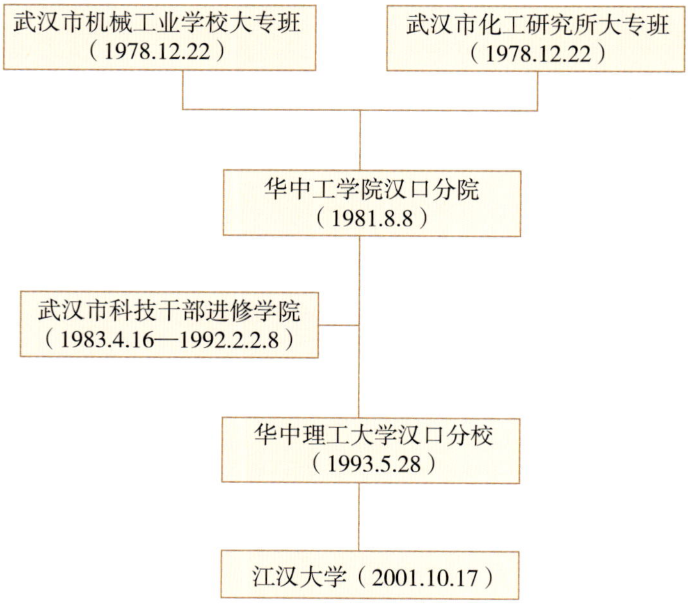

三、首任领导

郭海鹏，男，汉族，1927 年 8 月出生，原籍山东省，出生地黑龙江省双城县，1946 年 10 月参加革命工作，1949 年 4 月加入中国共产党。1946 年 10 月至 1958 年 9 月分别在哈尔滨市、武汉市税务局工作，1979 年 5 月至 1983 年 3 月，任武汉市经委教育处处长，1983 年 3 月至 1986 年 8 月，任华中工学院汉口分院党委书记。

饶国定，男，汉族，江西南城人。原华工汉口分院首任院长（1983.10—1993.10）。1952 年 9 月毕业于南昌大学机械系，后留校任教。1953 年 12 月在哈尔滨工业大学进修，1955 年 2 月调入华中工学院机械系。1956 年加入中国共产党。1957 年 11 月赴莫斯科机床工具学院进修，获苏联科学技术副博士学位。1961 年 6 月回国后，在华中工学院机械工程一系先后任讲师、副教授、教授等技术职务。1983 年由市委组织部任命到新成立的华中工学院汉口分院任院长。长期从事机械制造专业的教学和科研工作，为硕士研究生指导教师，参编和主编过九种教材讲义，其中参加编写的《金属切削原理》和《金属切削刀具》被国家教委授予全国优秀教材奖。

四、历任领导

华中理工大学汉口分校及前身历任校级领导干部情况表

职务	姓名	任职时间
华中工学院汉口分院		
书记	郭海鹏	1983.03—1986.08
书记（兼）	饶国定	1986.08—1989.01
书记	张志鹏	1989.01—1993.09
副书记	杨家胜	1985.07—1986.08
副书记	张伍权	1984.08—1991.08
纪委书记	杨家胜	1984.06—1986.08
院长	饶国定	1983.10—1993.09
副院长	陈贤威	1983.10—1993.09
副院长	罗建华	1985.06—1993.09
副院长	程庆霓	1986.08—1991.01
副院长	章思规	1988.01—1991.09
副院长	华定一	1991.08—1993.09
巡视员	郭海鹏	1986.08—1988.03
巡视员	杨家胜	1986.08—1989.08

续表

职务	姓名	任职时间
华中理工大学汉口分院		
书记	张志鹏	1993.09—1996.09
书记	华定一	1996.09—2002.06
副书记	安维群	1996.09—2002.06
纪委书记	张桂兰	1995.04—1996.09
纪委书记	安维群	1996.09—1998.02
纪委书记	张太玲	1998.02—1998.10
校长	华定一	1993.09—2002.06
副校长	罗建华	1993.09—2002.06
副校长	陈有礼	1992.02—1995.12
副校长	安维群	1992.02—1996.09
副校长	陈贤威	1993.09—1995.08
副校长	李国其	1995.04—2002.06
副校长	张桂兰	1996.09—2000.12
副校长	王纪娟	2000.01—2002.05
副校长	邓院方	2000.07—2002.06
巡视员	陈有礼	1995.12—1997.03
助理巡视员	张桂兰	2000.10—2002.06
武汉市科技干部进修学院		
党委书记	刘存良	1991.02—1992.02
党委副书记	侯　宇	1987.12—1991.02
院长（兼）	姜兆基	1984.07—1987.02
院长（兼）	姜兆基	1987.02—1991.03
院长	刘存良	1991.02—1992.02
副院长	侯　宇	1987.02—1991.03
副院长	陈有礼	1987.02—1992.02
副院长	安维群	1988.02—1992.02

五、分院成立

20 世纪 70 年代，武汉市委市政府把工业作为恢复经济工作的中心，但工科类高级专业人才长期短缺，制约了工业的建设发展。为加快武汉市工科类高级专业人才培养，武汉市人民政府报请湖北省人民政府，要求建立三所高等学校分校。

1981 年 8 月 8 日，湖北省人民政府下达《关于武汉市建立三所高等院校分校的批复》(鄂政文〔1981〕78 号），文中指出：华中工学院汉口分院暂设机械制造工艺及设备、自动化仪表、固体电子学、化学工程四个专业，学制四年，在校学生规模 800 人。校址设在武汉市第四机床厂内。1981 年，华中工学院汉口分院正式挂牌成立，由分设两地的武汉市化工研究所大专班和武汉市机械工业学校大专班组成。鉴于当时校址所在地的条件所限，仍实行分散办学，持续了两年。

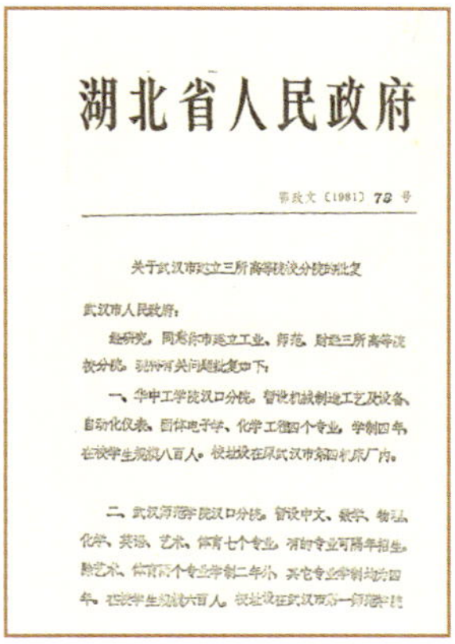

湖北省人民政府

鄂政文〔1981〕78 号

关于武汉市建立三所高等院校分院的批复

武汉市人民政府：

经研究，同意你市建立工业、师范、财经三所高等院校分院。现将有关问题批复如下：

一、华中工学院汉口分院。暂设机械制造工艺及设备、自动化仪表、固体电子学、化学工程四个专业，学制四年，在校学生规模八百人。校址设在原武汉市第四机床厂内。

二、武汉师范学院汉口分院。暂设中文、数学、物理、化学、英语、艺术、体育七个专业，有的专业可隔年招生。除艺术、体育两个专业学制二年外，其它专业学制均为四年，在校学生规模六百人。校址设在武汉市第一师范学校

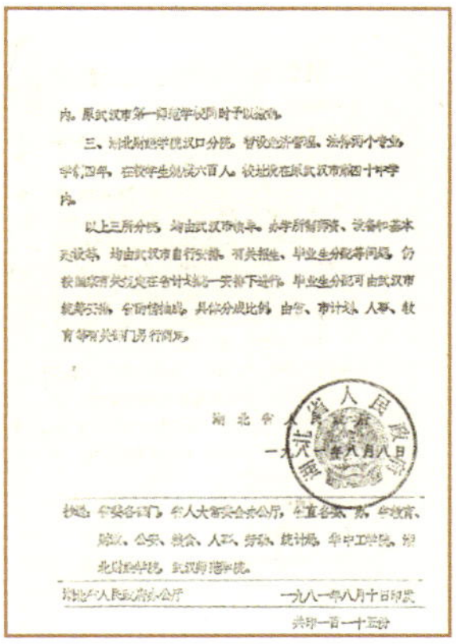

内，原武汉市第一师范学校同时予以撤销。

三、湖北财经学院汉口分院。暂设经济管理、法律两个专业，学制四年，在校学生规模六百人。校址设在原武汉市第四十中学内。

以上三所分院，均由武汉市领导。办学所需经费、设备和基本建设等，均由武汉市自行安排。有关招生、毕业生分配等问题，仍按国家有关规定在省计划统一安排下进行。毕业生分配可由武汉市统筹安排，[illegible]。具体分成比例，由省、市计委、人事、教育等有关部门另行商定。

湖北省人民政府

一九八一年八月八日

抄送：[illegible]

湖北省人民政府办公厅　　一九八一年八月十日印发

共印一百一十五份

六、集中办学

1982 年 12 月，武汉市人民政府下达《关于华中工学院汉口分院实行统一领导和集中办学的通知》（武政〔1982〕117 号），指出华中工学院汉口分院是一所工科性质的学院，是武汉市培养专门人才的重要基地。为了节省人力、物力、财力，有计划地开设缺门专业，培养急需的短线人才，进一步办好这所学院，决定实行统一领导和集中办学。《通知》进一步明确：“一、目前，分散在市化工研究所的化学工程、有机合成专业和设在江汉大学计划内的固体电子学、自动化仪表四个专业，从下学期开始，应全部集中到分院本部办学。二、原第四机床厂改为华中工学院汉口分院的院办工厂，产品保留，对外挂第四机床厂的牌子，其所有制性质不变，目前在第四机床厂办学的机械局职工大学和机械工业学校，由市机械局负责迁往别处。三、华中工学院汉口分院由市经委领导，为相当局级单位。”集中办学的筹备工作从 1983 年初开始进行，1983 年 9 月集中办学后的第一个学期如期开学。

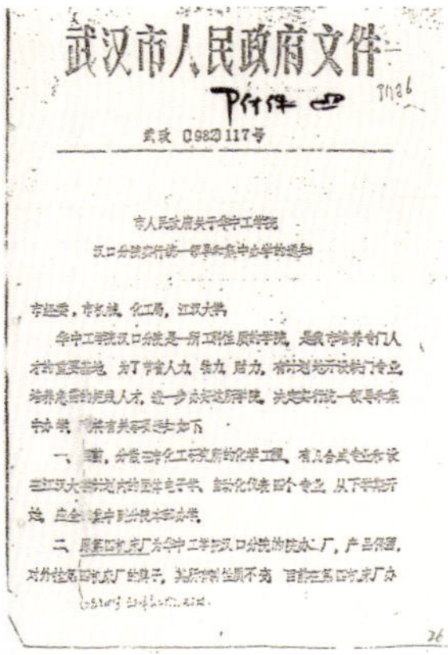

武汉市人民政府文件

武政〔1982〕117号

市人民政府关于华中工学院汉口分院实行统一领导和集中办学的通知

市经委，市机械局，化工局，江汉大学：

华中工学院汉口分院是一所工科性质的学院，是我市培养专门人才的重要基地。为了节省人力、物力、财力，有计划地开设缺门专业，培养急需的短线人才，进一步办好这所学院，决定实行统一领导和集中办学。[illegible]

一、目前，分散在市化工研究所的化学工程、有机合成专业和设在江汉大学计划内的固体电子学、自动化仪表四个专业，从下学期开始，应全部集中到分院本部办学。

二、原第四机床厂改为华中工学院汉口分院的院办工厂，产品保留，对外挂第四机床厂的牌子，其所有制性质不变，目前在第四机床厂办

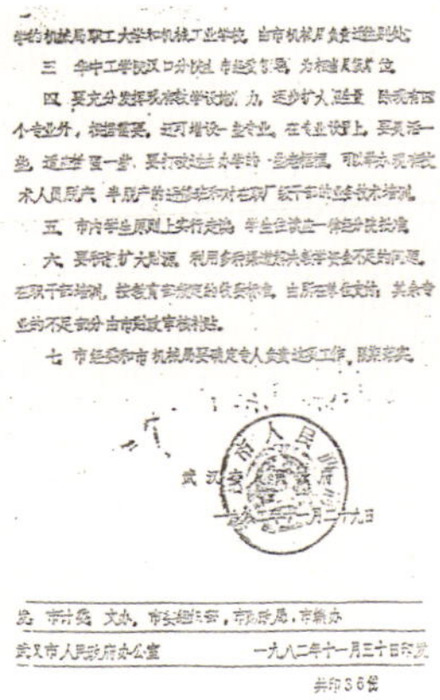

学的机械局职工大学和机械工业学校，由市机械局负责迁往别处。

三、华中工学院汉口分院由市经委领导，为相当局级单位。

四、[illegible]

五、[illegible]

六、[illegible]

七、市经委和市机械局要确定专人负责迁交工作，限期落实。

武汉市人民政府

一九八二年十一月二十九日

武汉市人民政府办公室　　一九八二年十一月三十日印发

共印 36 份

七、开办本科

在教学质量有充分保证的前提下，1985年学校郑重地提出开办本科的申请并顺利招收本科生，实现了学校发展历史性飞跃。

1. 首次本科招生计划的确定

1984年，学校提出1985年招收机械制造工艺及设备和化学工程两个专业共80名本科生计划。1985年3月，申报开办本科工作成功，9月迎来了首届80名本科生（占在校生的6.5%），在开办本科的道路上迈出了突破性的第一步。

2. 市政府关于学校规模、层次的批复

1986年11月17日，武汉市人民政府办公室批复同意华中工学院汉口分院以培养理工科的本科生为主，在校全日制学生1990年争取达到2000名，最大办学规模暂定为2500至3000名，学校逐步扩大招生。市规划局还对我院批复发展规划用地190亩。

3. 本科教育的发展

至1992年，本科专业从原省政府批文规定机械制造工艺及设备、化学工程、仪表自动化、固体电子学（此专业仅招一届本科生后停办）4个专业发展为包括机电一体化、机械制造管理工程、工业电气自动化等7个本科专业（专业方向）。本科招生数逐年增加，1985年80名本科生仅占在校生的6.5%，1988年在校本科生首次超过在校生的50%（占52%），以本科为主的格局初步形成。

自开办本科以来，学校积极参加了全省本科院校的评估、调研活动，对推动本科教学、提高教学质量起到了推动作用。

八、两院合并

1992年2月，中共武汉市委、武汉市人民政府决定，华中工学院汉口分院与武汉市科技干部进修学院合并，市编委下发了《关于调整市科技干部进修学院管理体制的通知》（武编〔1992〕018号），指出两院合并，归口市经委领导。

成人教育体系的完善与发展

1. 市经委函授站的并入

继1992年两院合并后，1993年10月，市编委下发武编〔93〕168号文，同意市经委函授站（市经委培训中心）并入学校。

2. 成人教育发展迅速

成人教育稳中求精。在 1984、1985 年大规模招收函授生后，学院决定暂停两年招生，着力抓好函授教育管理。

新体制促成新发展。1992 年学校设置成人教育处（后改为成人教育部）。积极贯彻执行学院管理体制改革方案，采取灵活多样的办学形式来促发展，加快专业拓展来保发展。

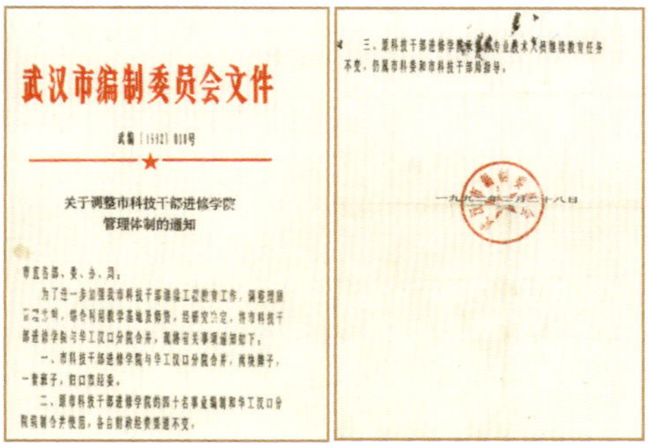
武汉市编制委员会文件

关于调整市科技干部进修学院管理体制的通知

九、教学改革

课程改革

抓住机遇，深化改革，促进学校教育质量上新台阶。1994 年 7 月 29 日至 8 月 4 日，学校举行首次“教育教学改革研讨会”。这次研讨会围绕着市场经济与学校教育教学改革、市场经济与建设一支高效精干、结构合理、素质优良的教师队伍这两个主题进行了研讨。

会议认为，随着社会主义市场经济体制的建立，学校应抓住机遇，深化学校各项改革，建设一支能适应市场经济体制建立和发展需要的高素质、高水平的教师队伍；加强和改进教师的思想政治工作，充分调动教师的积极性；加大学校教育教学改革的力度，主动适应社会主义市场经济体制建立对人才素质的要求，在教育结构上要由单科性向多科性发展，逐步开设人文学科。系部或专业试行学分制，全校试行主辅修、双专科制，加强教学研究工作。加强教学实践基地的建设，重点建设好一批高水平的实验室且逐年增加投入比重。充分发挥校办企业的“教学实习基地”的作用，培养出高质量人才。

学生自主选择任课老师

同时开设一门课程，三个班、三个老师一起上，让学生自己选择。

实施学分制

1997年，华中理工大学汉口分校实行学分制。学生在导师的指导下，按照该学科下富有弹性的学分制指导性教学计划的要求与各自的兴趣专长、能力，自主选读课程。学生进校后，低年级按学科类打通培养。高年级在学科下通过专业分组课程进行专业分流，并可按有关规定，在学好主专业的基础上，可加修第二专业（双专业）或辅修专业。凡按照学科指导性教学计划的要求，能提前学完该学科的某一专业规定的全部课程，修满规定的各类学分要求，允许学生提前毕业。

专业调整

1996年，学校拟对几个专业名称或专业方向进行调整。即：原化学工程（计算机应用）（四年制本科）、科技英语（三年制专科）分别调整为化学工程（CAD）（四年制本科）和英语（三年制专科），同时开设机制工艺及设备（化机）专业方向（四年制本科）。

开门办学

学校与省双环集团、武汉邮科院、省化学所、市社科院、市经济所合作办学

1993年8月，华中理工大学汉口分校学生到武汉长江二桥公司参加社会实践

十、八次教学工作会议

第一次教学工作会议

1984年8月31日至9月2日，学院召开了第一次教学工作会议。会议主题是“提高认识、交流经验、明确任务、开创局面”。饶国定校长指出，今后学院教育教学工作的重点是：第一，必须确立以教学为中心，培养人才、为社会服务是高等学校的根本职能；第二，要进一步加强管理方面的改革，逐步试行校长负责制、系主任负责制、教师聘用制，拟定一系列管理规章制度；第三，要积极开展教学内容、教学方法的改革与创新，着重学生能力的培养，修订专业教学计划；第四，努力创造条件，搞好青年教师的培养提高工作；第五，加快专业发展的步伐，1985年力争上本科层次，在校规模达到1500人，努力实现到1990年在校生达2400—2500人，教师数达350人；第六，鼓励、支持教师参与科技服务，各系部在搞好一线教学的前提下，发挥教师的优势，挤出人来接项目。此次会议还确定，今后每年召开一次教学工作会议。

第二次教学工作会议

1985年10月，学院召开第二次教学工作会议，这次会议以“积极开展教学改革，努力提高教学质量”为中心内容。会议期间，饶国定、郭海鹏作了重要讲话，吴昊、屠兰祥等老师作了教改经验交流；吴昊按自学—精讲—多练的模式组织课堂教学取得明显成效，霍静娴、陈质彬等老师介绍了课程改革的设想；院团委书记张太玲汇报了毕业生调查情况，参会人员展开了深入反复的讨论，副校长陈贤威作了大会总结。会议号召全体师生员工坚定信心，朝着学院既定目标前进。第二次教学工作会议使学院广大教师明确：深化教学改革、提高教学质量是学校生存发展的关键，师资队伍建设是带有长远性的战略目标，规范教学管理才能充分调动师生积极性，建设好实验室和图书馆是办好学院的两大支柱。

第三次教学工作会议

1986年，学院召开第三次教学工作会议，会议确定本学年度主要抓好以下几项教学工作：

1. 以课堂教学为重点，进一步提高教学质量，加强教学研究活动，提倡互相观摩。

2. 落实英语、计算机“二个不断线”。英语作分级教学试点。每学期至少有一门课使用计算机进行教学。

3. 完善教学计划、教学大纲等在内的各类教学文件。进行自查评比。本科要做好评估的准备。

4. 加强实践实验手段，挖掘仪器设备潜力，提高设备利用率，满足教学需要。

5. 进一步做好毕业设计的研究工作，逐步达到为社会做贡献、提高教学质量、节约资金的效果。

6. 开办“研究生课程进修班”，以提高青年教师的业务水平。

第四次教学工作会议

1986年，学院召开第四次教学工作会议，会议指出把教书育人作为头等大事来抓，

贯彻落实院教书育人条例。教师通过教学的各个环节以自己的模范行为给学生良好的教育和影响。以抓本科教学为重点全面提高教学质量。抓好一年级教学，加强教育第一线，健全教学质量保证体系。开展课程评估试点，推动课程建设，加强实践性教学环节。

第五次教学工作会议

1987年，学院召开第五次教学工作会议，会议的主题是稳步发展、深化教学改革、提高教学质量，会议听取了陈贤威副院长作的工作报告。学院高等教育研究组提出的《师资队伍的建设意见》《重点课程建议实施意见》《专业建设实施意见》分别在会上作了说明。会上还有七位教师代表作了教学改革经验和体会的发言。

学院特聘教授郭友中副市长在第五次教学工作会上作报告

第六次教学工作会议

陈贤威副校长讲话

1995 年，学院召开第六次教学工作会议。会议指出要适应市场经济需要，深化教育教学改革。加大教学管理体制改革的力度，试行“学分制”“主辅修制”“双专科制”。抓好教研室建设，促进教育深入发展。紧紧依靠教研室，进行专业调整，迎接市场经济的挑战。

第七次教学工作会议

1997 年，学院召开第七次教学工作会议。会议提出要增强全体教职工深化教学改革，培养跨世纪人才的责任感、紧迫感和使命感。形成了以学分制为突破口，引进竞争机制，办出我校特色，以及在学生能力、素质培养，提高教学质量须下大力气的共识，增强了面向 21 世纪转变教育、教学观念的意识，统一了从应试教育向素质教育转变的认识，初步形成了必须进行课程体系、内容改革的共识。

第八次教学工作会议

1999 年，学院召开第八次教学工作会议。会上指出，要适应新形势，切实提高教学质量；要深化教学改革，全面推进素质教育；要转变教育观念，明确办学思路；要加大改革力度，提高教育质量。以学分制为契机，应用现代教育技术，全面推进面向 21 世纪的教学内容和课程体系的改革，面向 21 世纪的计算机教学改革与探索。

深化“两课”改革，加强社科部建设。突出成教特点，推进素质教育，培养创新人才。

十一、知名学者

华定一

研究员，享受国务院政府特殊津贴。两项课题分别获 1981 年农机部重大科研成果二、三等奖。

陈耿

先后荣获武汉市、湖北省科技进步奖二等奖，武汉市政府专项津贴专家，第十一届人大代表。

徐盛林

享受国务院政府特殊津贴，被国家教委和人事部授予“有突出贡献的回国留学人员”称号。

范治渊

享受国务院政府特殊津贴，撰写的学术论文《计算法选择间隙配合及其意义》获省自然科学学术论文三等奖。

何勋桂

享受国务院政府特殊津贴人员，全国优秀教师，武汉市学校学科带头人。

彭知难

全国优秀教师，1989 年获湖北省优秀教学成果二等奖。

陈贤威

享受国务院政府特殊津贴，硕士研究生导师。先后获得武汉市优秀教师、全国优秀教师等荣誉称号。

贺志贤

享受国务院政府特殊津贴，获得过市教学研究优秀成果二等奖。

曹玲

全国优秀教师，硕士生导师，获湖北省科技进步奖三等奖，被评为“全国优秀教师”。

邝培翠

享受国务院政府特殊津贴，获湖北省科技进步奖三等奖，荣获“湖北省有突出贡献的中青年专家”称号。

李振华

全国优秀教师，被湖北省政府授予1993年度优秀教学成果三等奖。

张志鹏

享受武汉市政府专项津贴，1980年研制的718短波实时选频系统程序控制器项目，获湖北省科技成果一等奖。

十二、人事制度改革

1. 改革文件

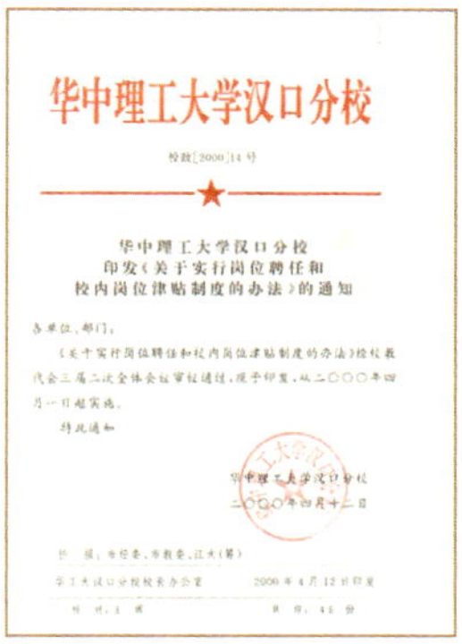

华中理工大学汉口分校

校政[2000]14号

华中理工大学汉口分校
印发《关于实行岗位聘任和校内岗位津贴制度的办法》的通知

各单位、部门：

《关于实行岗位聘任和校内岗位津贴制度的办法》经校教代会三届二次全体会议审议通过，现予印发，从二〇〇〇年四月一日起实施。

特此通知

华中理工大学汉口分校
二〇〇〇年四月十二日

抄　报：[illegible]

[illegible]　　2000年4月12日印发

[illegible]　　共印：45份

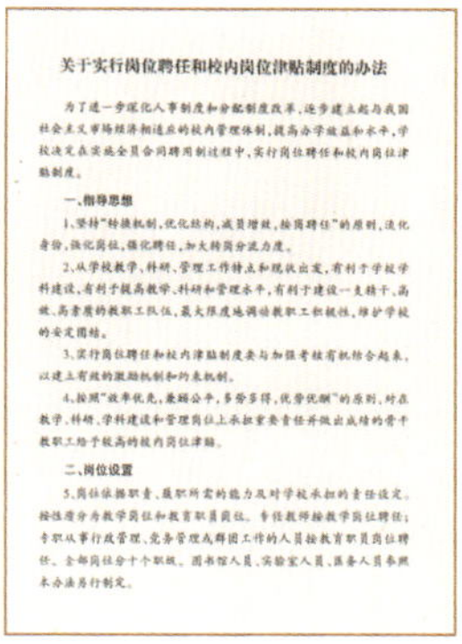

关于实行岗位聘任和校内岗位津贴制度的办法

为了进一步深化人事制度和分配制度改革，逐步建立起与我国社会主义市场经济相适应的校内管理体制，提高办学效益和水平，学校决定在实施全员合同聘用制过程中，实行岗位聘任和校内岗位津贴制度。

一、指导思想

1、坚持"转换机制，优化结构，减员增效，按岗聘任"的原则，淡化身份，强化岗位，强化聘任，加大转岗分流力度。

2、从学校教学、科研、管理工作特点和现状出发，有利于学校学科建设，有利于提高教学、科研和管理水平，有利于建设一支精干、高效、高素质的教职工队伍，最大限度地调动教职工积极性，维护学校的安定团结。

3、实行岗位聘任和校内津贴制度要与加强考核有机结合起来，以建立有效的激励机制和约束机制。

4、按照"效率优先，兼顾公平，多劳多得，优劳优酬"的原则，对在教学、科研、学科建设和管理岗位上承担重要责任并做出成绩的骨干教职工给予较高的校内岗位津贴。

二、岗位设置

5、岗位依据职责、履职所需的能力及对学校承担的责任设定。按性质分为教学岗位和教育职员岗位。专任教师按教学岗位聘任；专职从事行政管理、党务管理或群团工作的人员按教育职员岗位聘任。全部岗位分十个职级。图书馆人员、实验室人员、医务人员参照本办法另行制定。

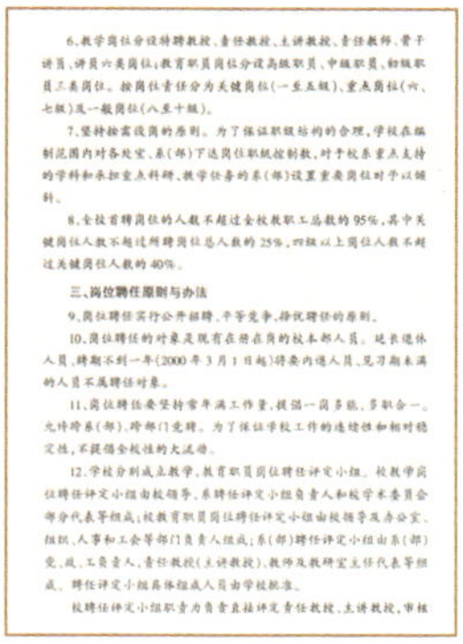

6、教学岗位分设特聘教授、责任教授、主讲教授、责任教师、骨干讲员、讲员六类岗位；教育职员岗位分设高级职员、中级职员、初级职员三类岗位。按岗位责任分为关键岗位（一至五级）、重点岗位（六、七级）及一般岗位（八至十级）。

7、坚持按需设岗的原则。为了保证职级结构的合理，学校在编制范围内对各处室、系（部）下达岗位职级控制数，对于校系重点支持的学科和承担重点科研、教学任务的系（部）设置重要岗位时予以倾斜。

8、全校首聘岗位的人数不超过全校教职工总数的95%，其中关键岗位人数不超过所聘岗位总人数的25%，四级以上岗位人数不超过关键岗位人数的40%。

三、岗位聘任原则与办法

9、岗位聘任实行公开招聘、平等竞争、择优聘任的原则。

10、岗位聘任的对象是现有在册在岗的校本部人员。延长退休人员、聘期不到一年（2000年3月1日起）将要内退人员、见习期未满的人员不属聘任对象。

11、岗位聘任要坚持常年满工作量，提倡一岗多能、多职合一。允许跨系（部）、跨部门竞聘。为了保证学校工作的连续性和相对稳定性，不提倡全校性的大流动。

12、学校分别成立教学、教育职员岗位聘任评定小组。校教学岗位聘任评定小组由校领导、系聘任评定小组负责人和校学术委员会部分代表等组成；校教育职员岗位聘任评定小组由校领导及办公室、组织、人事和工会等部门负责人组成；系（部）聘任评定小组由系（部）党、政、工负责人、责任教授（主讲教授）、教师及教研室主任代表等组成。聘任评定小组具体组成人员由学校批准。

校聘任评定小组职责为负责直接评定责任教授、主讲教授，审核

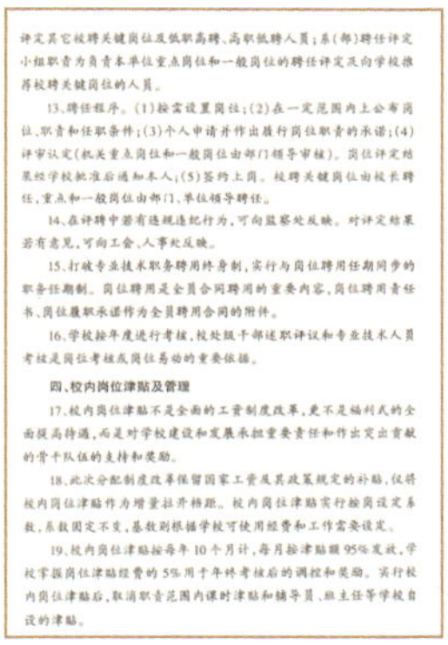

评定其它校聘关键岗位及低职高聘、高职低聘人员；系（部）聘任评定小组职责为负责本单位重点岗位和一般岗位的聘任评定及向学校推荐校聘关键岗位的人员。

13、聘任程序。（1）按需设置岗位；（2）在一定范围内上公布岗位、职责和任职条件；（3）个人申请并作出履行岗位职责的承诺；（4）评审认定（机关重点岗位和一般岗位由部门领导审核）。岗位评定结果经学校批准后通知本人；（5）签约上岗。校聘关键岗位由校长聘任，重点和一般岗位由部门、单位领导聘任。

14、在评聘中若有违规违纪行为，可向监察处反映。对评定结果若有意见，可向工会、人事处反映。

15、打破专业技术职务聘用终身制，实行与岗位聘用任期同步的职务任期制。岗位聘用是全员合同聘用的重要内容，岗位聘用责任书、岗位履职承诺作为全员聘用合同的附件。

16、学校按年度进行考核，校处级干部述职评议和专业技术人员考核是岗位考核及岗位易动的重要依据。

四、校内岗位津贴及管理

17、校内岗位津贴不是全面的工资制度改革，更不是福利式的全面提高待遇，而是对学校建设和发展承担重要责任和作出突出贡献的骨干队伍的支持和奖励。

18、此次分配制度改革保留国家工资及其政策规定的补贴，仅将校内岗位津贴作为增量拉开档距。校内岗位津贴实行按岗设定系数，系数固定不变，基数则根据学校可使用经费和工作需要设定。

19、校内岗位津贴按每年10个月计，每月按津贴额95%发放，学校掌握岗位津贴经费的5%用于年终考核后的调控和奖励。实行校内岗位津贴后，取消职责范围内课时津贴和辅导员、班主任等学校自设的津贴。

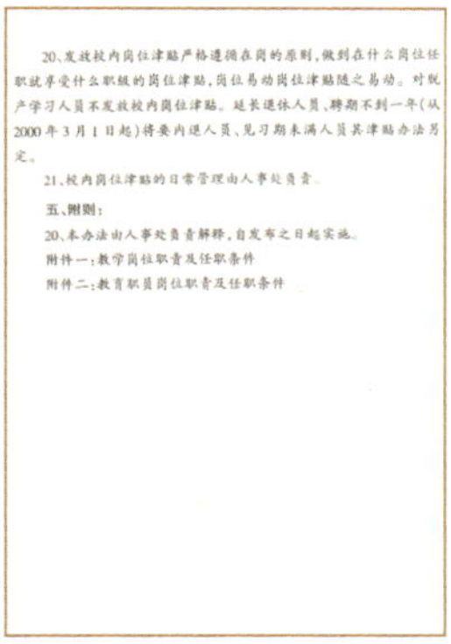

20、发放校内岗位津贴严格遵循在岗的原则，做到在什么岗位任职就享受什么职级的岗位津贴，岗位易动岗位津贴随之易动。对脱产学习人员不发放校内岗位津贴。延长退休人员、聘期不到一年（从2000年3月1日起）将要内退人员、见习期未满人员其津贴办法另定。

21、校内岗位津贴的日常管理由人事处负责。

五、附则：

20、本办法由人事处负责解释，自发布之日起实施。

附件一：教学岗位职责及任职条件

附件二：教育职员岗位职责及任职条件

2. 改革原则、改革程序

人事制度改革是学院综合改革的关键，主要是健全定编和聘任制度。做到人尽其才、才尽其用，充分发挥每个教职工的作用。

（1）调整部分机构，压缩机关人员编制。

（2）实行全员聘任，教师实行满负荷工作。干部、工人以岗定职，干部实行聘任制，工人实行合同制。根据工作岗位的要求，贯彻平等竞争、择优上岗的原则。

（3）严格实行考核制度。考核分为年度岗位考核和业绩考核。年度岗位考核结果作为评先、聘任的依据。业绩考核结果作为下学期评定业绩津贴的依据。

（4）转换机制。院汽车队、轻印室、设备物资供应部和总务处生活服务公司等由管理服务转变为经营服务，逐步实行半企业化和企业化管理。

（5）实行内部退休制度。院系两级机关人员凡男年满57周岁、女年满52周岁者实行内部退休。

第三展区　育师基地 武汉教育学院

一、学院简介

武汉教育学院创建于 1952 年，初名武汉教师学院，后易名武汉市教师进修学院，1980 年经湖北省人民政府批准更名为武汉教育学院。1993 年与中共武汉市委党校分校合并。

五十年办学历程中，学院密切配合武汉市经济建设发展与基础教育的需要，走过了艰苦创业、奋发图强、克服干扰、坚持改革、发展壮大的历程，被誉为武汉市的园丁园。从新中国成立初期培训应急教师、扫盲教师到培训中小学校长，从教材教法辅导、组织中小学教师教材教法合格考试到开展教育科学研究，从教师在职 培训到中学新师资的培养，通过脱产、半脱产、函授、卫星电视、三结合等各类教师学历培训方式，不断拓展教育功能；办学规模逐步扩大，办学层次逐步提升。学院共培养新师资 6000 多人，在职培训 14000 人，各类短训 40000 人。学院的办学经验在省内外乃至全国同类院校中产生较大影响。1990 年学院经国家教委复查验收合格并被誉为全国 12 所示范教育学院之一，1997 年经湖北省教委评估检查为优良学校，1999 年院学报被评为全国高校百强社科学报之一。

Wuhan University of Edu-cation was founded in 1952. Ini-tially known as Wuhan Teachers' College, it was later renamed Wuhan Teachers' Continuing Education College. In 1980, it was then renameds the Wuhan University of Education with the approval of the Hubei Provincial People's Government. In 1993, the Party School Branch of Wuhan Municipal Committee of the CPC was incorporated into Wuhan University of Education.

In the fifty years of its operation, the college has been in close coordination in catering to the needs of Wuhan's economic development and satisfying the demand for basic education. It has gone through various courses: forging ahead against all odds, working with dedication for prosperity, overcoming disturbances, and insisting on reform to develop and grow. Thus, it is also hailed as Wuhan's "Cradle of Teachers". From the training of teachers to quickly be qualified for teaching, and teachers to help eliminate illiteracy in the early days of the founding of the

People's Republic of China, to the training of principals of primary and secondary schools; from the tutoring of teaching materials and methods, the organization of qualifying examinations of teaching materials and methods for primary and secondary school teachers to the development of educational scientific research; from the in-service training of teachers to the training of new teachers in secondary schools, the college has developed various methods in teachers' degree training, such as off-the-job, semi-off-the-job, correspondence, satellite TV, and triple combination training. The educational functions of the college have been continuously expanded, as well as the scale of schooling. The college has trained more than 6,000 new teachers, 14,000 in-service teachers, and 40,000 teachers in various short courses. In 1990, the college was accepted by the State Education Commission as a qualified college and was honored as one of the 12 model education colleges in China. In 1997, it was rated as an excellent college by the Department of Education of Hubei Province. In 1999, the college's academic journal was rated as one of China's top 100 academic journals in social sciences.

武汉教育学院北院

武汉教育学院南院

武汉教育学院汉阳分部

二、历史沿革

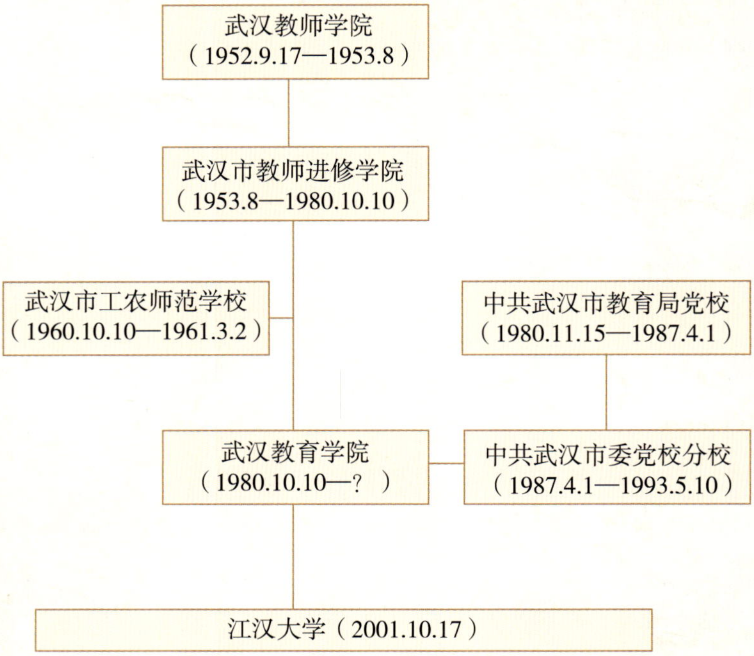

三、首任领导

凌莎，革命教育家。1905 年出生于印度尼西亚雅加达一个贫苦华侨家庭。1926 年经邓颖超、蔡畅同志介绍加入中国共产党，并被派往莫斯科东方大学学习。1930 年 5 月任中共东北省委妇委书记，1935 年第二次被派往苏联莫斯科东方民族殖民地学院学习并兼政治经济学课程翻译工作，1939 年回国后，在延安中共党校任班主任，政治经济学教研室研究员，延安女子大学教务处副处长。1941 年任延安保育院院长。北平解放后，任北京市教育局副局长，1949 年 5 月，任武汉市文教局局长，后又兼任武汉教师学院院长，1954 年返回北京，担任首都师范学院党委书记和院长。

四、历任领导

职务	姓名	任职时间
武汉教师学院		
校长（兼）	凌　莎	1952.09—1953.09
武汉市教师进修学院（1953—1982）		
支部委员会书记	胡铭心	1953.03—1954.12
支部委员会书记	曹长海	1955.01—1956.06
支部委员会书记	叶显普	1956.10—1958.09
支部委员会书记	袁鉴文	1964.10—1969.11
临时支部委员会书记	李扬镜	1969.11—1972.04
书委员会记（兼）	安继哲	1973.04—1975.06
书记	颜　浩	1975.06—1978.08
副书记	刘汉章	1956.10—1973.05
副书记	颜　浩	1973.05—1975.06
副书记	侯孟孔	1973.08—1982.08
副书记	梅利炎	1975.05—1976.10
副书记	张　琨	1975.05—1982.03
党委书记	颜　浩	1978.08—1979.06
书记（兼）	陈德根	1979.08—1982.08
副书记	蔡　刚	1978.08—1982.08
副书记	侯孟孔	1978.08—1982.08
副书记	张　琨	1978.08—1982.08
院长	叶显普	1956.10—1958.09
院长	袁鉴文	1964.10—1969.11
副院长	胡铭心	1953.03—1956.06
副院长	刘汉章	1956.10—1973.05
副院长	张谷泉	1960.05—1969.02
副院长	王紫东	1961.08—?
副院长	林宪章	1962.09—1965.05
副院长	王延庆	1962.09—1966.05
革命委员会主任	安继哲	1972.02—1973.05
革命委员会主任	颜　浩	1973.05—1975.06
革命委员会主任	蔡　刚	1975.06—1978.08
革命委员会副主任	颜　浩	1972.02—1973.05

续表

职务	姓名	任职时间
革命委员会副主任	侯孟孔	1973.04—1975.05
革命委员会副主任	黄　侅	1973.04—1978.08
革命委员会副主任	林宪章	1973.05—1978.08
革命委员会副主任	袁鉴文	1973.06—1975
革命委员会副主任	李扬镜	1974.12—1978.08
革命委员会副主任	李万荣	1975.05—1978.08
革命委员会副主任	贺聿纯	1975.05—1978.09
革命委员会副主任	张　琨	1975.05—1978.08
院长	蔡　刚	1978.08—1982.08
副院长	张　琨	1978.08—1982.08
副院长	李扬镜	1978.08—1982.08
副院长	黄　侅	1978.08—1980.07
副院长	李万荣	1978.08—1982.08
副院长	贺聿纯	1978.08—1978.09
副院长	林宪章	1978.08—1982.08
副院长	王延庆	1979.10—1982.08
副院长	吴　忠	1980.10—1982.08
工会主席	吴允祉	1978.11—1982.08
武汉教育学院（1982—2002）		
副书记	石耀华	1982.08—1984.03
副书记	韩守斌	1982.08—1984.03
书记	石耀华	1984.08—1986.04
书记	张海生	1986.04—1998.10
书记	顾瑶池	1998.10—2002.06
副书记	石耀华	1984.03—1984.08
副书记	张海生	1984.03—1986.04
副书记	陈章藩	1991.07—1993.03
副书记	张恭元	1997.04—1999.08
副书记	黄凤凯	1998.11—2002.06
纪委书记（兼）	陈章藩	1991.07—1993.03
纪委书记（兼）	沈汉成	1998.11—2002.06
院长	石耀华	1982.08—1984.03
副院长	李万荣	1982.08—1984.03

续表

职务	姓名	任职时间
副院长	吴　忠	1982.08—1984.03
副院长	林宪章	1982.08—1983.03
副院长	李扬镜	1982.08—1984.03
副院长	王延庆	1982.08—1984.03
院长	石耀华	1984.03—1984.08
院长	李万荣	1984.08—1989.02
院长	郑隆炘	1991.07—2002.06
副院长	李万荣	1984.03—1984.08
副院长	李扬镜	1984.03—1992.12
副院长	郑隆炘	1984.03—1991.07
副院长	林宪章	1984.03—1991.07
副院长	雷洪声	1986.04—1998.05
副院长	陈章藩	1988.03—1991.07
副院长	曹　雷	1991.07—1994.04
副院长	张恭元	1991.07—1997.04
副院长	董荣城	1994.04—2001.10
副院长	李　鸿	1998.10—2001.09
副院长	周建民	1998.11—2002.06
业务顾问	蔡　刚	1982.08—1984.03
业务顾问	蔡　刚	1984.03—1992.12
业务顾问	吴　忠	1984.03—1988.12
顾问	关云锦	1984.07—1988.03
巡视员	石耀华	1986.04—1988.03

五、学院成立

1952 年 9 月 17 日，武汉市人民政府批准成立武汉教师学院

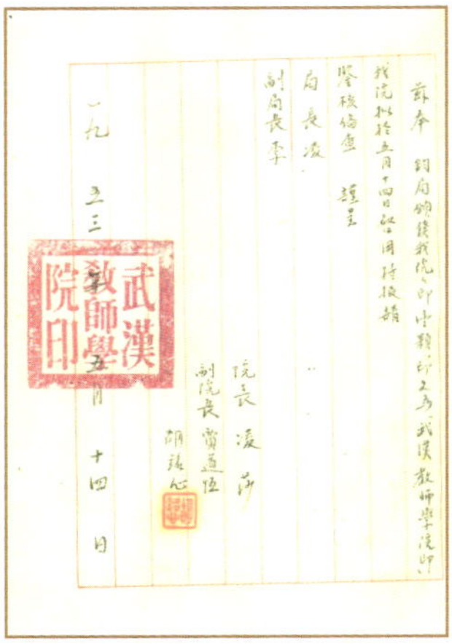

武漢教師學院印

1953 年 5 月 14 日，武汉教师学院印章启用报告

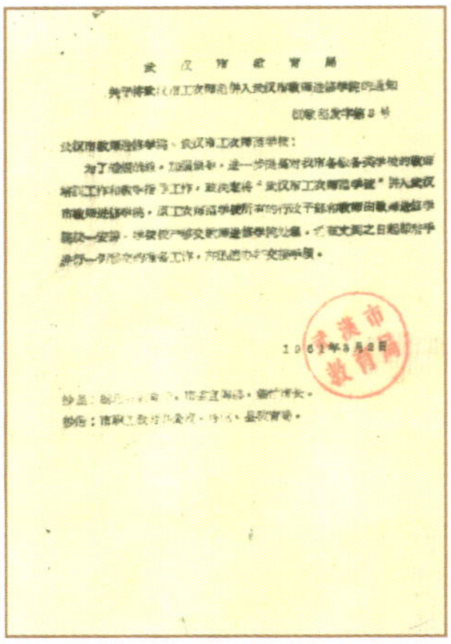

武汉市教育局

1961 年，武汉市教育局批复，将武汉市工农师范并入武汉市教师进修学院

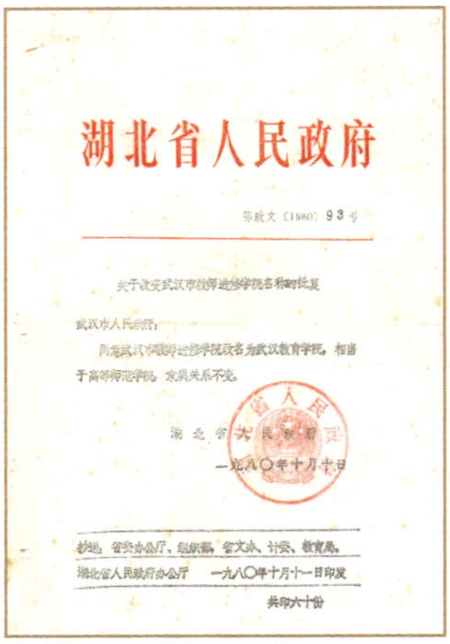

湖北省人民政府

鄂政文〔1980〕93 号

关于改变武汉市教师进修学院名称的批复

武汉市人民政府：

同意武汉市教师进修学院改名为武汉教育学院。相当于高等师范学院。隶属关系不变。

湖北省人民政府

一九八〇年十月十日

抄送：省委办公厅、组织部、省文办、计委、教育局。

湖北省人民政府办公厅　一九八〇年十月十一日印发

共印六十份

1980 年，经湖北省人民政府批准，武汉市教师进修学院改名为武汉教育学院。相当于高等师范学院

五次搬迁

1952 年底，迁至汉口旧府街震旦中学即原市招生办公室后楼所在地

1953 年，迁至汉口岳飞街法汉中学即原美术职业学校所在地

1960 年，迁至解放大道四十一中学即原武汉市话剧院

1961 年，迁至芦沟桥路原武汉团校现武汉二中所在地，即武汉教育学院北院

1984 年，迁至六合路原雷锋中学、六十七中校址，即武汉教育学院南院

1992 年，武汉教育学院南院全貌

六、艰苦创业

1952年10月初，学院仍处在无开办经费、无校舍、无教室、无教员、无教材、无经验的“六无”状态中。预计10月旬开学的日期已迫近。由市文教局局长凌莎兼任武汉教师学院院长。无经费，从文教局经费中先行垫付。无校舍，先在新光小学（现汉口洞庭街市教工俱乐部）设院本部，在硚口郊区博学中学（现武汉市第四中学）借两间房设分部。无教室，先用新光小学教室和在博学中学附近的空地搭盖座五大芦席棚，又在旧府街借工厂厂房充当教室。无教员，从中小学中抽调优秀教师和聘请兼职讲师担任。无教材，自行编写讲义。无经验，派人到外地学习。

创办之初，一人一张小板凳，就是课桌椅。搬到旧府街后，20多名创业者，在办公室兼寝室的房间里，挥汗如雨战酷暑。实验室是楼梯底下用木板隔成、白天都要开电灯的小黑房。真是筚路蓝缕，创业艰辛。

干部配备和机构设置极其精简。除文教局局长凌莎兼任第一任院长外，下设教务长胡铭心、政治处主任任德昭、总务处主任王文灿。分部设主任，由胡铭心兼任。院本部未配备干部。1952年底，文教局中学科科长贾道恒兼副院长（实未到任，只在呈报公文时署名）。1953年3月11日，才由武汉市人民政府任命胡铭心为副院长，负责实际工作。教学机构只设普师班（也称三月班）、中师班（也称八月班）和扫盲教师培训班。此三班相当于教研组，未配设干部。全院干部、教师、职员只有28人，后发展为30多人。其中党员2名，参加市文教局支部。1954年发展邢建中、褚志万同志入党，后来，曹长海同志调入后，才成立党支部。

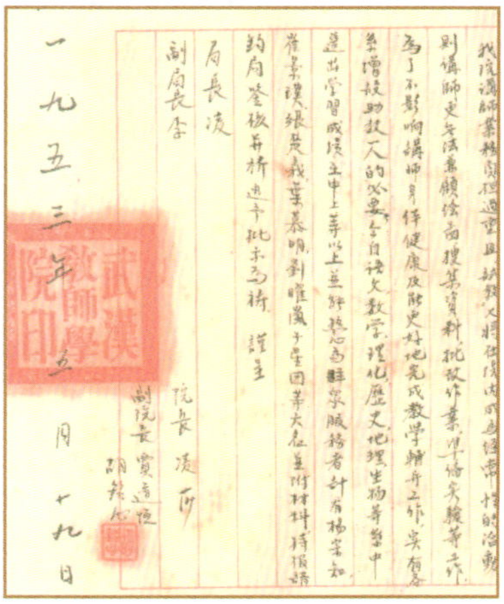

1953 年 5 月 19 日，学院申请增加教师的请示

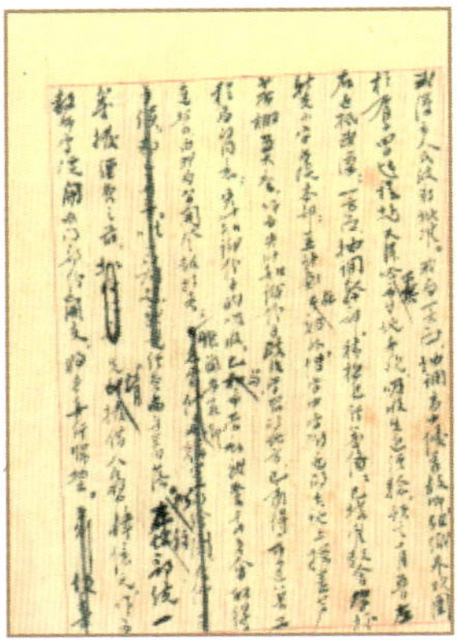

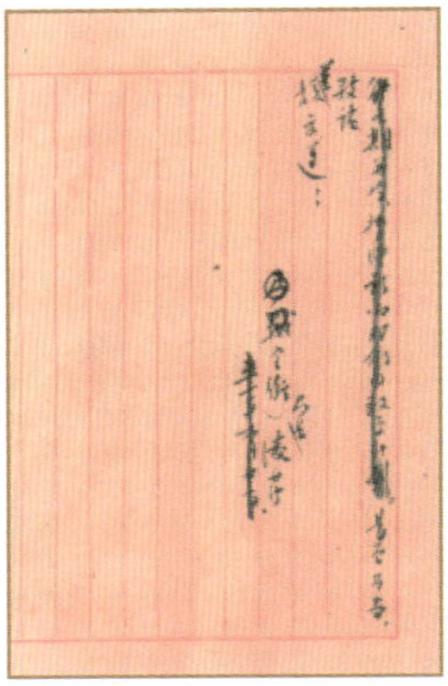

1952 年 9 月 24 日，学院向中南军政委员会教育部借支办学的文件

1954 年 8 月 24 日，武汉市教师进修学院抽调部分教师参加筹建武汉师专欢送离校

七、学院升格

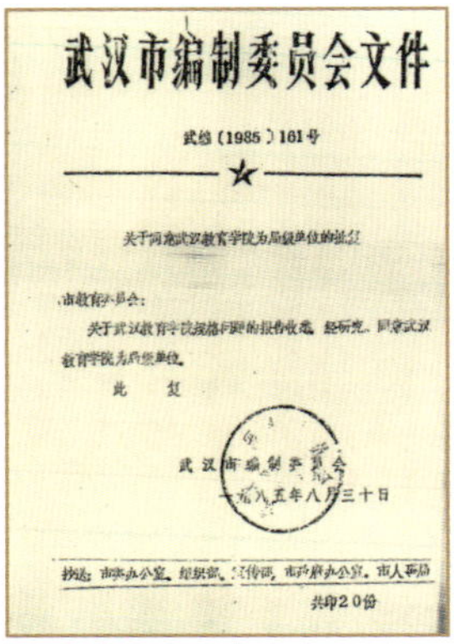

武汉市编制委员会文件

武编（1985）161号

此　复

武汉市编制委员会
一九八五年八月三十日

共印20份

1985 年，武汉教育学院升格为局级单位

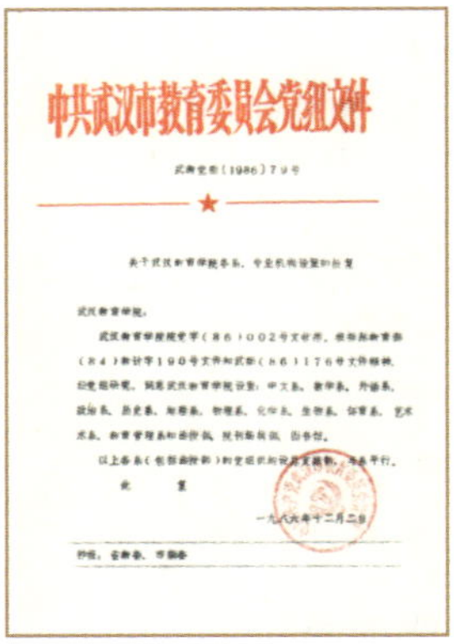

中共武汉市教育委员会党组文件

1986 年，学院各系、专业机构设置的批复

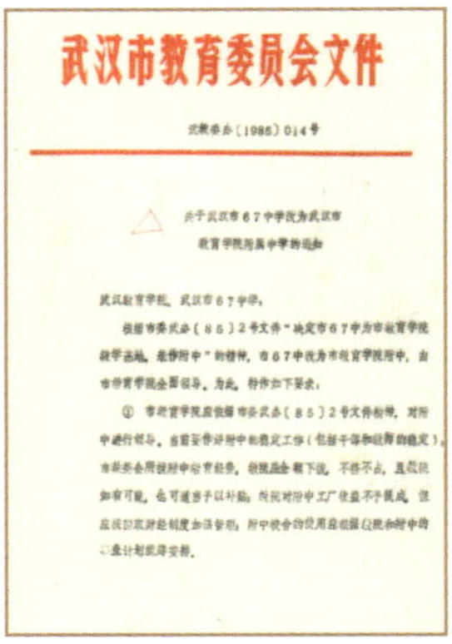

武汉市教育委员会文件

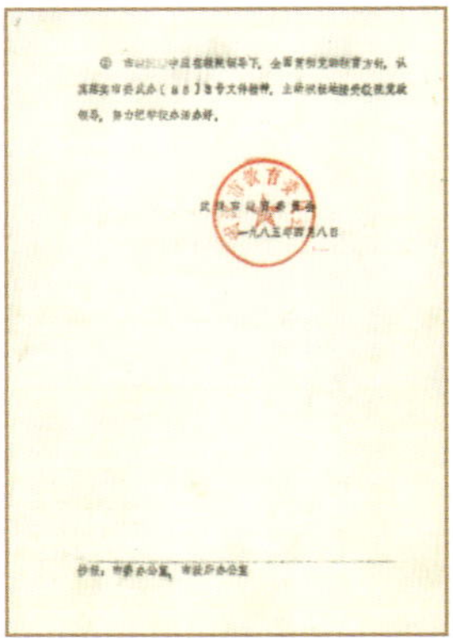

1985 年，成立武汉教育学院附中

武汉教院第一届教代会

1985 年，首个教师节

1991 年 9 月，学院举办首届科研工作会议

1987 年，校庆三十五周年

1992 年，校庆四十周年

1997 年，校庆四十五周年

1999 年，学院新春团拜会

八、办学经费

1986 年，学院总经费为 155 万元，1987 年为 190 万元，1988 年 216 万元，1989 年 266 万元，1990 年 327 万元，1991 年 414 万元，2000 年 1628 万元。

1988 年，市政府从世界银行贷款中给学院贷款 80 万美元，并投资 461 万元人民币，国家教委补助投资 119 万元。院内各部门的创收也与日俱增。

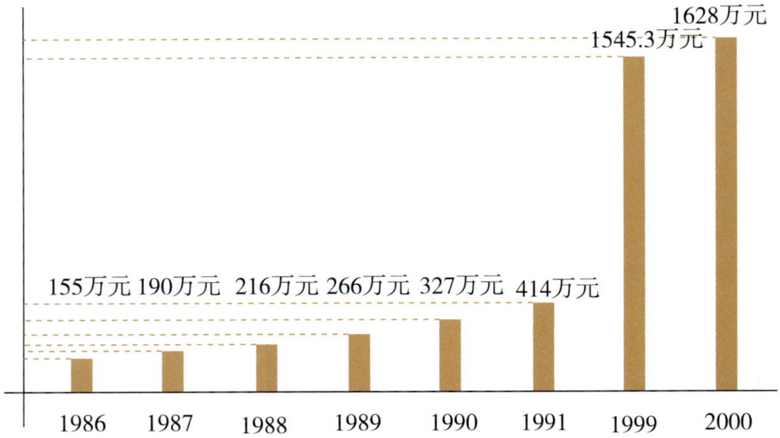

九、办学条件

1986 年至 1992 年，随着学院经费逐年增加，学院办学条件不断改善。南院原教学大楼、办公室装修一新，课桌椅全部更新。尤其是 1993 年至 2002 年最后十年，新建、扩建各类实验室、语音室、播音室、计算机房、琴房、画室、健身房、多媒体教室等，增添大批教学仪器设备和图书资料。馆藏图书 32 万册，藏有《四库全书》、全套《四十二史》、英、美、日版《大百科全书》等一批珍贵书籍。形成了具有教育学院特色的馆藏图书体系和较完善的服务于教育、教学和科研体系。

实验楼及机房

1984 年以前，学院占地面积只有北院的 15 亩。1984 年，市人民政府鉴于学院增加了职前培养和干训的任务，将设在汉口六合路的市六十七中学和雷锋中学划拨学院（即南院），并于 1985 年夏，设武汉教育学院附属中学（1987 年撤销）。使学院的土地面积扩大为 47 亩。1986 年以后，学院陆续把教学、科研、党政职能部门和群团组织机构从北院移至南院，按教学区、办公区、实验区、生活区分布管理。跑道、操场、检阅台已经建成，与之配合的画廊、橱窗亦相继建成，并初步进行了绿化。

学院校舍建筑面积已达36356.16平方米，其中教学、行政用房16388.29平方米；教室3550.96平方米；学生宿舍4515.65平方米；教工宿舍5879.74平方米；体操房258.92平方米；学生食堂1372.89平方米；托儿所、浴室等福利设施及附属用房1285.28平方米；校办印刷厂458平方米。

南院操场

汉阳分部操场

南院教学大楼

学生宿舍

生物标本实验室

线装藏书《四库全书》

十、办学规模

1978 年底学院只有 4 个职前师范大专班 200 余人（学院于 1977 年以武汉师范学院汉口分院名义招收中文、数学、物理、英语 4 个班，1978 年 4 月开学，1979 年归口汉口分院集中教学，学院仅招此批职前师范生后就停招，直至 1984 年），在职教师进修专科只有 5 个班，不足 300 人（此为“文革”后首批职后教师学历进修人员）。两项相加，全院职前、职后班仅 9 个，学生（学员）不足 500 人。经过 20 年的艰苦创业，至 1998 年底，学院已有在校学生（学员）9000 余人，其中全日制师范本科、专科生 1507 人；在职教师进修本科、专科学员 1248 人；与华中师大联办的中学教师研究生课程班学员 415 人；中学校级干部岗位培训班与提高班学员 1000 余人；中学教师继续教育培训班学员 2000 余人；高等教育自学考试学员 3000 余人。1998 年的办学规模是 1978 年的 19 倍。

学院有中文、数学、外语、政史、化生、物地、体育、艺术、教育（干训部）九个系。普通全日制高师开设 4 个本科专业、17 个专科专业；在职教师学历培训可开设 9 个本科专业、16 个专科专业。学院已形成办学形式多样、办学规格齐全、办学层次较完善，全方位、多功能为武汉市基础教育服务的办学格局。

创刊于 1981 年的《武汉教育学院学报》，2000 年被评为“全国教育学院十佳学报”。2002 年被评为“全国优秀社科学报”。

由原武汉市教育委员会（现市教育局）挂靠在学院的两大“中心”——武汉市中学教师培训中心（武教文〔1992〕6 号文件）和武汉市中学干部培训中心（武教工委〔1993〕12 号文），在提高武汉市中小学教师、干部的学历层次、综合素质水平方面，发挥了独特的、不可替代的作用。从 1978 年至 1998 年，学院向武汉市中学输送新师资 4400 余人，培训职后本科、专科学历学员 11000 余人，培训继续教育的教师、干部学员 5000 余人。他们绝大多数都在自己的工作中表现优良，受到学校的欢迎和社会的广泛赞誉。人们普遍认为武汉教育学院毕业的学生（学员）专业思想牢固，业务能力强，作风淳朴踏实，综合素质高。

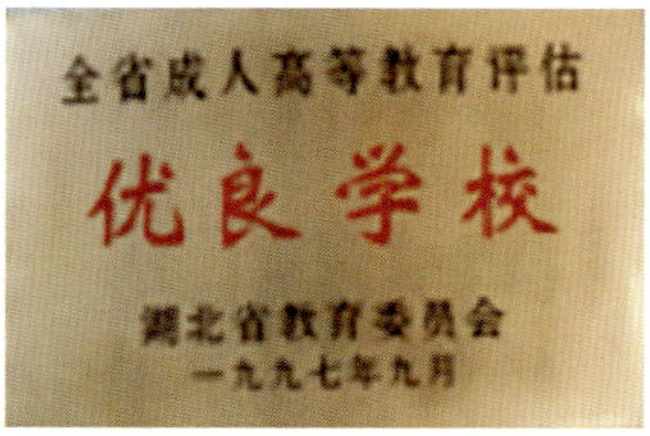

1997 年 9 月，获全省成人高等教育评估优良学校奖牌

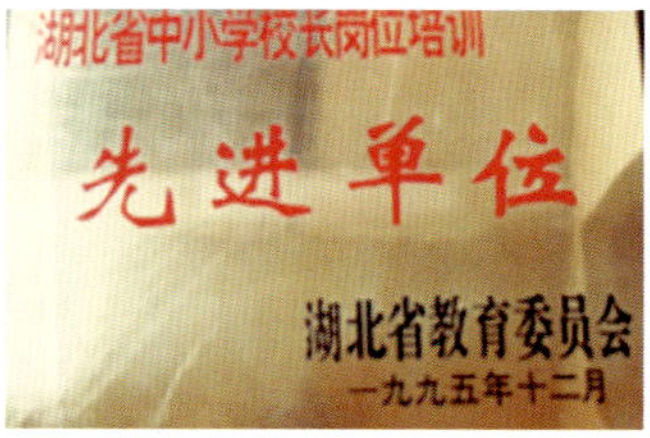

1995 年 12 月，获湖北省中小学校长岗位培训先进单位

1995 年，获湖北省师资培训先进单位锦旗

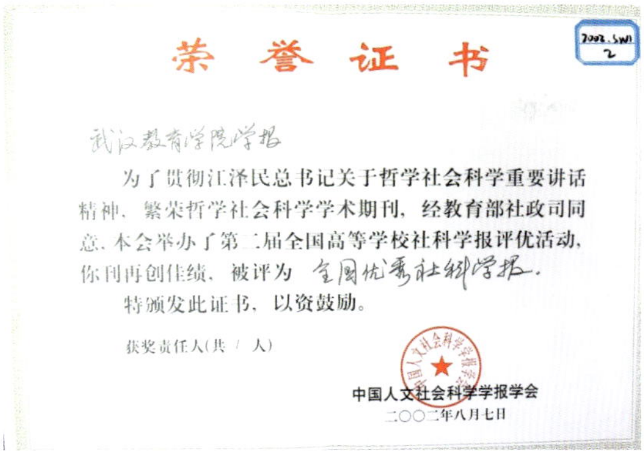

荣 誉 证 书

武汉教育学院学报

为了贯彻江泽民总书记关于哲学社会科学重要讲话精神，繁荣哲学社会科学学术期刊，经教育部社政司同意，本会举办了第二届全国高等学校社科学报评优活动，你刊再创佳绩，被评为 全国优秀社科学报。

特颁发此证书，以资鼓励。

获奖责任人（共 / 人）

中国人文社会科学学报学会

二〇〇二年八月七日

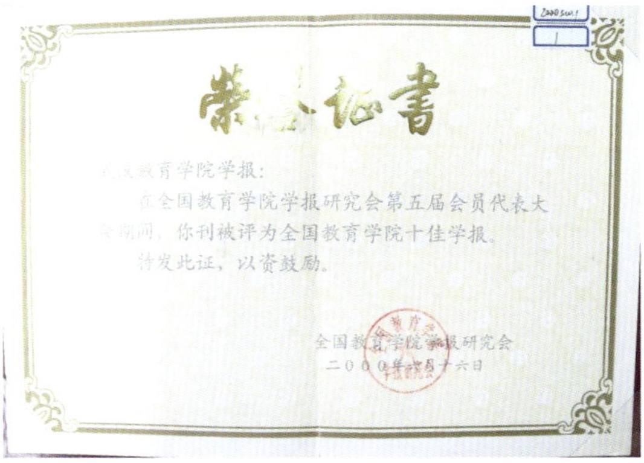

教育学院学报：

在全国教育学院学报研究会第五届会员代表大会期间，你刊被评为全国教育学院十佳学报。

特发此证，以资鼓励。

全国教育学院学报研究会

创刊于1981年的《武汉教育学院学报》，2000年被评为“全国教育学院十佳学报”，2002年被评为“全国优秀社科学报”。

1994年11月22日，武汉市中小学校级干部岗位培训工作总结会在学院召开

1996年5月27日，武汉市“九五”中小学校长提高培训试点工作经验交流会在学院召开

十一、师资队伍

1978年学院教职工仅133人，其中专任教师仅80人。通过引进优秀中青年 骨干教师与大学生、研究生，以及采取激励措施加快内部培养的方式，1998年教职工已增至502人，其中专任教师238人，分别是1978年的3.8倍与3倍。特别是高级职称、学科带头人的人数增长了10倍。学院教师中有正高职称18人，副高职称114人，中级职称167人，初步形成了一支思想政治素质较高，教育科研能力较强，专业与年龄结构基本合理的教师队伍。

经过1993年至2002年10年的改革发展，学院形成了一套较为成熟、完善的职前培养与职后培训一体化的教师教育模式，为武汉地区教育事业的蓬勃发展提供了强有力的师资支撑。

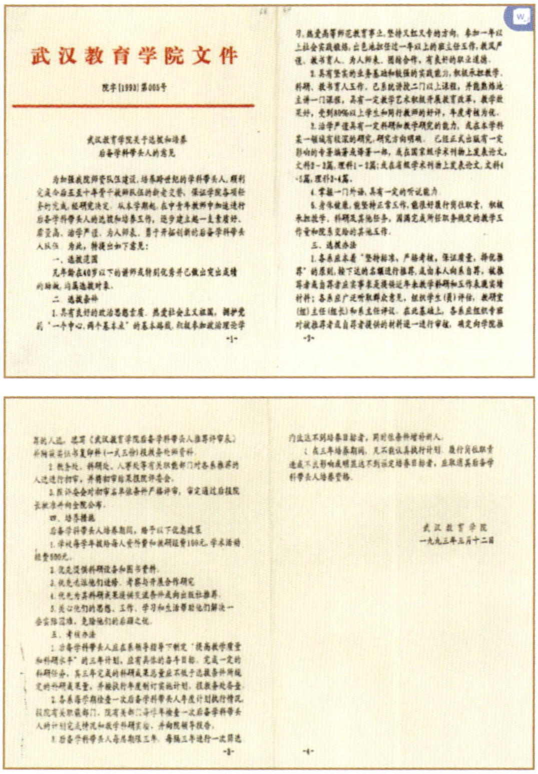
武汉教育学院文件

院字[1993]第005号

武汉教育学院关于选拔和培养
后备学科带头人的意见

武汉教育学院
一九九三年三月十二日

1993 年，选拔学科带头人文件出台

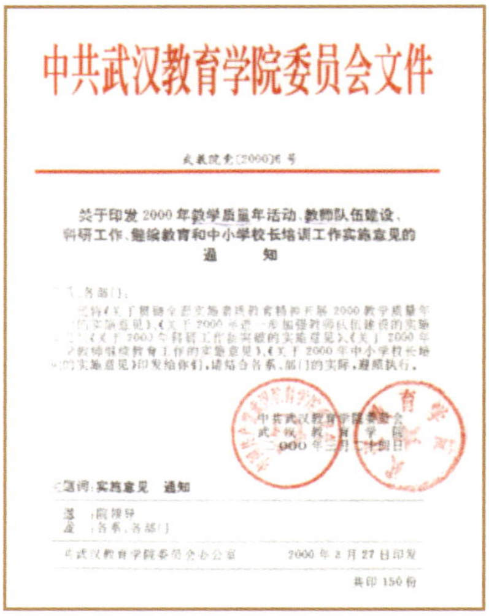
中共武汉教育学院委员会文件

关于印发 2000 年教学质量年活动、教师队伍建设、
科研工作、继续教育和中小学校长培训工作实施意见的
通　知

2000 年，有关教学质量及教师队伍的文件下发

1998 年 10 月 25 日，教育部高校设置评审专家组来院评估检查

1993 年 10 月 25 至 28 日，学院举办全国省级（含单列市）教育学院培训规律办学特点研讨班

2001 年 4 月 14 日，全国高等教育发展战略研讨会邀请全国高校学者参加

十二、著名学者

冯天瑜

著名历史文化学家，博士生导师，湖北省中国史学学会长。长期从事中国文化史和湖北地方文化史的研究。领衔撰写的《中华文化史》，是中国首部中国文化通史，奠定了中国传统文化的叙述框架和理论模式。主持完成教育部哲学社会科学研究重大项目等数十项国家和省部级研究课题，多次荣获中华人民共和国教育部高校人文社科优秀成果奖、湖北省社科优秀成果奖。在《中国社会科学》《历史研究》等中国国内外重要学术刊物发表数百篇学术文章，先后出版了《中华元典精神》《千岁丸上海行——日本人1862年的中国观察》《新语探源》多部著作。

十三、知名学者

王伯威

参与编写了《英语惯用短语词典》，并担任主编。该词典荣获湖北省社会科学优秀成果二等奖。

谢楚发

教授，享受国务院政府特殊津贴，1993年获市管优秀专家称号，同年获得曾宪梓教育基金会高等师范院校教师奖三等奖。

郑隆炘

教授，享受国务院政府特殊津贴，市管优秀专家。代表著作《形象·灵感·审美与数学创造》被中国数学学会评为全国优秀数学传播图书，获湖北省教育科研二等奖。

张皓

教授，享受国务院政府特殊津贴。主要著作有《中国美学范畴与传统文化》《古典诗词通论》。代表作有《语文教学中的求异思维》《中国美学范畴源流与体系论略》《熔古今之义，归平正之实》，发表于《光明日报》等报刊，曾分别被《新华文摘》《人大复印资料》转载。

韦志成

教授，中国教育学会语文教育学专业委员会常务理事、语文教育学部主任。1997年他主编的国家“九五”重点图书项目——《学科现代教育理论书系·语文·丛书》出版。享受武汉市人民政府专项津贴，获曾宪梓教育基金会高等师范院校教师奖三等奖。

吴正南

教授，任中国传统文化研究室主任，全国教育学院当代文学研究会副会长。受教育部委托参与编写《中国现代文学史》《中国现代文学专题史》。

樊恺

教授，享受国务院政府特殊津贴。荣获曾宪梓教育基金会高等师范院校教师奖三等奖。

刘文燧

教授，获国务院政府特殊津贴。主编、参编、合著了《政治经济学》《社会主义经济学概论》《精神文明知识宝库》。

江会生

教授，全国中小学体育教材五人审委之一，获曾宪梓教育基金会高等师范院校教师奖三等奖。

童勉之

教授，全国教育学院、师专系统古汉语学会会长。著作《金刚经译注》获湖北省第五次社会科学优秀成果奖。

柴勉庵

教授，湖北省高校翻译理论及教学学会副会长，获曾宪梓教育基金会高等师范院校教师奖三等奖。

张介甫

教授，硕士生导师。演唱的歌曲《神女的期待》在全国第一届“中国广播奖——新歌优秀作品”比赛中获金奖，并多次在中国人民广播电台与全国各省电台播放。

第四展区 杏林俊秀 武汉市职工医学院

一、学校简介

武汉市职工医学院是武汉市属的成人高等医学院校。学院前身是 1953 年成立的武汉市中医进修学校，1958 年成立的武汉的第二医学院和武汉中医学院，在 1960 年合并为武汉卫生干部进修学院，后又依次更名为武汉医学专科学校、武汉医师进修学院、湖北省武汉市卫生干部进修学院。1984 年 6 月，改为武汉市职工医学院。学院设有三系一部，即医疗系、中医系、管理系、医学基础部，设置临床医 学、中医学、检验学、护理学、公共卫生学、卫生管理学、放射医学、药学等 11 个专业。

1992 年被评为全国成人高等教育先进学校。1993 年通过卫生部全国成人高等医学院校办学评估，被评为一类学校。1995 年经武汉市成人高校办学评估，确定为武汉市成人高等教育示范学校。1997 年经湖北省教委评估，被评为优良学校。

Wuhan Medical College of Workers is a municipal adult higher medical college in Wuhan. Its predecessor is Wuhan Advanced Studies School of Traditional Chinese Medicine founded in 1953.

In 1958, Wuhan College of Chinese Medicine and Wuhan No.2 Medical College were founded, and were merged into Wuhan Advanced Studies College of Health Cadres in 1960. Later, it was renamed Wuhan Medical College, Wuhan Wuhan Advanced Studies College of Doctors, and Wuhan Advanced Studies College of Health Cadres in Hubei Province successively. In June 1984, the name was settled as Wuhan Medical College of Workers. The college has three departments and one faculty, namely, departments of medicine, traditional Chinese medicine and management, and faculty of basic medicine. Eleven majors are set, including clinical medicine, traditional Chinese medicine, laboratory science, nursing, public health, health management, radiology, and pharmacy. In 1992, Wuhan Medical College of Workers was rated as the national advanced school of adult higher education. In 1993, it passed the school running evaluation of national adult medical colleges and universities by the National Health Commission of the People's Republic of China, and was rated as a first-level college. In 1995, it was evaluated as a demonstration school of adult higher education in Wuhan after the school-running evaluation of adult colleges and universities. In 1997, it was rated as an excellent college by the Department of Education of Hubei Province.

二、历史沿革

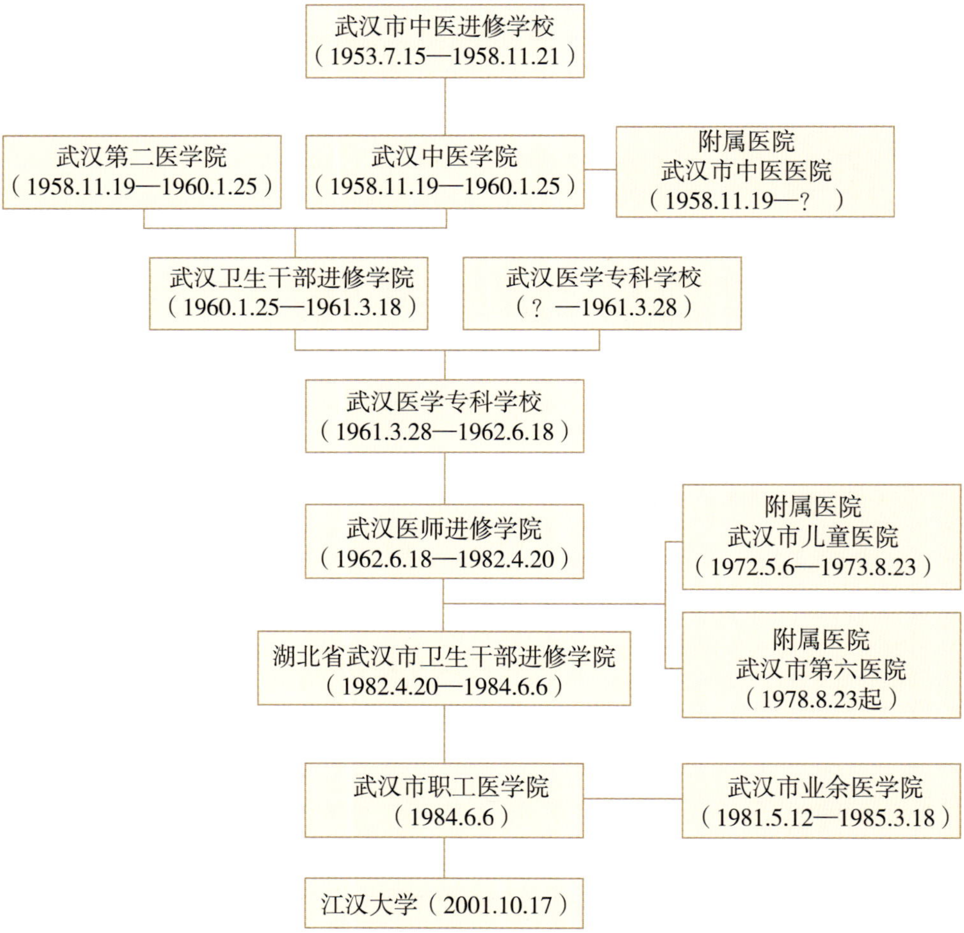

三、历任领导

职务	姓名	任职时间
武汉市中医进修学校		
副校长	李赋京	1953.06—?
校长	李赋京	1955.06—?
副校长	杨树千	1955.06—?
副校长	谢忠康	1955.06—?
武汉第二医学院		
党委书记	李益三	1958.11—1960.01
党委副书记	张林苏	1958.11—1960.02
院长	孙荣章	1958.11—1960.01
副院长	叶显普	1958.11—1960.01
武汉中医学院		
党总支书记	刘德馨	1958.09—1960.01
院长	陆真翘	1958.11—1960.01
副院长	刘德馨	1958.11—1960.01
副院长	王谦恭	1959.01—1960.02
武汉卫生干部学院		
党委书记	李益三	1960.01—1960.08
党委副书记	杜雨梅	1960.01—1961.01
院长	川旗静	1960.01—1961.01
第一副院长	刘德馨	1961.03—1963.09
副院长	叶显普	1960.01—1961.02
副院长	马　霖	1960.01—1961.02
武汉医学专修学校		
党委书记	杜雨梅	1961.03—1964.03
校长	刘德馨	1961.03—1964.03
副校长	叶显普	1961.03—1963.08
副校长	马　霖	1961.03—1963.08
副校长	欧鲁川	1961.03—1963.08
武汉医师进修学校		
党总支书记	杜雨梅	1964.03—1964.10
党总支书记	叶显普	1964.10—1966.04
代书记	叶显普	1966.04—1966.06
临时党支部书记	周美修	1969.10—1970.06

续表

职务	姓名	任职时间
临时党支部书记	曾　赤	1970.06—?
党总支书记	胡　萍	1970.06—1971.06
党总支书记	郭凤仪	1971.06—1972.09
党总支副书记	胡　萍	1971.06—1972.09
党总支副书记	李学道	1972.02—1972.09
党委书记	郭凤仪	1972.09—1982.04
党委副书记	徐　枫	1972.09—1973.10
党委副书记	姜　倩	1973.03—1975.11
党委副书记	叶显普	1974.09—1982.02
党委副书记	徐天栓	1975.07—1982.04
党委副书记	姚伯森	1975.07—1976.10
党委副书记	易炳臣	1976.10—1973.10
党委副书记	王慧彬	1980.11—1982.04
党委副书记	胡基远	1982.01—1982.04
院长	叶显普	1963.08—1966.06
副院长	马　霖	1963.08—1966.06
副院长	汪德昭	1963.08—1966.06
革委会主任	郭凤仪	1972.02—1974.09
革委会主任	叶显普	1974.09—1978.12
革委会副主任	李学道	1972.02—1974.06
革委会副主任	胡　萍	1972.02—1974.06
革委会副主任	叶显普	1972.02—1974.09
革委会副主任	褚玉珩	1972.02—1976.10
革委会副主任	张昆山	1972.02—1978.12
革委会副主任	姜　倩	1973.03—1975.11
革委会副主任	姚凤阁	1973.10—1975.11
革委会副主任	彭国强	1974.09—1978.12
革委会副主任	王慧彬	1975.06—1978.12
革委会副主任	杨世中	1976.09—1978.12
院长	叶显普	1978.12—1982.02
院长	胡基远	1982.02—1982.04
副院长	褚玉珩	1978.02—1979.12
副院长	王慧彬	1978.02—1980.11

续表

职务	姓名	任职时间
副院长	杨世中	1978.02—1982.04
副院长	彭国强	1978.02—1982.04
副院长	陈光彩	1979.02—1982.04
副院长	戎月英	1982.01—1982.04
湖北省武汉市卫生干部进修学院		
党委书记	戎月英	1983.08—1984.06
党委副书记	徐天柱	1982.04—1983.03
党委副书记	王慧彬	1982.04—1983.08
党委副书记	胡基远	1982.04—1983.08
党委副书记	刘毓书	1982.12—1984.06
纪委书记	王慧彬	1983.07—1984.06
院长	胡基远	1982.04—1983.07
院长	马耀煌	1983.07—1984.06
副院长	陈光彩	1982.04—1983.07
副院长	彭国强	1982.04—1983.02
副院长	戎月英	1982.04—1983.03
副院长	杨世中	1983.07—1984.06
副院长	刘淑贞	1983.07—1984.06
工会主席	曾　赤	1983.07—1984.06
业务顾问	叶显普	1983.07—1984.06
业务顾问	胡基远	1983.07—1984.06
武汉市职工医学院		
党委书记	戎月英	1984.06—1986.08
党委书记	戎月英	1991.11—1994.01
党委书记	马耀煌	1994.01—2002.06
副书记	刘毓书	1984.06—1986.08
副书记	王慧彬	1984.06—1986.08
副书记	戎月英	1986.08—1991.11
副书记	杨光发	1992.06—2001
副书记	聂仕书	1999.11—2002.06
纪委书记	王慧彬	1985.03—1986.08
纪委书记	刘毓书	1986.08—1994.02
纪委书记	何新民	1995.04—2002.06
工会主席	杨世中	1986.08—1989.03

续表

职务	姓名	任职时间
院长	马耀煌	1984.06—1986.08
院长	马耀煌	1991.11—1994.01
院长	薛文祯	1994.01—2000.03
副院长	杨世中	1984.06—1986.08
副院长	刘淑贞	1984.06—1994.12
副院长	马耀煌	1986.08—1991.11
副院长	薛文祯	1986.08—1994.01
副院长	魏尚汉	1995.04—2002.06
副院长	王南南	2000.03—2002.06
巡视员	王慧彬	1986.08—1991.12
巡视员	杨世中	1989.03—1993.02
武汉市业余医学院		
院长（兼）	叶显普	1981.05—1985.03
院长（兼）	马耀煌	1985.03—1986.08
副院长（兼）	杨世中	1981.05—1989
副院长（兼）	刘淑贞	1985.03—1986.08

四、武汉第二医学院

1. 武汉第二医学院简介

武汉第二医学院成立于 1958 年 11 月。校址设在汉口解放大道 447 号（循礼门），有医疗系、药学系两系。培养的目标是：“培养有共产主义觉悟，体魄健全，能掌握现代医药卫生科学技术，能中能西的中国新型医师和药师”。学院学生毕业后主要分配到武汉各工厂企业、各医院从事医药卫生科学工作。

在学制上：医疗系为五年毕业，设有政治、劳动、体育、祖国医学、外文、生物、物理、化学、解剖生理学、拉丁文、药理学、内科基础、外科总论、放射学、内科学、妇产科学、儿科学、精神神经病学、眼科学、耳鼻喉科学、口腔科学、皮肤病学、流行病学、传染病学、卫生学、原子医学等共 26 门课程。药学系四年毕业。设有：政治、劳动、体育、外文、数学、药用无机化学、药用有机化学、分析化学、天然药物化学、物理、物理化学、植物学、中药、生理化学、药理、微生物、抗菌素、拉丁文、药剂、中医概论、针灸、制药工艺、中医药概论、生理解剖、寄生虫等 25 门课程。

报考学员的文化程度要求：高中毕业或相当于高中毕业。中等卫生技术学校毕业、相当于高中文化程度。但有多年医护工作经验者均可向本院报名。

附：所谓相当于高中文化程度系指数、理、化的程度而言。

2. 首任领导

李益三，男，汉族，河北滦县人（1918—2002）。1942 年 11 月参加革命工作，1943 年 6 月加入中国共产党。1942 年 11 月至 1949 年 7 月，历任冀东十三分区游击队战士、班长、教导员、指导员、滦县公安局股长、科长、副局长、局长，1949 年 7 月至 1983 年 1 月，历任武汉市公安局九分局副局长、武汉市公安局政治部主任、党委第二书记、武汉市公安局党委副书记、武汉市卫生局副局长。他是武汉第二医学院首任党委书记（1958.9—1960.1），武汉卫生干部进修学院首任党委书记兼院长（1960.1—1961.3）。

孙荣章，河北巨鹿县人（1916.12—1987.1）。老红军。1935 年参加革命，同年加入中国共产党。抗日战争期间先在一二九师政治部工作，后在冀南一带建立和巩固地方政权，历任冀南四专署民训科长、三专署视察室主任、成安县县长等职。解放战争时期，任冀南行署交通局副局长、二野二纵随军办事处副主任、鄂豫皖边区金北办事处主任、固始县县长。解放后，历任河南省潢川专署副专员、武汉市委直属工厂党委副书记、市委企业部重工业处处长、硚口区委代理书记兼区长、江汉区委第一书记、市卫生局局长和党委书记兼武汉第二医学院院长、江岸区委副书记、市科委主任、市科协主席、市人民政府副市长。

张林苏，老红军，浙江奉化人。1935 年至 1937 年任民族解放先锋队分队长。1937 年 2 月至 1937 年 9 月在红军大学（后改为抗日军政大学）二期学习。以后在延安抗日人民剧社、边区医院、中央社会部、鲁迅艺术学院、西北公学等单位工作。解放战争时期，任辉南县公安局副局长、辽宁军区政治部保卫科副科长、哈尔滨道里区组织部长等职。解放后，先后任华中航政局副处长，长江航运管理局党组成员，武汉农林水产局副局长，武汉第二医学院党委副书记，武汉市卫生局党委副书记、副局长，武汉市顾问委员会委员。

3. 教学计划

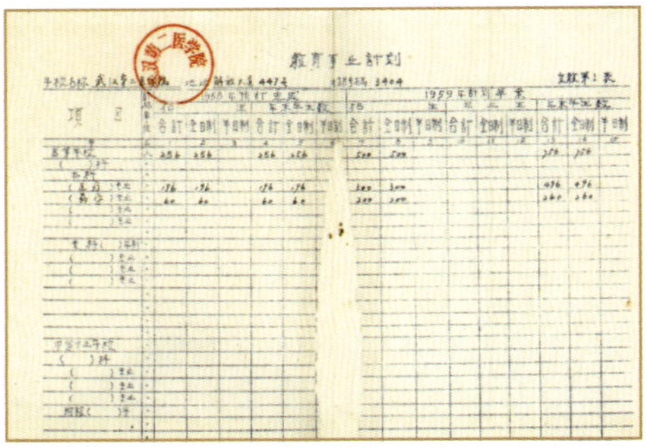
教育事业计划

武汉第二医学院教育计划

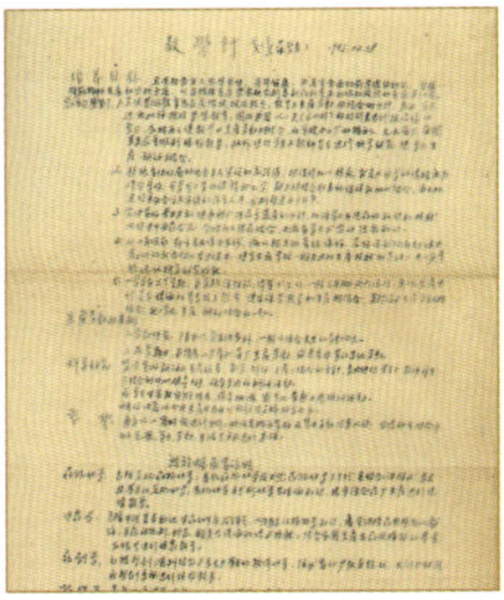

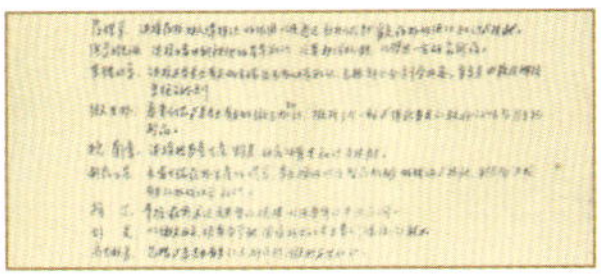

武汉第二医学院教学计划（药学系）

4. 武汉药检所

1959 年 2 月，武汉市药品检验所正式划归学院领导，全所共有职工 47 人，其中技术人员 32 人。

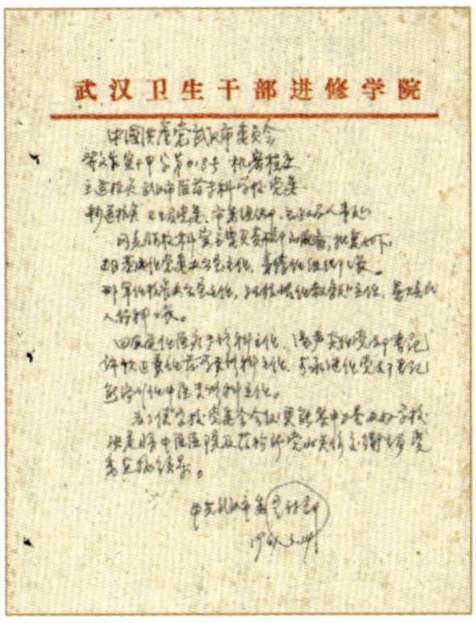
武汉卫生干部进修学院

五、武汉中医学院

1. 武汉中医学院简介

武汉中医学院于 1958 年 7 月开始筹建，设中医专业，学制五年。1958 年 11 月 9 日，学院正式举行开学典礼，武汉市副市长熊飞到会讲话，学院院长（武汉市卫生局副局长兼）陆真翘作了工作报告。

2. 首任领导

刘德馨，男，汉族，河北省蠡县人，1938 年 1 月参加革命工作，1939 年 8 月入党，1949 年 6 月在华北补训兵团五师荣立二等功。他是原武汉市卫生局副局长，武汉中医学院首任党总支书记（兼副院长）（1958.9—1960.1），武汉卫生干部进修学院院长（1961.3—1963.9）。

陆真翘，原名甘崇兰，字梦庐。江苏太仓人（1897—1969）。武汉中医学院首任院长（市卫生局副局长兼）（1958.9—1960.1）。1917 年师从陆斗华学习中医内科，后改随师姓，取名真翘。1920 年在苏州正式挂牌行医。1922 年迁居汉口开业就诊。1929 年任武汉中医药分会常委兼秘书，在反对国民政府取缔中医的抗争中不遗余力，后被聘为国医馆顾问。1950 年发起成立武汉市医药联合改进会，并兼任秘书主任。1954 年任武汉市卫生局副局长。1963 年主持制定《武汉中医工作十年远景规划》。他历任中医学会理事长、中国医学科学院湖北分院第二中医研究所所长等职。著有《温湿枕证》《梦庐医话》，主编《中医护理概要》《武汉市中药炮制规范》和《武汉市中医成方集》等。

六、两院合并

1960 年，经市委同意，将武汉第二医学院、武汉中医学院合并为“武汉卫生干部进修学院”，并成立院党委。

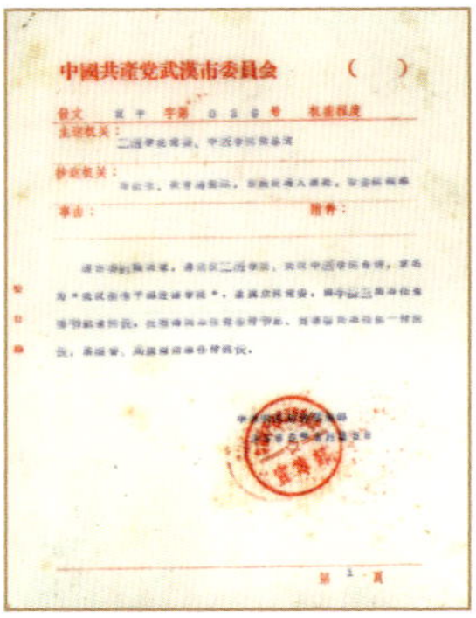
中國共產党武漢市委員會 （ ）

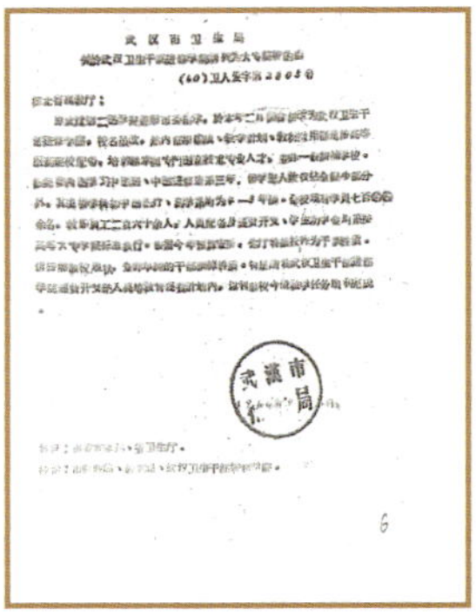

七、成立武汉医学专科学校

1961 年，市委同意武汉卫生干部进修学院与武汉医学专科学校合并，成立武汉医学专科学校，学校设立党委，由市卫生局党委领导。

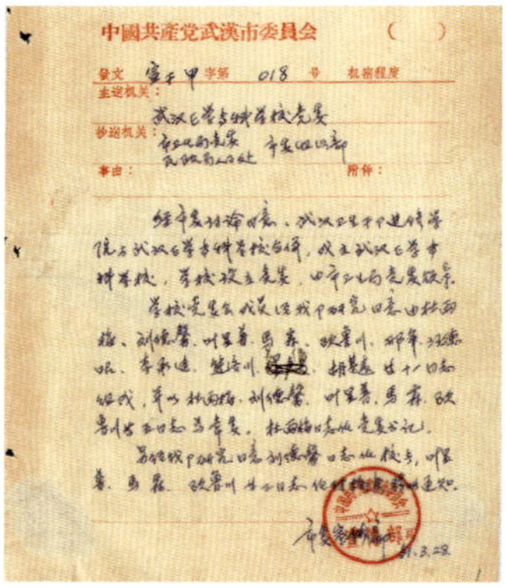
中國共產党武漢市委員會 （ ）

武汉医学专科学校旧址

八、成立武汉医师进修学院

1962 年，武汉市人民委员会批复同意撤销“武汉医专”和在原医专基础上改为“武汉医师进修学院”。

武汉市卫生局关于转发市人委决定撤销“武汉医专”和在原医专基础上改为“武汉医师进修学院”的通知。

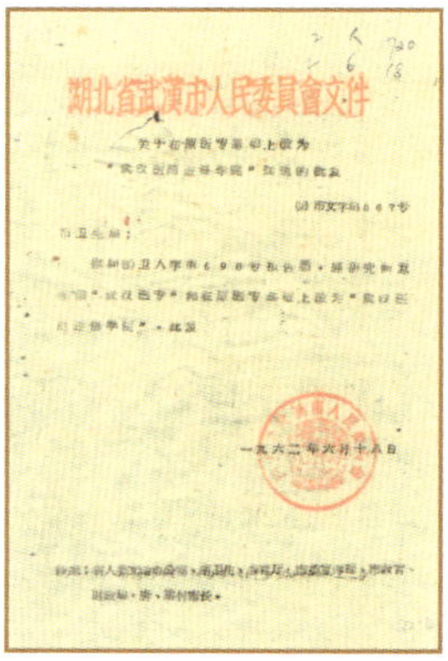
湖北省武漢市人民委員會文件

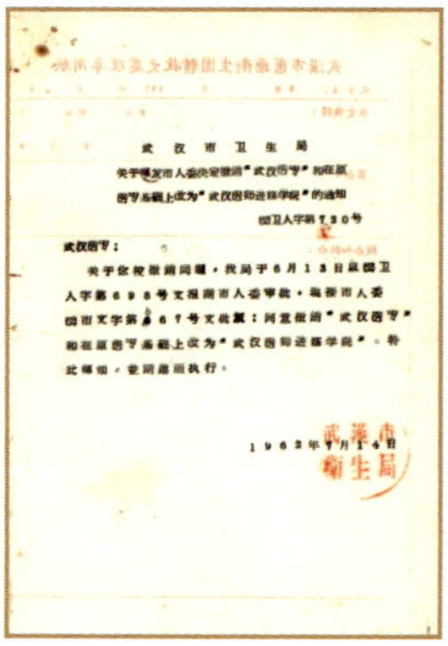

九、两次更名

1982 年，经湖北省人民政府同意，将武汉医师进修学院改为“湖北省武汉市卫生干部进修学院”。1984 年经省政府批准，将武汉市卫生干部进修学院改为 “武汉市职工医学院”。

湖北省武汉市卫生干部进修学院旧址

武汉市职工医学院旧址

1984 年 1 月，时任书记的戎月英在第二届教代会一次会议上致闭幕词

1984 年 1 月，时任院长的马耀煌在第二届教代会一次会议上作工作报告

1984 年 1 月，学院第二届教工代表大会第一次会议现场

十、学院升格

1985 年，经武汉市委市政府同意，市职工医学院为局级单位。

1978 年 10 月，学院召开首届科技会议

1987 年，加拿大成人教育中心来学院参观交流，学院领导与来宾座谈

1994 年 10 月，茶色素“TP-91”治疗肿瘤临床研究成果鉴定会

1996 年 11 月，学院召开第二届科技工作会议

十一、杰出学者

张应天，武汉市职工医学院教授，主任医师，国内享有盛誉的外科学专家。曾先后担任医学院外科教研组主任，附属医院外科主任、医院院长等职。张应天教授一生都奉献给了外科事业，荣获首届“中国医师奖”“全国先进工作者”等荣誉称号。自创的经皮肝穿刺胆道造影及引流术被业内专家称为中国 PTC 第一人；胃癌及结直肠癌根治术、乳癌改良根治术、乳癌保乳手术等，被公认为武汉医界的“一把刀”。

十二、知名学者

吴永方

教授，国务院政府特殊津贴专家，武汉市政府专项津贴专家。吴永方等主持完成茶色素（TP-91）抗肿瘤作用的实验研究、茶色素（TP-91）治疗肿瘤的临床研究、茶色素的开发研究、复方绿茶素抗肿瘤实验、临床和药学研究等项目。茶色素（TP-91）抗肿瘤作用的实验研究获武汉市专利发明金奖，茶色素的提取方法获联合国“发明创新科技之星”奖。

沈继奋

教授，国务院政府特殊津贴专家。

李浚川

教授，武汉市政府专项津贴专家，武汉市老中医药专家，武汉市第一批、第二批老中医药专家学术经验继承工作指导教师。

徐精诚

教授，国务院政府特殊津贴专家，武汉市老中医药专家，武汉市第一批、第二批老中医药专家学术经验继承工作指导教师。

李福卞

教授，武汉市政府专项津贴专家。

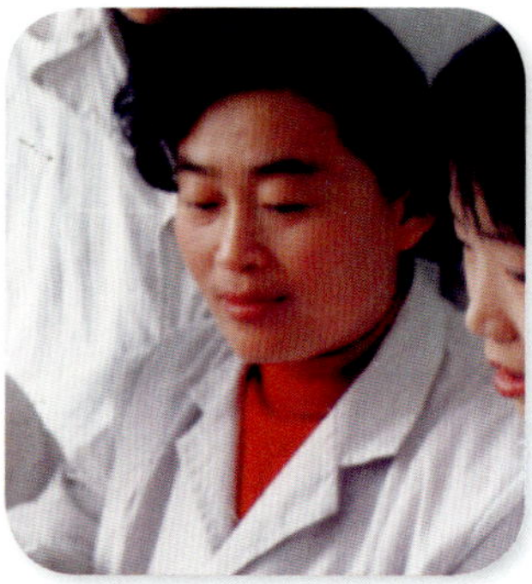

刘丽江

教授，国务院政府特殊津贴专家，武汉市政府专项津贴专家，武汉市高等学校学科带头人，武汉市优秀专家。

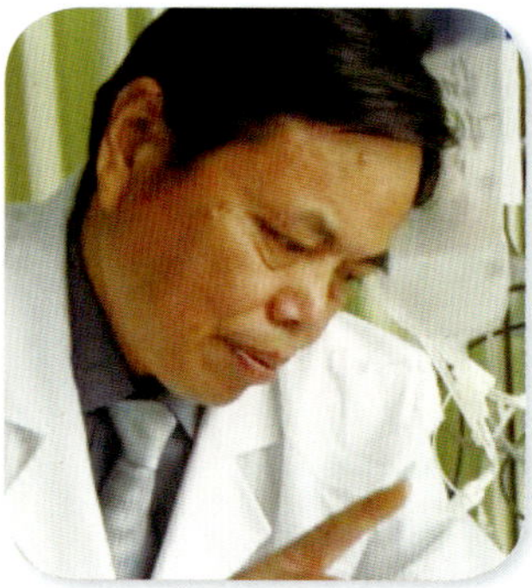

彭开勤

教授，国务院政府特殊津贴专家，武汉市政府专项津贴专家，武汉市高等学校学科带头人，武汉市优秀专家。

第二部分

百川归海　再续辉煌

（2001—2021）

世纪之交，是一个充满激情的年代，也是中国高等教育快速发展的时期。2001年10月，教育部批准4所市属高校合并组建新的江汉大学，迎接新世纪到来的新江汉大学展现出蓬勃英姿。学校建设整合发展的壮举，被社会和媒体誉为“江大速度”“江大模式”，教育部专家组评价为“应载入新的高等教育发展史册”。特别是2005年本科教学工作水平评估以来，学校确立“以育人为本、德育为先、质量为重、创新为魂”的办学理念，坚持质量立校、人才兴校、科研强校、校风荣校。由此，学校踏上了“整合—改革—提高—跨越”的发展征途，实现了从单科性到综合性，从成人教育到普通高等教育，从短期职业大学到全日制本科、研究生教育的综合性大学的跨越式发展。

Part II : Renewed Glory (2001—2021)

The turn of the 21st century was an era full of passion and a period when China's higher education embraced rapid development. In October 2001, at the approval of the Ministry of Education, four municipal colleges merged into the new Jianghan University. Jianghan University, taking on a new appearance, showcased vigor and vitality in its integrated development that was hailed by the society and the media “the mode of Jianghan University” and “the speed of Jianghan University”, and was even praised by the evaluation team appointed by the Ministry of Education as “worthy to be recorded in China's latest development of higher education institutes”. In 2005 in particular, the university went through a round of undergraduate teaching evaluations. Since then it has defined and implemented the educational philosophy that puts educating people at the center, gives priority to moral education, emphasizes education quality, and highlights creativing as the core of education quality. The university has upheld the belief that the foundation of a university lies in quality education, the development of a university relies on its talents, the competitiveness of a university has to do with its scientific research and development, and the glory of a university traces back to its school spirit. Hence, the university has embarked on the path of “integration, reform, improvement, leap”.It has transformed from a single-disciplinary college into a comprehensive university, from one offering only short-term vocational education to one offering mainly full-time undergraduate programs and also increasing postgraduate programs, thus achieving leapfrog development.

一、争筹去筹

1. 重大抉择

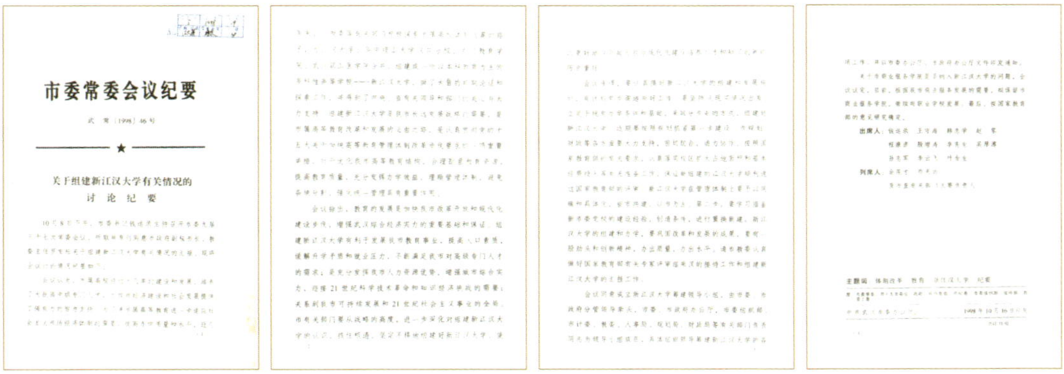

市委常委会议纪要

武 常〔1998〕46号

关于组建新江汉大学有关情况的讨论纪要

武汉市委常委会议纪要

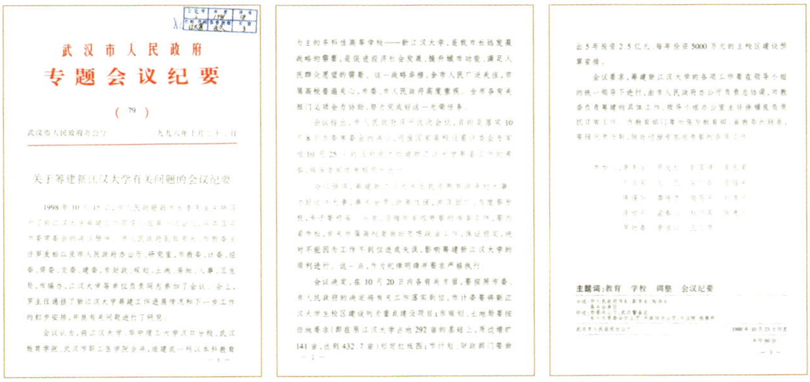

武汉市人民政府

专题会议纪要

（79）

关于筹建新江汉大学有关问题的会议纪要

武汉市政府专题会议纪要

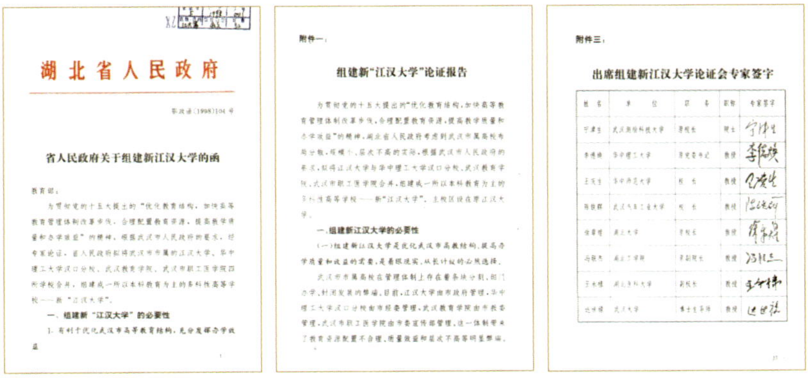

湖北省人民政府

省人民政府关于组建新江汉大学的函

附件一：

组建新"江汉大学"论证报告

附件三：

出席组建新江汉大学论证会专家签字

湖北省人民政府关于组建新江汉大学的函

2. 争“筹”成功

中华人民共和国教育部

关于同意江汉大学、华中理工大学汉口分校、武汉教育学院、武汉市职工医学院合并筹建新江汉大学的通知

教发函[1999]9号

湖北省人民政府：

你省《省人民政府关于组建新江汉大学的函》(鄂政函[1998]104号)和《省人民政府关于请求支持组建新江汉大学的函》(鄂政函[1998]171号)等文件收悉。

根据《普通高等学校设置暂行条例》和全国高等学校设置评议委员会的评议结果，经研究，同意在江汉大学、华中理工大学汉口分校、武汉教育学院、武汉市职工医学院四校合并的基础上筹建新江汉大学，筹建期限为两年。

望本着改革的精神，加强对学校的领导，按照办大学的标准和要求，加大投资力度，加快校舍建设，加强专业学科建设和师资队伍建设，尽早实现实质性合并和学校的集中办学，争取尽快达到国家规定的设置标准。

二十九日

主题词：高校　调整　通知

抄　送：湖北省教委、武汉市人民政府
部内发送：有关部领导，办公厅，高教司，学生司，人事司

录入员：贾丽莉　　校对员：任秀玲　潘　锋

教育部《关于同意江汉大学、华中理工大学汉口分校、武汉教育学院、武汉市职工医学院合并筹建新江汉大学的通知》

湖北省人民政府

鄂政函[1999]108号

省人民政府关于筹建新江汉大学的通知

武汉市人民政府：

根据教育部教发函[1999]9号文件精神，现就筹建新江汉大学的有关事项通知如下：

一、同意在江汉大学、华中理工大学汉口分校、武汉教育学院、武汉市职工医学院合并的基础上筹建新的江汉大学，学校为本科层次的全日制普通高等学校，由武汉市人民政府主办。

二、江汉大学筹建期限为两年，筹建期间校名为“江汉大学(筹)”。

三、江汉大学全日制学历教育在校生发展规模规划为1.2万人，主要面向武汉市招生，部分专业也可面向全省招生。

四、江汉大学应根据教育部批文要求和武汉市经济与社会发展需要，努力加强学科建设，要尽早实现四校实质性合并和集中办学，对现有学科进行调整和重组，按照培养跨世纪创新人才的要求，形成重点学科和特色专业。

五、市人民政府要加强对新江汉大学筹建工作的领导，做好新江汉大学的校园规划，加大投入力度，加快新校园建设步伐，争取早日达到国家规定的大学设置标准，以较高水平迎接教育部的验收。

一九九九年七月十九日

主题词：教育　学校　通知

抄送：省委办公厅，武汉市委，省计委，省教委。

湖北省人民政府办公厅　　1999年7月23日印发

共印35份

湖北省人民政府《关于筹建新江汉大学的通知》

3. 新校选址

武汉市工程咨询部文件

武咨项[1999]055号

市工程咨询部关于《江汉大学新校建设项目可行性研究报告》的评估报告

市计委：

受您委委托，我部聘请了教育、城市规划、建筑设计、技术经济等方面的8名专家，于1999年12月21日在汉召开了对《江汉大学新校建设项目可行性研究报告》(以下简称《报告》)的专家评估会。与会专家在认真阅读《报告》资料，听取项目单位和《报告》编制单位的详细介绍，并现场踏勘及参观了新校规划模型的基础上，本着客观、公正、科学的原则，对该《报告》进行了认真的评估论证，并形成专家组意见(附后)。我部基本同意专家评估意见，现将专家及我部意见综合报告如下：

一、江汉大学新校的建设十分必要

将武汉市属的江汉大学、华工汉口分校、武汉教育学院、武汉市职工医学院合并，成立江汉大学新校，将其建成一所以本科教育为主的多科性高等学校，这将切实改变目前武汉市市属高校教育资源配置不合理、质量和层次不高的局面。项目的建设适应武汉经济和社会发展对高等教育的需要，能缓解武汉市对人才的需求的压力，是一项民心工程、德政工程。

专家们一致认为：不论从深化教育改革、优化武汉市高等教育结构、提高办学质量和办学效益，还是从增强武汉市综合实力方面讲，建设高起点、高质量的江汉大学新校是十分必要的。四校合并，建设一所国内一流的地方大学，对武汉市实现国际性城市的目标，完善武汉市城市功能、改善城市形象都有重要的意义。

二、江汉大学新校选址合理，总体规划可行

江汉大学新校选址于武汉经济技术开发区三角湖畔，符合武汉市城市总体规划及开发区的规划布局，并且该地段自然环境良好，是建设园林式大学的理想地点。因此本项目的选址是合理的。

专家们认为《报告》中提出的总体规划布局体现了“不求最大，但求科学；不求豪华，但求合理”的指导思想，同时体现了高等院校的建设特点，功能分区明确，也体现了动态原则和可持续发展性，因此，总体规划是可行的。但专家们指出总体规划、建筑设计方案等还要根据上次“方案评审纪要”的意见做进一步修改与完善，如校园内的交通组织问题、自行车停放位置、主出入口的设置及一些重要的单体建筑(如图书馆等)设计等等。

三、新校拟建规模基本适宜，院系设置合理

基于四校招生现状，结合全国类似院校情况，江汉大学新校建设用地规模为1626亩(含代征道路121亩)，学生规模为在校全日制本、专科学生12000人，总建筑面积36.47万平方米，这一规模基本适宜。专家们同时建议，在节约用地的前提下，根据武汉市经济和社会发展的需要，可适当扩大在校学生规模。

新校院系、学科设置立足武汉经济建设和社会发展实际，充分考虑优化组合、服务地方和应用型原则，设置了10个学院和两个直属部，符合教育部有关规定，操作性较强。在新校建成后，要加大改革力度，并着力培育出一批优势学科，创出新校的办学特色，使其真正成为一所适应21世纪的高水平的新型大学。

四、投资估算基本合理，资金筹措方案还需细化

《报告》中本项目固定资产投资总额为80114万元，估算基本合理，但多功能体育馆、游泳馆、体育场看台等设施估算稍有偏低，考虑武汉市体育中心就建在附近，对上述项目可适当调减规模，使总投资控制在80114万元之内。

资金筹措采用市财政投资3.1亿元、现四校土地置换2.9亿元、社会化服务等项目招商引资2.0114亿元的方案是可行的。专家们建议筹资方案应进一步细化，并尽快落实，以确保项目按期顺利实施。

五、结论及建议

1. 专家及我部认为《报告》指导思想明确，思路清晰，内容全面系统，依据充分，数据准确，可操作性强，达到了国家规定的可行性研究报告深度。经过评估，专家和我部一致认为：江汉大学新校的建设是必要的，也是可行的，建议市计委批准可研报告，尽快实施。

2. 建议对投资估算及资金筹措方案进一步深化。并根据武汉市的财力及土地置换等实际情况，建议可将学术交流中心、活动中心、大礼堂、科技中心、出版社、单身教工宿舍、招待所、多功能体育馆、游泳馆等放在第二期实施。

附：

1. 专家组评估意见

2. 专家组人员名单

武汉市工程咨询部

一九九九年十二月二十二日

主题词：江汉大学新校　评估报告

抄报：市委办公厅、韩忠学副书记，市政府办公厅、王守海市长、张代重副市长、罗友松副秘书长，市教委

抄送：江汉大学(筹)，市土地规划局，市住宅统建办

打印：何　　校对：李文军　　份数：25份

《江汉大学新校建设项目可行性研究报告》专家组评估意见

我们受武汉市工程咨询部、武汉市工程咨询专家委员会的邀请，于一九九九年十二月二十一日对武汉市国际工程投资咨询公司编写的《江汉大学新校建设项目可行性研究报告》(以下简称“报告”)进行了评估。与会专家在认真阅读评估资料、听取情况介绍、现场踏勘的基础上，本着实事求是的原则，认为：该《报告》内容全面，思路清晰，客观求实，可操作性强，符合国家计委、教育部的要求和武汉经济社会发展的实际。具体评估意见如下：

一、关于四校合建的必要性。

与会专家认为，武汉市市属高校存在部门办学封闭发展、教育资源配置不合理、质量和层次不高等弊端，因此，不论从深化教育改革、优化武汉市高等教育结构、提高办学质量和办学效益，还是从增强武汉市城市综合实力方面讲，优化重组、合理利用现有教育资源，新建一所高起点、高质量、高效益的一流地方大学是十分必要的。目前，四校合并的内外条件已经具备，因此，项目的建设是十分必要的，也是可行的。

二、关于选址方案。

专家对选址方案进行了论证，认为：该项目选址于武汉经济技术开发区，符合武汉市城市总体规划及经济技术开发区的规划布局，选址方案合理。

三、关于新校规模及院系设置方案。

新校建设规模基本合理，院系、学科设置符合教育部有规定，立足武汉实际，适应教育的发展趋势，借鉴了国内外院系设置和学科专业建设的经验和管理模式，方案科学可行，操作性较强。

四、关于总体规划及建设方案。

《报告》中提出的总体规划布局体现了院校的建设特点，充分利用现有区域的资源形态，按动态体系规划，具有可持续发展性，功能分区明确，建设方案设计要求合理。

五、关于投资估算及资金筹措。

《报告》投资估算基本合理，资金筹措方案可行。

六、建议：

1. 在节约用地的前提下，根据武汉市经济社会发展的需要，可适当扩大在校学生规模。

2. 按照现有建设项目内容，投资偏紧，建议进一步核实调增投资。

3. 办学模式、管理体制及学科设置等方面应体现创新精神和办学特色。

4. 下一步还要进一步深化有关专题论证报告、补充完备有关图件。

5. 下一步要在征集总体规划方案评审纪要的基础上对规划建筑设计方案作进一步修改完善。

《江汉大学新校建设项目可行性研究报告》

评估专家组长：宁津生

一九九九年十二月二十一日

<<江汉大学新校建设项目可行性研究报告>>
专家评估组名单

分　工	姓　名	单位及职称	签　名
组长	宁津生	武汉测绘科技大学原校长、院士	宁津生
成员	袁继凤	湖北省教委副主任	袁继凤
	赵子英	武汉市规划局副总工、高级规划师	赵子英
	姚金璇	中南建筑设计院副总建筑师、高级建筑师	姚金璇
	徐实磊	中南建筑设计院高级工程师	徐实磊
	陈　韦	武汉市城市规划院副总工、高级规划师	陈韦
	李玉堂	武汉城建学院副教授	李玉堂
	李百浩	武汉工业大学教授、博士后	李百浩

4. 规划设计方案获奖

新江汉大学总体规划设计方案布局科学，功能分区合理，建筑风格鲜明，是生态化、园林化、智能化的校园。校内自然实体凸现出楚文化特色和新江大特点，学校文化广场上彩灯、喷泉、图案型草坪和花卉造型富有特色。把开阔的三角湖水引入校园，清源河上6座小桥风格各异，整个校园动静相宜，疏密有致，形成了江汉大学独有的、国内一流的校园景观。该方案获建设部2001年度部级优秀城市规划设计一等奖，获奖项目名称为“江汉大学新校修建性详细规划”。

中南建筑设计院

同济大学建筑规划设计院

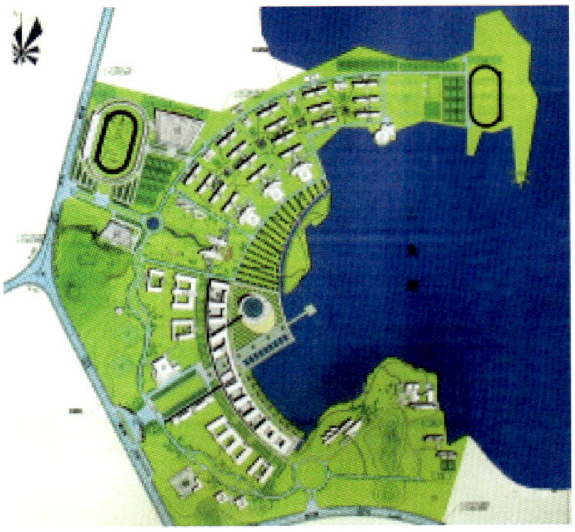

深圳大学建筑规划设计院

武汉规划设计研究院

中美合作建筑设计院

武汉建筑设计院

5. 临时党委成立

1999 年 6 月 30 日，中共武汉市委组织部发出关于成立中共江汉大学（筹）临时委员会的通知。

国家教育部副部长张宝庆（右三）视察新江大工地，新江大临时党委书记徐耀良（右一）陪同

中共江汉大学（筹）临时委员会成员

中共江汉大学（筹）临时委员会校级领导任免情况

职务	姓名	任职时间
书记	徐耀良	1999.06—2000.10
副书记	华定一	1999.06—2000.10
计司	柏盛湘	1999.06—2000.10
委员	马耀煌	1999.06—2000.10
委员	顾瑶池	1999.06—2000.10
委员	薛文桢	1999.06—2000.10
委员	郑隆炘	1999.06—2000.10

6. 江大“筹”党委成立

汉大学（筹）校级领导任免情况

职务	姓名	任职时间
职务	罗友松	2000.10—2002.06
书记	李进才	2000.10—2002.06
副书记	徐耀良	2000.10—2002.06
副书记	谭仁杰	2000.10—2002.06
委员	华定一	2000.10—2002.06
委员	柏盛湘	2000.10—2002.06
委员	马耀煌	2000.10—2002.06
委员	顾瑶池	2000.10—2002.06
委员	郑隆炘	2000.10—2002.06
校长	李进才	2000.10—2002.06
副校长	华定一	2000.10—2002.06
副校长	柏盛湘	2000.10—2002.06
副校长	马耀煌	2000.10—2002.06
副校长	郑隆炘	2000.10—2002.06

7. 整合动员

2001年5月16日，江汉大学（筹）整合动员大会在武汉市委会议中心召开

2001年5月16日，江汉大学（筹）整合动员大会由校长李进才作动员报告

2001年5月16日，江汉大学（筹）整合动员大会上，时任武汉市委副书记韩忠学讲话

2001年5月16日，江汉大学（筹）整合动员大会上，时任武汉市副市长辜胜祖讲话

8. 学院设置

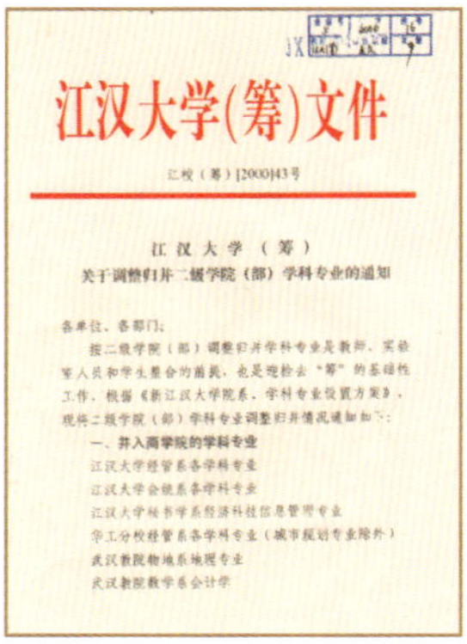

江汉大学(筹)文件

江校（筹）[2000]43号

江汉大学（筹）

关于调整归并二级学院（部）学科专业的通知

各单位、各部门：

按二级学院（部）调整归并学科专业是教师、实验室人员和学生整合的前提，也是难拾去"筹"的基础性工作，根据《新江汉大学院系、学科专业设置方案》，现将二级学院（部）学科专业调整归并情况通知如下：

一、并入商学院的学科专业

江汉大学经管系各学科专业

江汉大学会统系各学科专业

江汉大学秘书学系经济科技信息管理专业

华工分校经管系各学科专业（城市规划专业除外）

武汉教院物地系地理专业

武汉教院数学系会计学

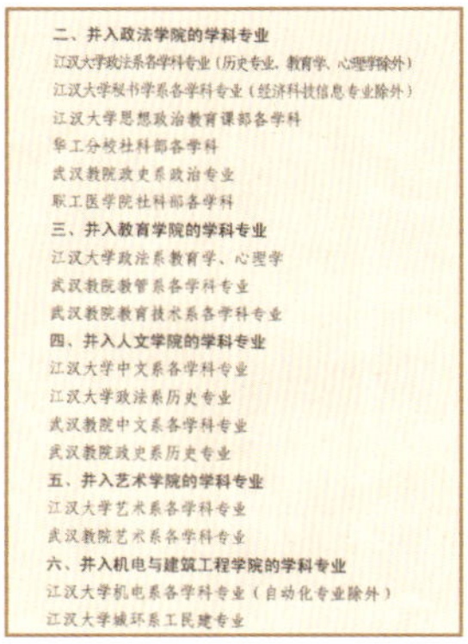

二、并入政法学院的学科专业

江汉大学政法系各学科专业（历史专业、教育学、心理学除外）

江汉大学秘书学系各学科专业（经济科技信息专业除外）

江汉大学思想政治教育课部各学科

华工分校社科部各学科

武汉教院政史系政治专业

职工医学院社科部各学科

三、并入教育学院的学科专业

江汉大学政法系教育学、心理学

武汉教院教管系各学科专业

武汉教院教育技术系各学科专业

四、并入人文学院的学科专业

江汉大学中文系各学科专业

江汉大学政法系历史专业

武汉教院中文系各学科专业

武汉教院政史系历史专业

五、并入艺术学院的学科专业

江汉大学艺术系各学科专业

武汉教院艺术系各学科专业

六、并入机电与建筑工程学院的学科专业

江汉大学机电系各学科专业（自动化专业除外）

江汉大学城环系工民建专业

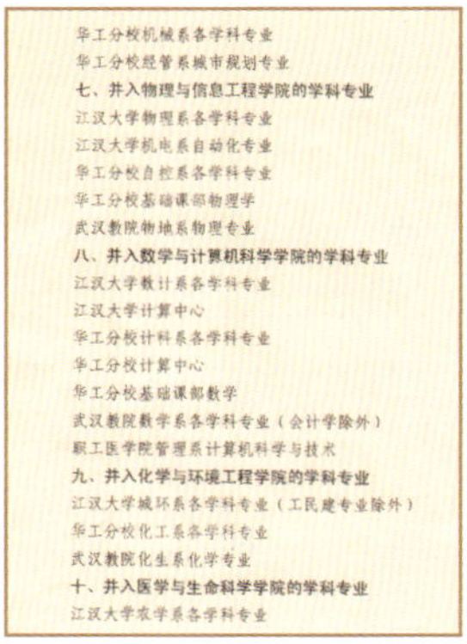

华工分校机械系各学科专业

华工分校经管系城市规划专业

七、并入物理与信息工程学院的学科专业

江汉大学物理系各学科专业

江汉大学机电系自动化专业

华工分校自控系各学科专业

华工分校基础课部物理学

武汉教院物地系物理专业

八、并入数学与计算机科学学院的学科专业

江汉大学数计系各学科专业

江汉大学计算中心

华工分校计科系各学科专业

华工分校计算中心

华工分校基础课部数学

武汉教院数学系各学科专业（会计学除外）

职工医学院管理系计算机科学与技术

九、并入化学与环境工程学院的学科专业

江汉大学城环系各学科专业（工民建专业除外）

华工分校化工系各学科专业

武汉教院化生系化学专业

十、并入医学与生命科学学院的学科专业

江汉大学农学系各学科专业

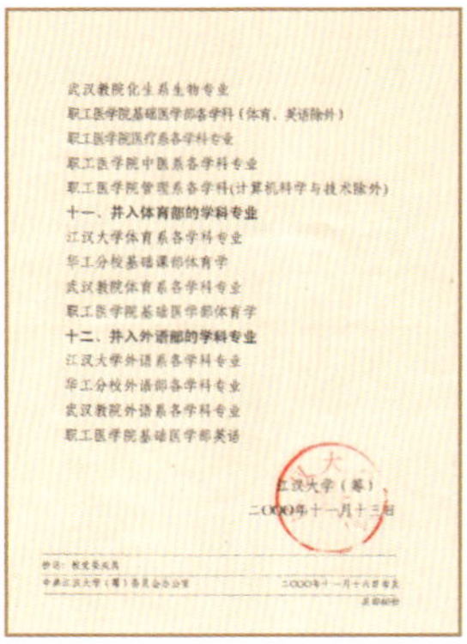

武汉教院化生系生物专业

职工医学院基础医学部各学科（体育、英语除外）

职工医学院医疗系各学科专业

职工医学院中医系各学科专业

职工医学院管理系各学科(计算机科学与技术除外)

十一、并入体育部的学科专业

江汉大学体育系各学科专业

华工分校基础课部体育学

武汉教院体育系各学科专业

职工医学院基础医学部体育学

十二、并入外语部的学科专业

江汉大学外语系各学科专业

华工分校外语部各学科专业

武汉教院外语系各学科专业

职工医学院基础医学部英语

江汉大学（筹）

二〇〇〇年十一月十三日

抄送：校党委成员

中共江汉大学（筹）委员会办公室　二〇〇〇年十一月十六日印发

9. 首届班子

副校长柏盛湘

党委副书记顾瑶池

副校长桑建平

江汉大学首任校级领导任免情况

职位	姓名	时间
书记	罗友松	2002.06—2003.09
副书记	顾瑶池	2002.06—2004.10
党委委员	罗友松	2002.06—2003.09
党委委员	李进才	2002.06—2007.06
党委委员	柏盛湘	2002.06—2004.10
党委委员	顾瑶池	2002.06—2004.10
党委委员	桑建平	2002.06—2015.05
校长（聘）	李进才	2002.06—2007.06
副校长	柏盛湘	2002.06—2004.10
副校长	桑建平	2002.06—2015.05
校务委员	廖国桐	2002.06—2006.06
校务委员	李国其	2002.06—2006.06
校务委员	邓院方	2002.06—2006.07
校务委员	周建民	2002.06—2004.03
校务委员	沈汉成	2002.06—2004.11

续表

职位	姓名	时间
校务委员	聂仕书	2002.06—2004.03
校务委员	魏尚汉	2002.06—2010.07
校务委员	王南南	2002.06—2004.03
校务委员	何新民	2002.06—2007.05

10. 首任领导

罗友松，研究员，1942 年 8 月生，1964 年毕业于武汉师范学院中文系。曾任武汉市人民政府副秘书长、市委教育工委书记、市教委主任、江汉大学党委书记（2002.6—2003.9）。获武汉五一劳动奖章等荣誉称号。

李进才，教授，1938 年 8 月生，湖南益阳人，1962 年毕业于武汉大学中文系。历任教育部高教一司副司长、武汉大学副校长、江汉大学校长（2002.6—2007.6）、教育部中文学科教学指导委员会副主任、全国高校教学评估专家委员会副主任等职。

11. 历任领导

江汉大学历任校级领导任免情况

职位	姓名	时间
书记	罗友松	2002.06—2003.09
书记	余茂才	2003.11—2009.02
书记	谭仁杰	2009.02—2016.01
书记	李　强	2017.04—2019.12

续表

职位	姓名	时间
书记	张幸平	2019.12—
出员	顾瑶池	2002.06—2004.10
副书记	王南南	2004.03—2015.09
副书记	杨卫东	2007.06—2015.05
副书记	吴福曾	2008.03—2008.05
副书记	李　强	2015.05—2017.04
副书记	张　英	2019.11—2021.02
副书记	张幸平	2017.09—2019.12
副书记	景新华	2019.12—
纪委书记	聂仕书	2004.03—2010.12
纪委书记	代　飓	2012.04—2015.07
纪委书记	张裕平	2015.08—
校长（聘）	李进才	2002.06—2007.06
校长	杨卫东	2007.06—2015.05
校长	张幸平	2015.05—2017.09
校长	顾　孙	2017.09—2019.12
校长	景新华	2019.12—
副校长	柏盛湘	2002.06—2004.10
副校长	桑建平	2002.06—2015.05
副校长	郑先平	—2005.10
副校长	张　英	2003.12—2019.11
副校长	涂文学	2004.03—2009.12 2015.01—2017.12
副校长	周建民	2004.03—2013.05
副校长	邓院方	2006.07—2011.08
副校长	张晓玲	2011.08—2015.12
副校长	李卫东	2016.07—
副校长	陈功江	2016.07—
副校长	毛　卉	2017.12—
副校长	贾永胜	2019.11—
校务委员	廖国桐	2002.06—2006.06
校务委员	李国其	2002.06—2006.06
校务委员	邓院方	2002.06—2006.07
校务委员	周建民	2002.06—2004.03

续表

职位	姓名	时间
校务委员	沈汉成	2002.06—2004.11
校务委员	聂仕书	2002.06—2004.03
校务委员	魏尚汉	2002.06—2010.07
校务委员	王南南	2002.06—2004.03
校务委员	何新民	2002.06—2007.05
巡视员	安维群	2002.06—2004.08
巡视员	罗建华	2002.06—2006.07
巡视员	魏震祥	2002.06—2004.05
巡视员	何新民	2007.05—2007.06
巡视员	魏尚汉	2010.07—2011.01
正校级	吴福曾	2008.05—
副巡视员	甘德安	2011.04—2012.11
副巡视员	邓传德	2013.06—2014.09
副巡视员	董幸生	2015.07—2016.07

12. 正式搬迁

2020 年 6 月 20 日，学校整体搬迁工作完成。

13. 去筹圆梦

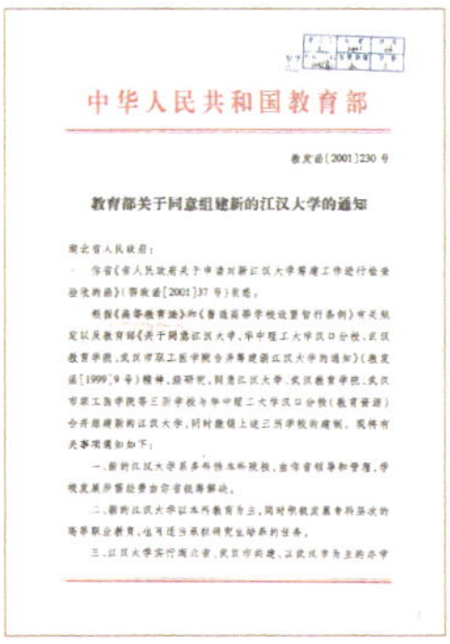

中华人民共和国教育部

教发函〔2001〕230号

教育部关于同意组建新的江汉大学的通知

湖北省人民政府：

体制，全日制在校生规模暂定为15000人。

主题词：高校 调整 通知

教育部办公厅 2001年10月19日印发

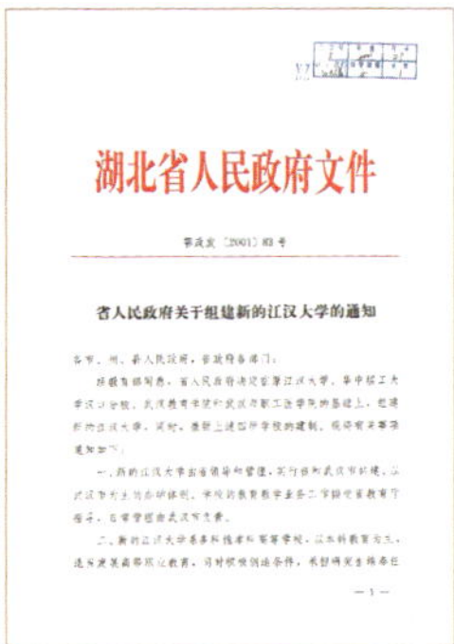

湖北省人民政府文件

鄂政发〔2001〕83号

省人民政府关于组建新的江汉大学的通知

— 1 —

— 2 —

主题词：教育 学校 通知

湖北省人民政府办公厅 2001年12月20日印发

14. 揭牌仪式

15. 整合卫校

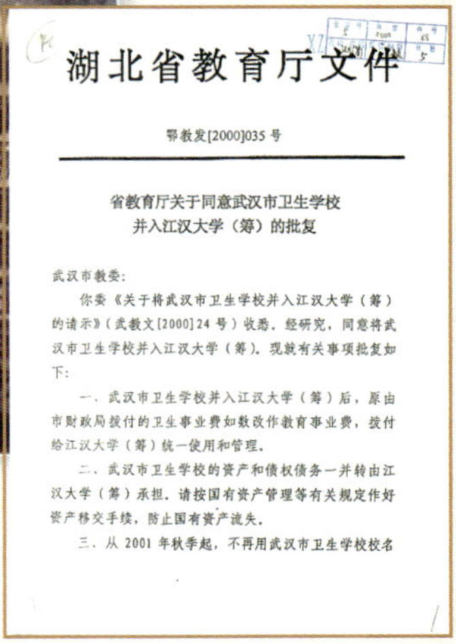

湖北省教育厅文件

鄂教发[2000]035 号

省教育厅关于同意武汉市卫生学校并入江汉大学（筹）的批复

武汉市教委：

你委《关于将武汉市卫生学校并入江汉大学（筹）的请示》（武教文[2000]24 号）收悉。经研究，同意将武汉市卫生学校并入江汉大学（筹）。现就有关事项批复如下：

一、武汉市卫生学校并入江汉大学（筹）后，原由市财政局拨付的卫生事业费如数改作教育事业费，拨付给江汉大学（筹）统一使用和管理。

二、武汉市卫生学校的资产和债权债务一并转由江汉大学（筹）承担。请按国有资产管理等有关规定作好资产移交手续，防止国有资产流失。

三、从 2001 年秋季起，不再用武汉市卫生学校校名

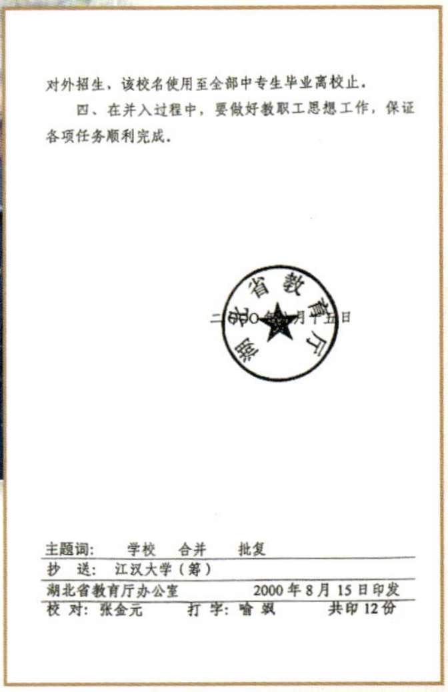

对外招生，该校名使用至全部中专生毕业离校止。

四、在并入过程中，要做好教职工思想工作，保证各项任务顺利完成。

二〇〇〇年八月十五日

主题词：学校 合并 批复

抄 送：江汉大学（筹）

湖北省教育厅办公室 2000 年 8 月 15 日印发

校 对：张金元 打 字：喻 飒 共印 12 份

二、人才培养

合并组建 20 载，江汉大学坚持社会主义办学方向，牢记为党育人为国育才使命，牢牢把握国家“双一流”和省、市高水平大学建设历史机遇，深入落实立德树人根本任务，学校综合实力和核心竞争力稳步提升。学校本科教育成果丰硕，研究生教育快速发展，申博工程取得突破。在与武汉这座城市共兴共荣、服务支撑国家和地方经济社会发展中，江汉大学实现办学发展和人才培养的历史性跨越。

1. 本科生培养

办学思想

我们完全可以并应该在高层次应用型人才培养上与重点大学错位发展。加强应用型专业建设，积极设置面向地方支柱产业、高新技术产业、服务业的应用型专业，为地方经济建设输送各类应用型人才，着力打造自己的特色专业、品牌专业。

——李进才校长在 2007 年教学工作会议上的讲话

作为一所城市大学，学校的建设和发展，不能走部属高校的老路，我们必须另辟蹊径，差异化发展。提出“应用性、创造性、国际性”的人才培养目标，既是基于我国高等教育的短板，也是基于社会需求现状，更是基于江汉大学的发展实践。我们要坚持“人才培养质量是高等学校生命线”的理念，始终把人才培养作为学校的根本使命，学校的所有工作都要围绕“三性”展开。

——杨卫东校长在 2013 年教学工作会议上的讲话

推进学校一流本科教育建设，大家务必遵循“三条原则”：一是以人为本。关注每个学生发展，遵循学生发展规律，尊重学生个性差异，办人民满意教育。二是全员参与。全校上下形成合力，多部门联动，立德与树人相结合，实现全员、全过程、全方位育人。三是持续改进。更新办学理念，稳步推进教学改革、管理体制改革，教学质量持续不断提高。

——李强书记在江汉大学 2019 年本科教育工作会议上的讲话

江大是市属唯一综合性大学，也是唯一进入省“双一流”的市属高校，肩负着为武汉经济社会发展服务的历史责任与特殊使命。我们要切实增强为大武汉谋复兴多做贡献的责任感和使命感，切实把自己的事做好，以办让人民满意的高等教育来回报市委、市政府的关心支持。

——张幸平校长 2018 年 8 月 29 日在江汉大学双一流建设动员大会上的讲话

要坚定不移抓立德树人这个根本，坚持学校以学生为本，学生以学业为本，教师以教学为本，教学以质量为本，管理以服务为本。

——景新华校长在人才培养质量与教学改革工作会议上的讲话

教师队伍

专任教师队伍学位结构对比

学年	师资数量	博士		硕士		博硕合计	
		人数	比例	人数	比例	人数	比例
2002—2003	1030	22	21.14%	214	20.78%	236	22.91%
2021—2022	1244	592	47.51%	482	38.75%	1073	86.25%

专任教师队伍职称结构对比

学年	师资数量	正高		副高		中级		其他	
		人数	比例	人数	比例	人数	比例	人数	比例
2002—2003	1030	75	7.28%	416	40.39%	365	35.44%	140	13.59%
2021—2022	1244	193	15.51%	500	40.19%	481	38.67%	70	5.63%

“教书育人先模人物”一览表

序号	奖励名称	获奖者
1	全国劳动模范（先进工作者）	张应天
2	全国五一劳动奖章	王心耀
3	全国模范教师	余新明、余来宁
4	全国优秀教师	连志远、谢能泳、沈开甲、陈贤威、何勋桂、彭知难 李振华、曹　玲、江会生、戴永玲、刘乐文、张应天 皇甫积庆、章　红
5	中国医师奖	张应天、彭开勤
6	全国抗疫先进工作者	刘建华
7	国务院特殊津贴	吴永芳、邝培翠、连志远、张应天、沈继奋、何勋桂 谢楚发、刘文燧、陆兆雄、谢能泳、汤光宋、陈贤威 贺志贤、徐精诚、陈禅友、郑隆炘、张维麟、范治渊 贾永胜、徐盛林、华定一、余来宁、谢先启、刘丽江 彭开勤、余新明、涂文学、王心耀、陈　耿、郑　广 张　皓、蒋细旺、樊　恺
8	湖北省劳模（先进工作者）	楼恩元、戴永玲、俞礼钧、刘丽江
9	湖北省五一劳动奖章	张运利、李腊生、李忠铭、章　红、钱同惠

续表

序号	奖励名称	获奖者
10	“湖北名师工作室”主持人	孔晓东、李腊生、舒细记
11	湖北省有突出贡献中青年专家	徐公度、李　尧、甘德安、陈禅友、贾永胜、刘继延 梁　勇
12	湖北省省学科带头人	李　尧
13	教育部教学指导委员会委员、成员	桑建平、童幸生、陈禅友、严　彬
14	全国普通高校毕业生就业创业指导委员会委员	李卫东

教坛先锋

陈　菲

首届全国高校思想政治理论课；教学展示活动特等奖

陈　凯

全国高校外语教学大赛一等奖

胡思泉

三项湖北省科技进步三等奖；两项教学成果三等奖；一项省级调研成果三等奖

陈　澜

湖北省第七届高校青年教师；教学竞赛文史组一等奖；武汉市五项技能教学竞赛高校组教学设计第一名

张　贞

江汉大学第一届本科教学校长奖

曾　丹

全国多媒体课件大赛二等奖；江汉大学第二届本科教学校长奖

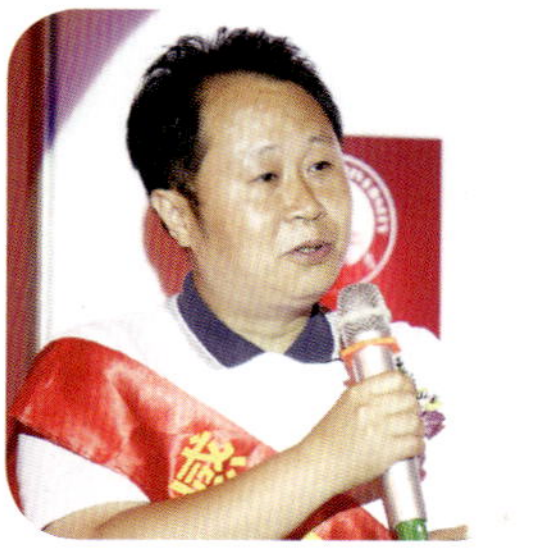

顾震宇

2019年“荆楚好老师”荣誉称号

王红波

2020年“荆楚好老师”荣誉称号

省级教学成果奖

序号	成果名称	成果完成人	获奖等级	获奖年份
1	地方综合性大学学分制教学管理模式的实践与探索	杨卫东、童幸生、钟守昌、桑建平 孙　华、李建民	一等奖	2018 年
2	以病例为引导的病理学讨论式教学的实验研究	刘丽江、龙　建、舒细记、镇鸿燕 朱现平	二等奖	2005 年
3	工科大学生高新技术技能培训模式的研究	徐盛林、张爱明、吴宏观、余五新 尹子武	二等奖	2005 年
4	创新教育与创新人才（高职）培养模式研究	张和平、阙　斌、彭付军、冯　键 邹　黎	二等奖	2009 年
5	服务学习理念下社会工作教学模式的探索与实践	方爱清、江立华、李金红、张再云 陈　文	二等奖	2018 年
6	武汉地区高校思想政治理论课优质教学资源共享机制探索与实践	李腊生、李资源、龚　萱、张莉清 闵　杰	二等奖	2018 年
7	应用性人才培养与互联网＋时代的文艺学系列课程教学改革	张　贞、彭松乔、庄桂成、何冬梅 鲁红艳	二等奖	2018 年
8	化学工程与工艺专业本科课程体系创新与实践	李忠铭、陈春华、路　平、范剑虹 刘继延	三等奖	2005 年
9	普通高等学校育人模式创新研究	余新明、陈恒初	三等奖	2005 年
10	高级护理（涉外方向）课程体系建设	周风生、李　勇、陈文松、章向红 李菊容	三等奖	2005 年
11	践研究中小学教师教育科研培训的理论与实践研究	欧阳仲威、徐学俊、马　丽 钟　晓、王芬丽	三等奖	2005 年
12	大学生就业与专业设置、学科建设相关性的研究	赵天婵、闵　珉、李卫东、余志伟 范超毅	三等奖	2009 年
13	油画专业教学结合美术场馆资源学习的模式创新	彭　燃、张希承、陈　波、顾　蓓 陶兴琳、高鸣峰、赵丽先、廖　兰	三等奖	2012 年
14	化学专业宽口径复合型人才培养模式研究与实践	胡思前、邹　新、王亚珍、张玉敏 彭望明	三等奖	2012 年
15	大学生心理健康导引（教材）	孔晓东、揭水平、陈慧君、严海辉 黄　卫	三等奖	2012 年
16	本科临床医学实践教育中多站式导师制的建立及其作用评价	艾永循、马　丹、牛晓泉、罗仁峰 袁　慧、刘　晋、沈延春、庹新兰	三等奖	2012 年

续表

序号	成果名称	成果完成人	获奖等级	获奖年份
17	基于 ESP 理论的大学英语教学新模式研究	鲍明捷、崔　东、王　静、刘　瑛 杨红梅	三等奖	2018 年
18	面向创新能力培养的化学专业实践教学模式研究与实践	胡思前、刘继延、王亚珍、彭望明 汪海平、王　亮、李艾华、谭　芳	三等奖	2018 年
19	地方高校在线课程（SPOC）教学模式管理探索与实践	孙　华、万　亮、凌明成、张　凡 吴　峰	三等奖	2018 年
20	机械类本科专业双元制培养模式的创新与实践	童幸生、余五新、江　明、易建钢 闵　珉、余竟成、万宇杰	三等奖	2018 年

学生获奖统计

学校坚持以学生成长成才为核心，不断提高学生创新意识、创新精神和实践能力，大力实施大学生创新创业训练计划，以大学生科研立项、开放实验项目、课外创新实践和学科竞赛为载体，将创新创业实践学分纳入人才培养方案，全面开展创新创业教育，从而达到提升人才培养质量的总体目标。 合并 20 年学生参加学科竞赛获省级以上奖励年均 1000 人次以上。中国高等教育学会 2021 年 3 月发布的 2016—2020 年全国普通高校学科竞赛排行榜中排行第 203 名，奖项数量 234 项，湖北省属高校排名第 5 位，成功入选“湖北省大学生创业示范基地”。

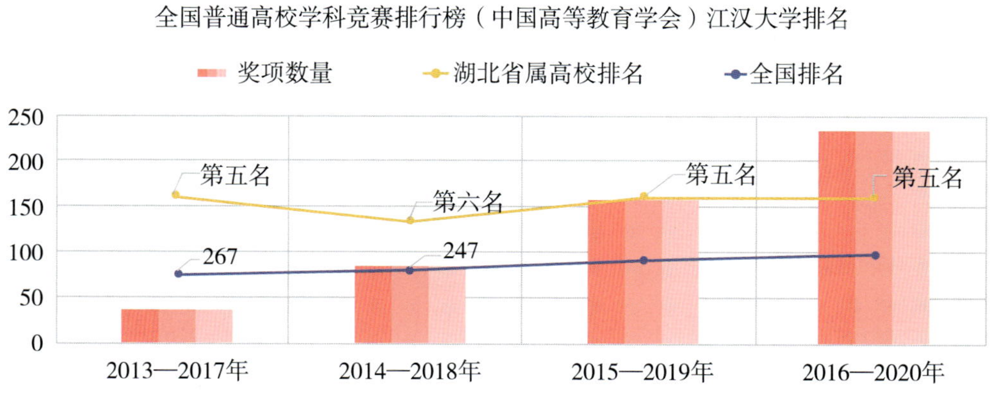

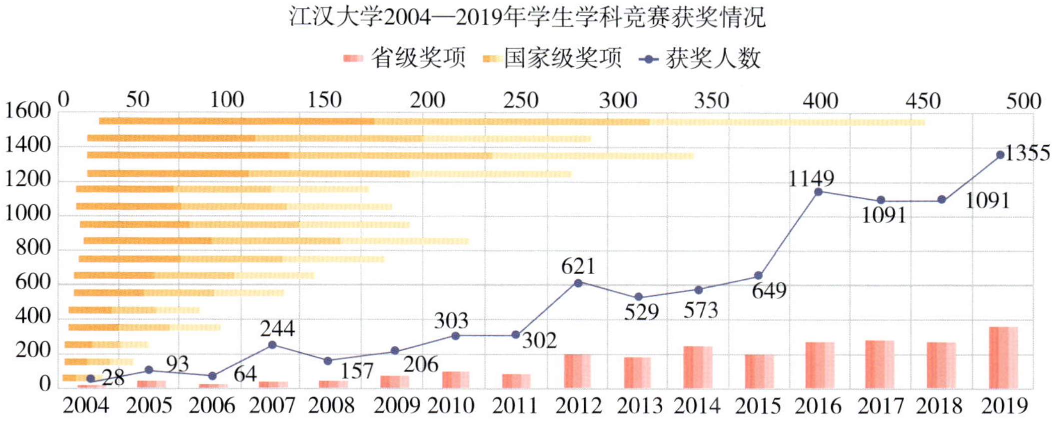

2019 年，第五届“互联网＋”全国大学生创新创业大赛省赛金奖

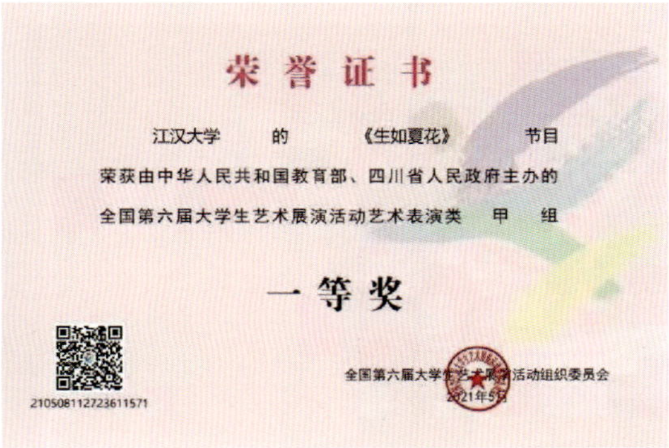

2021 年，全国第六届大学生艺术展演活动艺术表演类一等奖

2019 年，第六届全国大学生工程训练综合能力竞赛一等奖

2009 年，第三届全国大学生广告艺术大赛平面类一等奖

2020 年，第九届全国大学生机械创新设计大赛一等奖、二等奖

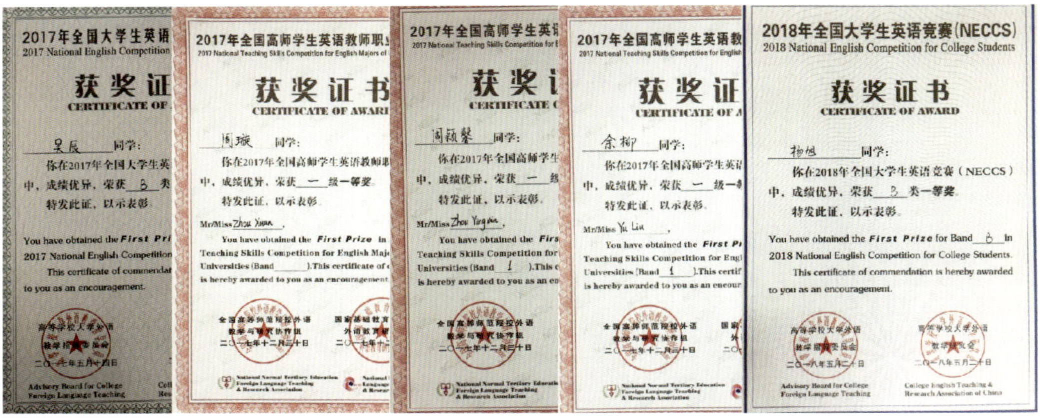

多名学生荣获全国高校英语教师职业技能竞赛一等奖

人文学院播音与主持艺术专业表演的原创舞台短剧《生如夏花》，获得教育部主办的全国第六届大学生艺术展演活动艺术表演类一等奖

广告学专业柯雪宁同学获第九届大广赛全国一等奖

2021 年，在全国最高级别大学生竞赛第七届中国国际“互联网+”大学生创新创业大赛湖北省复赛中荣获金奖 3 项铜奖 2 项

A22 教育周刊 教展台

楚天都市报

95后大学生是新四板企业老总

初中就赚得人生首桶金 19岁出任企业联合创始人

初中赚得人生第一桶金

19岁任企业联合创始人

《楚天都市报》报道学校设计学院学子周永胜创业故事

在省人社厅、教育厅、财政厅、团省委共同举办的“创业湖北”2020 年湖北省大学生创业大赛中，设计学院 2016 届校友丁峥伟经过层层选拔挺进十强，并获得 12 万元创业扶持资金

2016 年，获全国大学生广告艺术大赛一等奖

2021 年，第七届全国大学生工程训练综合能力竞赛湖北省比赛中，13 支队伍获得一等奖，7 支队伍获得二等奖，6 支队伍获得三等奖，获奖数位居全省高校第一

2020 年，全国大学生物理实验竞赛（创新赛）复赛，化学与环境工程学院、人工智能学院和智能制造学院获得全国一等奖 2 项，全国三等奖 3 项，优秀奖 1 项

学校 2004 届财会专业毕业生胡丹，十几年来，她建起了大米加工厂，加工销售当地种植的优质稻米，带领村民成立合作社，打造出了自己的品牌大米，年销售收入过亿元。2017 年 12 月，胡丹当选为武汉市妇联兼职副主席

2020 年 10 月 30 日，国内首个“中”字号级别的专业赛车电竞赛事：中国电竞赛车锦标赛（CERC）长沙站在长沙 PPKD 跑史上卡丁赛车主题俱乐部隆重举行。江汉大学（中国赛车学院）电竞赛车站队的肖志强，刘潭京两位选手分别取得了亚军和季军

2005年本科教学质量评估

教育部本科教学评估专家组长孙莱祥讲话

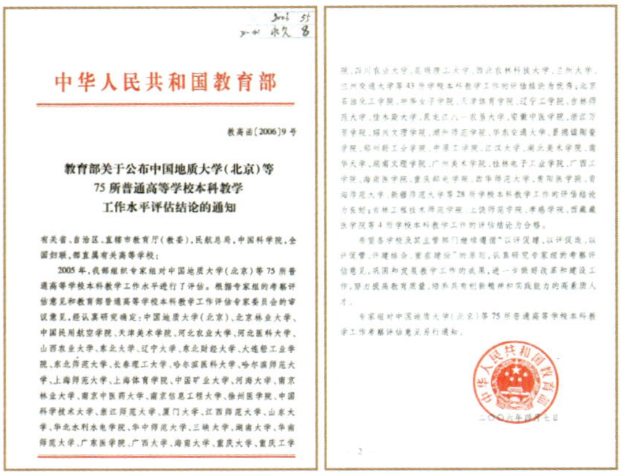

中华人民共和国教育部

教高函〔2006〕9号

教育部关于公布中国地质大学（北京）等75所普通高等学校本科教学工作水平评估结论的通知

有关省、自治区、直辖市教育厅（教委），民航总局，中国科学院，全国妇联，部直属有关高等学校：

2005年，我部组织专家组对中国地质大学（北京）等75所普通高等学校本科教学工作水平进行了评估。根据专家组的考察评估意见和教育部普通高等学校本科教学工作评估专家委员会的审议意见，经认真研究确定：中国地质大学（北京）、北京林业大学、中国民用航空学院、天津美术学院、河北农业大学、河北医科大学、山西农业大学、东北大学、辽宁大学、东北财经大学、大连轻工业学院、东北师范大学、长春理工大学、哈尔滨医科大学、哈尔滨师范大学、上海师范大学、上海体育学院、中国矿业大学、河海大学、南京林业大学、南京中医药大学、南京信息工程大学、徐州医学院、中国科学技术大学、浙江师范大学、厦门大学、江西师范大学、山东大学、华北水利水电学院、华中师范大学、三峡大学、湖南大学、华南师范大学、广东医学院、广西大学、海南大学、重庆大学、重庆工学

在2005年本科教学质量评估中，江汉大学本科教育工作水平评估取得“良好”等级

课程建设

学校教学质量不断提升，课程建设取得丰硕成果，一流本科课程、精品课程数量不断增加，教学改革成效显著。获批省级及以上优质课程资源项目54门；其中国家级一流本科课程5门，省级一流本科课程27门。

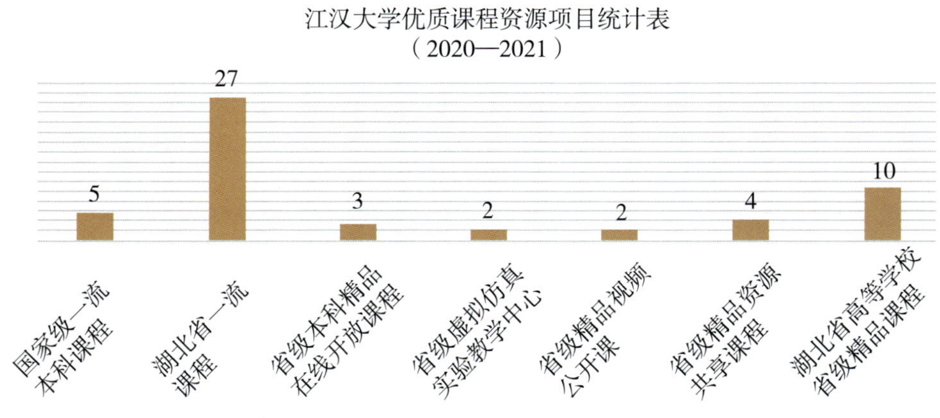

国家级一流本科课程

2020年获批首批国家一流本科课程5门，《军事理论》《大学生心理健康教育》《大学计算机基础》《医学免疫学》《法律援助社会实践》，获批数量在湖北省属高校并列第二。

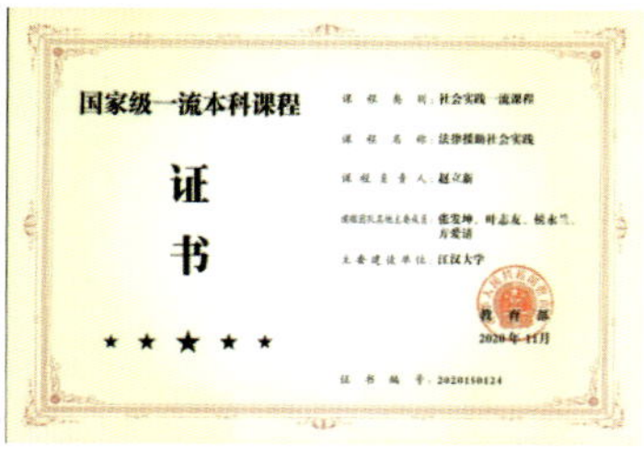

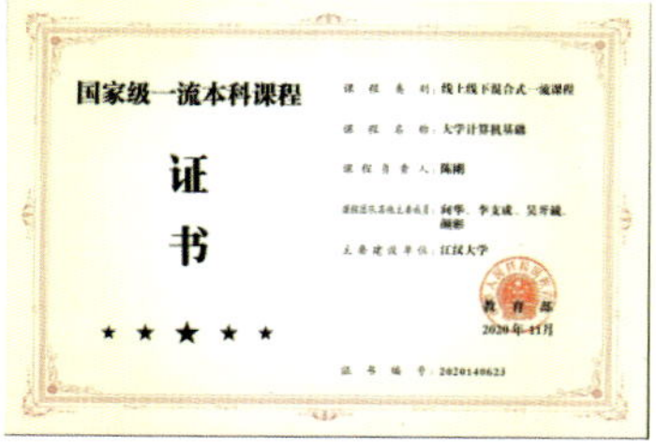

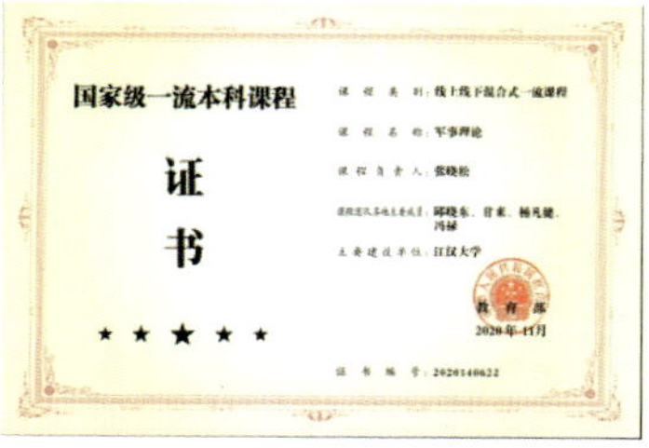

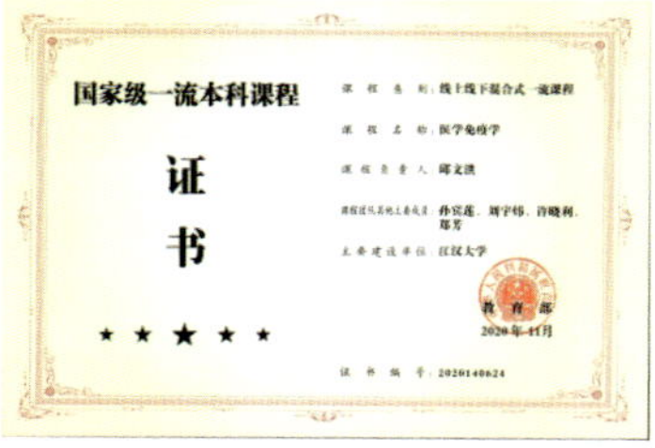

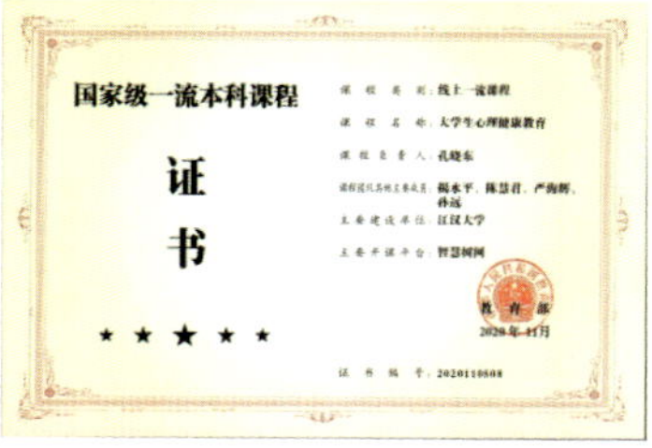

省级精品课程

线上一流课程：《营养，免疫与健康》

线上线下混合式一流课程：《特殊儿童心理辅导》《中国近现代史纲要》《大学生职业生涯规划》《微观经济学》《系统解剖学》《英语语法》《物理化学实验》《生理学》《国际经济学》《互换性原理与测量技术》《军事理论》《老年医学》《植物育种学》

线下一流课程：《服装设计①》《采风》《漆画》

社会实践一流课程：《社区志愿服务工作坊》《英汉互译②》《非物质文化遗产》

虚拟仿真一流课程：《展示设计——数字交互展示展览虚拟仿真教学实验》《陶艺——马口窑系陶艺传统烧制技艺虚拟仿真实验》《广告摄影——追寻光影艺术 广告摄影用光虚拟仿真实验》《表 / 界面分子设计及和频光谱检测虚拟仿真实验》《存货监控虚拟仿真实验》《灭活 EV71 抗原制备与免疫接种虚拟仿真实验》《磁控溅射镀膜虚拟仿真实验》

湖北省首批省级精品在线开放课程：《大学生心理健康教育》《人体奥秘之运动》《寻访文艺审美心理》

湖北省省级精品视频公开课：《电影艺术欣赏》《中国周边外交热点问题述评》

省级虚拟仿真实验教学项目：《家兔空气栓塞虚拟仿真实验》《移动通信切换类网络故障分析与优化虚拟仿真实验》

教育学院孔晓东教授团队出版数字教材

省级虚拟仿真实验教学中心建设项目：《物理虚拟仿真实验教学中心》

湖北省高等学校省级精品课程：《素描基础》《植物育种学》《油画技法研究与创作》《金属材料与热处理》《文学概论》《人体寄生虫》《英国概论》《病理学》《毛泽东思想概论》《现代汉语》

湖北高校省级精品资源共享课程：《大学生心理健康教育》《文学概论》《语言与社会文化》《中国近现代史纲要》。

2020 年 12 月 28 日，江汉大学人文学院和江汉大学武汉语言文化研究中心举办了甲骨文教材编写研讨会。这套由江汉大学编写、出版的甲骨文教材，是国内首套体系完整的甲骨文本科教材，填补了我国在甲骨文教材方面的空白。2017 年，江汉大学在全国高校中第一个把甲骨文课程正式列入本科教学计划，并正式作为公选课在全国范围内开课，该校至今仍是全国高校大学本科中唯一开设甲骨文课程的学校。

2021 年 4 月 13 日，由副校长李卫东教授参与讲授的传统文化经典通识教育课程《甲骨文——中华文化的根与路》开班授课，通过智慧树直播互动教室，喀什大学师生和学校师生共同聆听了《甲骨文》的第一次见面课。

学校推出全国首部甲骨文本科教材

“智慧教学”“慕得西行”，与喀什大学视频在线同上一门课

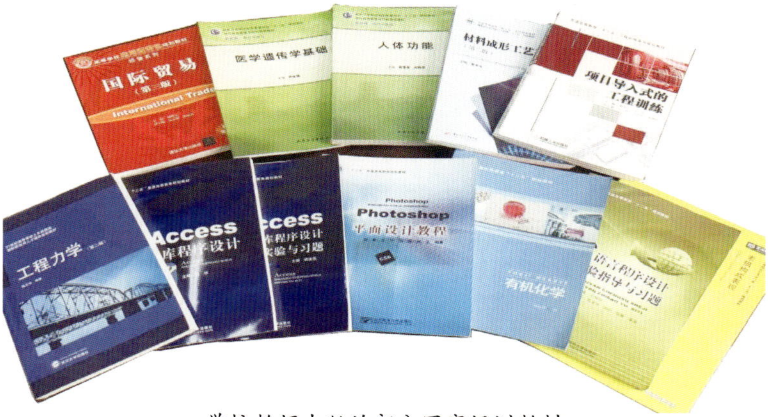

学校教师出版的部分国家规划教材

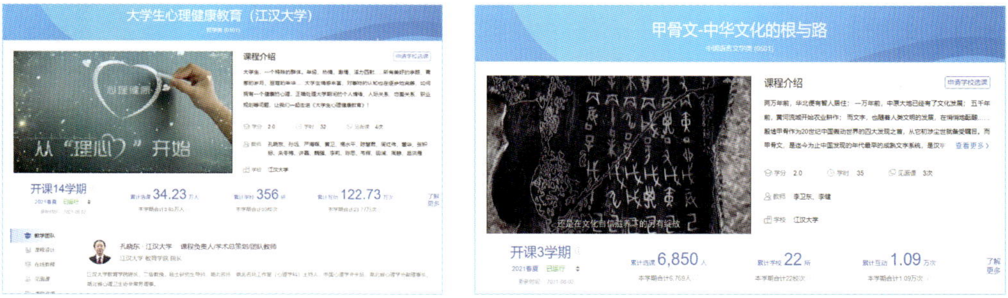

学校 30 多门课程上线智慧树等国家线 MOOC 课平台

专业建设

江汉大学学科专业门类丰富，自 2002 年合并以来，适应经济社会发展需要先后开设了 77 个本科专业，涵盖经济学、法学、教育学、文学、历史学、理学、工学、农学、医学、管理学、艺术学等 11 大学科门类。学校持续加强专业内涵建设，专业办学水平不断提高，现有国家级一流本科专业建设点 1 个、省级一流本科专业建设点 27 个。

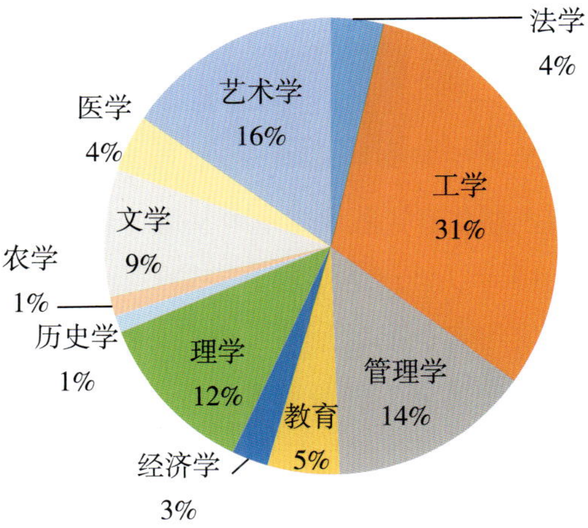

江汉大学本科专业各学科分布情况

江汉大学优势特色专业统计表

专业建设项目	数量
国家级一流本科专业建设点	1
国家级特色专业	2
国家级专业综合改革试点专业	1
省级一流本科专业建设点	27
省级品牌专业	2
荆楚卓越人才协同育人计划专业	8
湖北省专业综合改革试点专业	5
湖北省战略性新兴（支柱）产业人才培养计划专业	9

平台基地建设

实践是创新的源泉，实践教学是培养应用性、创新性人才的重要途径。江汉大学合并办学以来，不断加强实践教学基地建设力度，巩固和深化实践教学基地建设的内涵，迄今为止，学校共建有校内实验中心32个，校内外实训基地330余个，16个校级创新实践基地。其中有6个省实验教学示范中心，2个省级实践教学基地（其中1个为省级示范基地）、1个省级大学生创新实践基地。

（1）湖北省实践教学示范基地（化学工程与工艺专业创新实践教育基地）

2013年，江汉大学联合中国石化武汉分公司和华烁科技股份有限公司获批“湖北高校省级实习实训基地”建设项目，2016年获批“湖北高校省级示范实习实训基地”。本专业依托的化学工程与技术一级学科与中石化武汉分公司签订了江汉大学研究生校外实践就业基地建设协议，与华烁科技股份有限公司共建“江汉大学华烁产学研一体化研究生教育创新”省级研究生教育创新基地。近年来，学校联合企业共同成立实习实训组织机构、制定实习实训管理制度，形成稳定实习实训运行机制，确保本专业学生完成实习实训任务，开展校企科研合作、企业培训等工作。

（2）湖北省电工电子实验教学示范中心

江汉大学电工电子实验中心成立于 2002 年，实验中心构建了满足全校电类和非电类电工电子实验教学需求的硬件平台。2009 年 8 月获批成为湖北省电工电子实验教学示范中心。实验中心共有 22 个实验室以及湖北省高等学校电子设计大学生创新活动基地、江汉大学—美国德州仪器大学生创新中心 2 个实践基地。实验室使用面积达 3120 平方米，实验仪器设备 2504 台套，仪器设备总价值 1081.21 万元。本中心面向人工智能学院、智能制造学院、化学与环境工程学院等学院 18 个专业开设 59 门实验课程，开出实验项目 303 个，年均学生人数 7496 人次，年均人时数 105678；开放实验项目 28 个 1048 学时 2798 人次共 17779 人时数。

（3）湖北省实验教学示范中心（经济与管理实验教学中心）

经济与管理实验教学中心成立于 2002 年。2007 年获批为湖北省实验教学示范中心，2014 年企业运营虚拟仿真实验教学中心获批为省级虚拟仿真实验教学中心。近年来，为配合学科建设的可持续发展，不断探索和完善地方综合性大学应用型、创新型人才培养体系，积极推进信息技术和实验教学的融合，提升实验教学的效果，学生在全国大学生工程训练综合能力竞赛、全国大学生市场调查与分析大赛、“用友”杯 ERP 沙盘竞赛、全国跨境电商创新创业能力大赛、“尖烽时刻”酒店管理模拟大赛等多项全国性赛事中屡获佳绩。

（4）华为信息与网络技术学院

2017 年 5 月 9 日，“华为中国 ICT 生态之行 2017（武汉）”活动上成立华为湖北 ICT 人才联盟。江汉大学、武汉大学、湖北师范大学、武汉烽火信息集成技术有限公司、武汉光谷信息技术股份有限公司等 40 余家高校和企业参与到该人才联盟的建设中。学校作为华为公司的联合合作伙伴，将定期参与 ICT 人才双选会、ICT 技能大赛、ICT 新技术走进校园等活动，来促进人才生态的良性发展，帮助学生在学习、就业和专业认证方面取得持续进步。

（5）医学教育实践教学基地

基地名称	级别	开放床位数	临床技能实训中心总面积（平方米）	临床教师人数	临床教师高级职称比例（%）
附属医院（武汉市第六医院）	三级	1200	2100	231	50
附属武汉市中心医院	三级甲等	2750	600	289	51
附属普爱医院	三级甲等	1803	1918	242	43
附属武汉儿童医院	三级甲等	2000	1800	211	45
第二附属医院（武汉市第五医院）	三级甲等	846	200	208	45
附属湖北省第三人民医院	三级甲等	1435	1000	276	47
附属黄陂区人民医院	三级乙等	1588	1998	201	44
第三临床医学院（武汉市第三医院）	三级甲等	1560	1000	212	45

培养质量

江汉大学法考通过率

年份	江汉大学通过率	全国大约平均通过率
2009 年	65.40%	27%
2010 年	47.80%	22%
2011 年	68.40%	20%
2012 年	50%	21%
2013 年	50%	10%
2014 年	37.80%	10%
2015 年	46.70%	11%
2016 年	42%	8.70%
2017 年	53.50%	13%
2018 年	46.30%	18%
2019 年	61.70%	15%
2020 年	50%	13%

江汉大学英语专业四级通过率

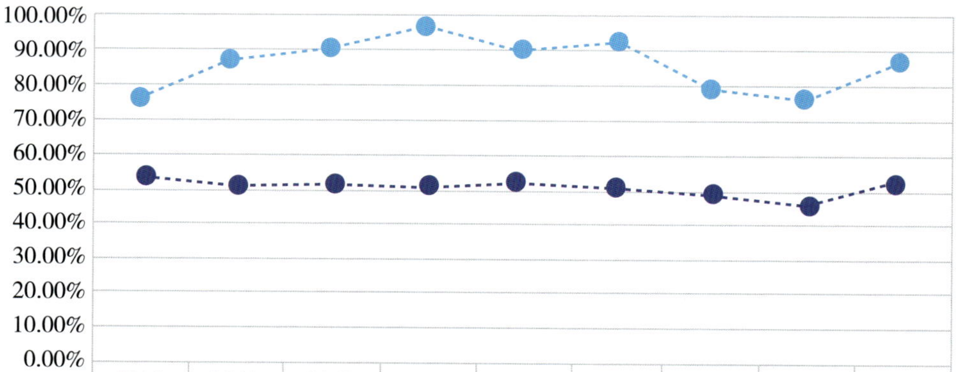

	2011	2012	2013	2014	2015	2016	2017	2018	2019
我校一次性通过率	76.19	87.67	90.55	97.20	89.72	92.06	78.31	76.54	86.50
全国一次性通过率	53.17	51.09	51.37	50.43	51.79	49.92	48.54	46.16	52.69

我校一次性通过率　全国一次性通过率

江汉大学英语专业八级通过率

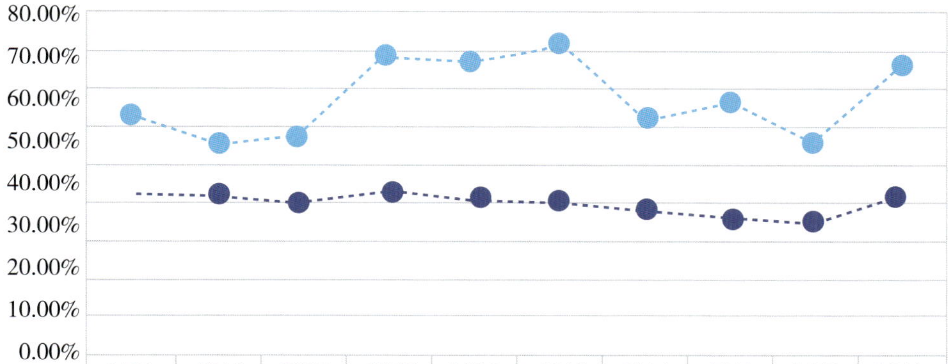

	2021	2019	2018	2017	2016	2015	2014	2013	2012	2011
我校一次性通过率	63.19	55.95	58.17	78.85	77.50	81.54	61.67	66.01	56.29	76.61
全国一次性通过率	42.44	41.49	40.08	42.76	39.85	40.60	37.65	35.78	34.96	42.07

我校一次性通过率　全国一次性通过率

2017 年江汉大学本科教学工作审核评估

2017 年 11 月 26 日至 30 日，以时任兰州大学校长王乘教授为组长的教育部专家组一行 16 人对学校进行本科教学工作审核评估

名家寄语

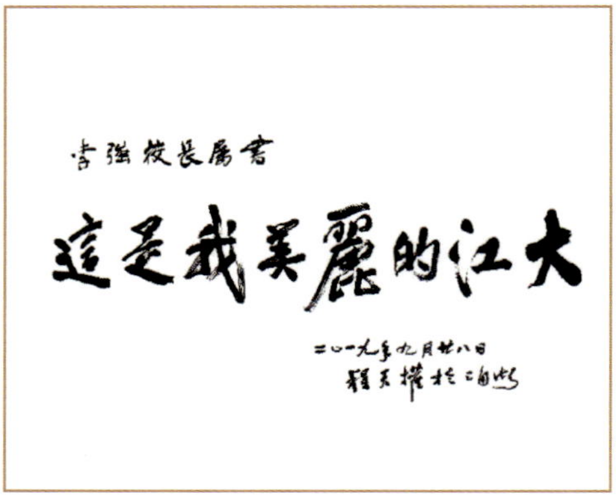

程天权　中国人民大学原党委书记、学部委员

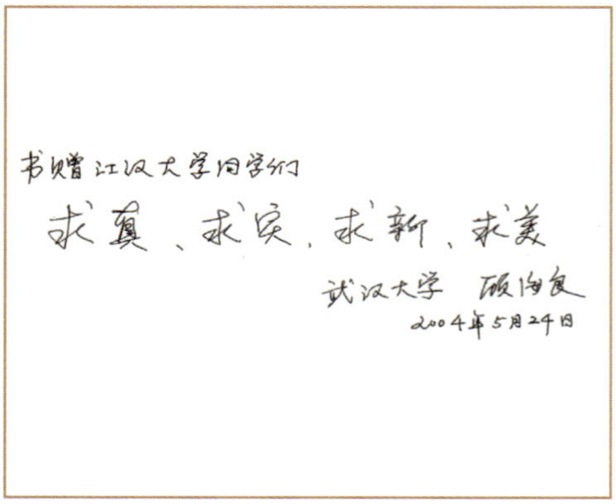

顾海良　武汉大学原党委书记

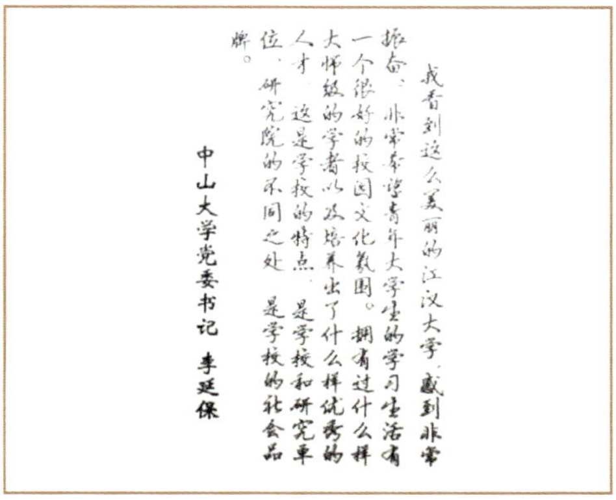

我看到这么美丽的江汉大学，感到非常振奋。非常希望青年大学生的学习生活有一个很好的校园文化氛围。拥有过什么样的大师级的学者以及培养出了什么样优秀的人才，这是学校的特点，是学校和研究单位、研究院的不同之处，是学校的社会品牌。

中山大学党委书记　李延保

李延保　中山大学原党委书记

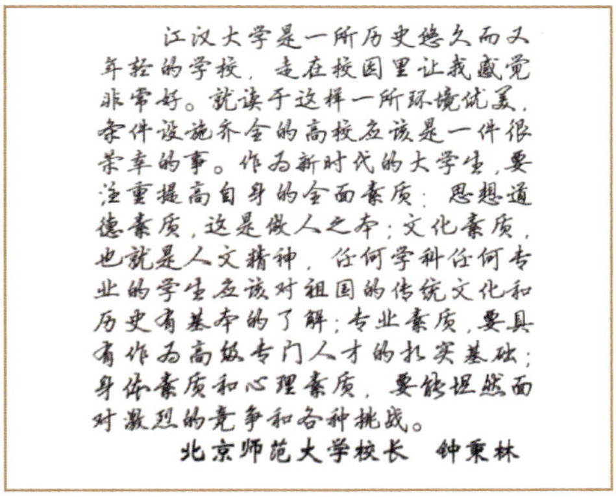

江汉大学是一所历史悠久而又年轻的学校，走在校园里让我感觉非常好。就读于这样一所环境优美，条件设施齐全的高校应该是一件很荣幸的事。作为新时代的大学生，要注重提高自身的全面素质：思想道德素质，这是做人之本；文化素质，也就是人文精神，任何学科任何专业的学生应该对祖国的传统文化和历史有基本的了解；专业素质，要具有作为高级专门人才的扎实基础；身体素质和心理素质，要能坦然面对激烈的竞争和各种挑战。

北京师范大学校长　钟秉林

钟秉林　北京师范大学原校长

2. 研究生培养

江汉大学积极发展研究生教育，2010 年 3 月获得硕士学位授予权，2021 年获得博士学位授予权。现有 1 个博士学位授权一级学科点（化学工程与技术）、20 个一级学科硕士学位授权点和硕士专业授权类别，涵盖经济学、法学、教育学、文学、历史学、理学、工学、农学、医学、管理学、艺术学等 11 大学科门类。学校办学层次和核心竞争力得到跨越式发展。

学科建设与学位点建设

（1）建立三级学科建设体系

江汉大学探索构建高水平城市大学学科体系，积极推动学科建设和研究生教育高质量发展，以申博和优势特色学科群建设为牵引，努力建立三级学科建设体系，2018 年学校入选湖北省国内一流学科建设高校，化学工程与技术学科入选湖北省国内一流学科建设学科；先后拥有 5 个省重点学科及培育学科、2 个省级优势特色学科群、10 个校级优势特色学科群；14 个市级重点学科，8 个校级重点学科。

学科（群）类型与数量	学科（群）名称
湖北省国内一流学科建设学科 1 个	化学工程与技术
湖北省重点学科（含培育）5 个	化学工程与技术、管理科学与工程、基础医学、生物学（培育）、控制科学与工程（培育）
湖北省优势特色学科群 5 个	光电化学材料与器件、城市治理与文化传承、智能爆破与城市环保、老年医学与现代康养、城市圈经济与产业集成管理

各级各类重点学科（群）分布

各学科门类重点学科

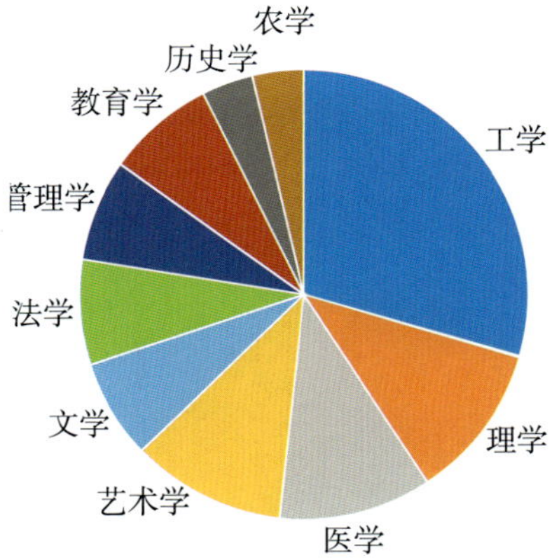

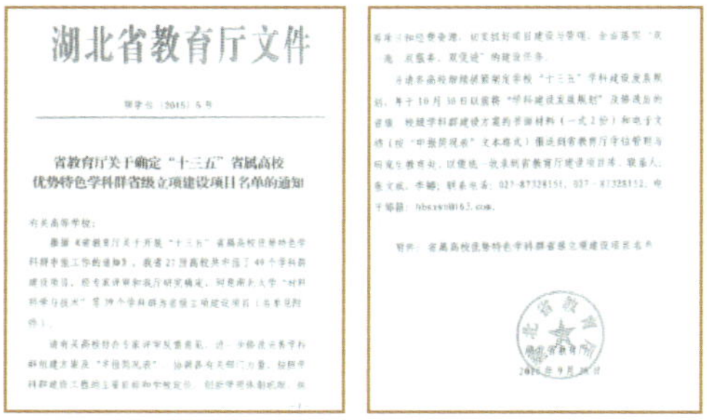
湖北省教育厅文件

省教育厅关于确定“十三五”省属高校优势特色学科群省级立项建设项目名单的通知

江汉大学 2 个省优势特色学科群立项建设批文

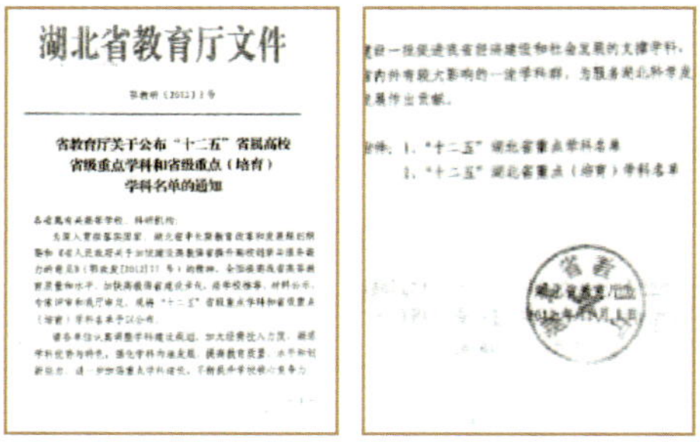
湖北省教育厅文件

省教育厅关于公布“十二五”省属高校省级重点学科和省级重点（培育）学科名单的通知

2012 年，江汉大学 3 个省级重点学科和 2 个省级重点（培育）学科批文

湖北省教育厅
湖北省财政厅
湖北省发展和改革委员会
文件

省教育厅 省财政厅 省发展改革委关于公布湖北省一流大学和一流学科建设高校和学科名单的通知

湖北省“双一流”建设高校和学科名单

2018 年，江汉大学被列入湖北省“国内一流学科建设高校”，化学工程与技术学科被列入湖北省“国内一流学科建设学科”批文

（2）原湖北省化学研究院并入江汉大学

2009 年 4 月，原湖北省化学研究院并入江汉大学。2010 年 3 月学校获得硕士学位授予权，同时拥有 3 个二级学科硕士学位授权点。

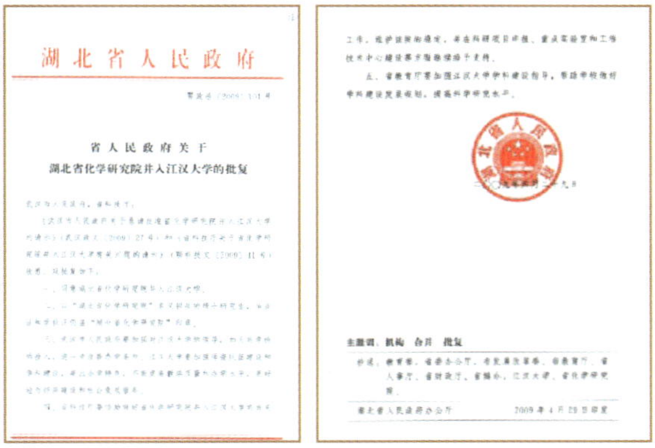

湖北省人民政府

省人民政府关于
湖北省化学研究院并入江汉大学的批复

主题词：机构 合并 批复

湖北省人民政府办公厅　　2009 年 4 月 29 日印发

原湖北省化学研究院并入江汉大学批文

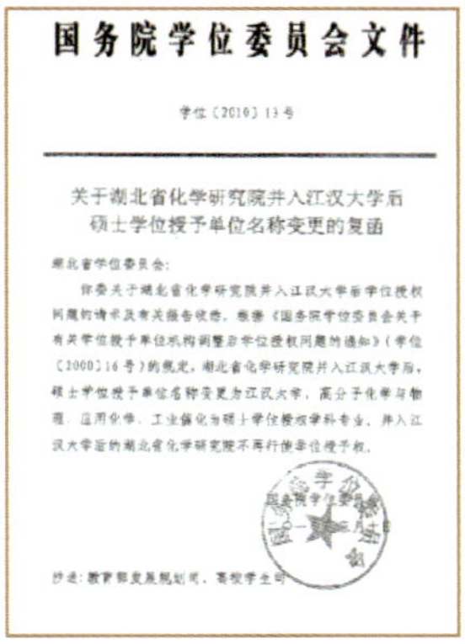

国务院学位委员会文件

学位〔2010〕13 号

关于湖北省化学研究院并入江汉大学后
硕士学位授予单位名称变更的复函

湖北省学位委员会：

你委关于湖北省化学研究院并入江汉大学后学位授权问题的请示及有关报告收悉。根据《国务院学位委员会关于有关学位授予单位机构调整后学位授权问题的通知》（学位〔2000〕16 号）的规定，湖北省化学研究院并入江汉大学后，硕士学位授予单位名称变更为江汉大学，高分子化学与物理、应用化学、工业催化为硕士学位授权学科专业，并入江汉大学后的湖北省化学研究院不再行使学位授予权。

抄送：教育部发展规划司、高校学生司

2010 年 3 月，原湖北省化学研究院并入江汉大学后，硕士学位授权单位转为江汉大学的文件

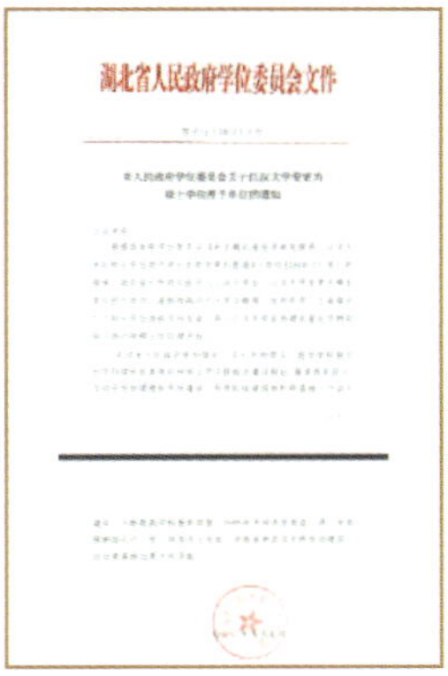

湖北省人民政府学位委员会文件

2010 年 5 月，省人民政府学位委员会关于江汉大学变更为硕士学位授予单位的文件

原湖北省化学研究院简介

原湖北省化学研究院始建于 1973 年，前身隶属于中国科学院，是一个理工结合的综合性化学研究院。1984 年 3 月，原湖北省化学研究院获得硕士学位授予权，拥有经国务院学位委员会授权的 3 个理、工科硕士学位点，拥有 6 个国家和省级高新技术产业化基地。主要从事化学新材料及化工新工艺的研发、生产、销售及技术服务，研究开发领域涉及合成氨工业催化剂、气体净化催化剂、光通信产业化学材料、信息和电子产业化学材料、有机催化合成、医药中间体、建材化学品等。原湖北省化学研究院拥有国家级专家 2 人，省级专家 11 人，享受国务院政府特殊津贴的专家 26 人，享受湖北省政府专项津贴的专家 6 人，全国劳动模范 3 人，省市劳动模范 10 人，高级研究人员 68 人。合并前承担国家 863 项目 4 项，国家级重点攻关项目 20 余项，省部级攻关项目 114 项；取得拥有自主知识产权的创新成果近 200 项，获国家发明奖和国家科技进步奖 10 项，获省、部级科技进步奖 69 项；获各类专利共计 385 项，发表科技与管理论文 2400 余篇；出版发行专（译）著 8 部；研究开发出 9 个系列、近百种高新技术产品，其中国家级新产品 18 个，授予国家牌号 8 个，全国重点推广新产品 6 个。

历任领导

钱保功（1916.3—1992.3），男，中共党员，高分子化学和高分子物理学家，中国科学院学部委员，历任中国科学院武汉分院副院长、院长，波谱与原子分子物理国家重点实验室顾问。先后兼任湖北省化学研究院院长，上海交通大学、武汉大学、吉林大学、深圳大学等校兼职教授，国务院学位委员会首批批准的博士生导师。美国《应用高聚物》杂志编辑顾问，《高分子学报》副主编，《中国科学》《科学通报》《应用化学》《高分子材料与工程》等杂志的编委。第三届至第五届全国人民代表大会代表、第三届至第七届全国政治协商会议委员。钱保功院士在国内合成橡胶、高分子辐射化学、高聚物粘弹性能和高分子固态反应等研究方面作出了开创性的贡献。

刘良炎，原湖北省化学研究院院长，中共党员，正高级工程师、硕士生导师、享受国务院政府特殊津贴专家，获湖北省有突出贡献的中青年专家、全国先进工作者、湖北省劳动模范、武汉市五一劳动奖章、全国知识产权工作先进个人、全国专用化学品专项攻关组织管理工作先进个人等荣誉称号。2007 年被湖北省人民政府聘为“省政府决策咨询委员会委员”，2009 年被中共湖北省委聘为“省委决策支持顾问”。2009 年经湖北省推荐，经中央办公厅批准，参加国庆 60 周年观礼。现任华烁科技股份有限公司董事长、党委书记，共主持、参与国家级和省部级研究课题 14 个，获鉴定成果 10 个，取得国家发明专利 1 项，获湖北省企业标准成果 5 个、政府成果奖 4 个。主持编写了《企事业单位知识产权管理制度》《高新技术知识读本》《科教兴国与技术创新》等著作，发表论文 80 余篇。

范和平，原湖北省化学研究院研究员，中共党员，研究员、硕士生导师、享受国务院政府特殊津贴专家、湖北省政府专项津贴，湖北省有突出贡献中青年专家，湖北省新世纪高层次人才工程第一层次人选，荣获省重点产业创新团队带头人、湖北省劳动模范等称号。现任江汉大学光电化学材料与器件教育部重点实验室主任，江汉大学湖北省化学研究院电子化学品研究开发中心主任，现任华烁科技股份有限公司董事、常务副总裁、电子化学材料事业部总经理。主持承担的科研项目“柔性印刷电路基材及其胶粘剂的扩大实验和推广应用”和“多层柔性印制电路用热固胶膜”分别获湖北省科技进步二、三等奖。近几年来先后获得湖北省科技进步一等奖 2 项、二等奖 1 项、三等奖 1 项。主持和参与开发的产品获得“国家重点新产品”称号的有 3 大类型。所带领的项目组是湖北省第一届“重点产业创新团队”。科研成果形成的产业每年有超过 7000 万元的收入，年创利税超过 1000 万元。

（3）学位点快速发展

自 2010 年学校首次拥有 3 个二级学科硕士学位授权点以来，学校结合地方经济建设发展需求和学校研究生教育发展的实际需要，努力加强学位点建设，学校现拥有 1 个一级学科博士学位授权点，9 个一级学科硕士学位授权点和 11 个硕士专业学位授权类别。

2011—2021年各类学位点数量

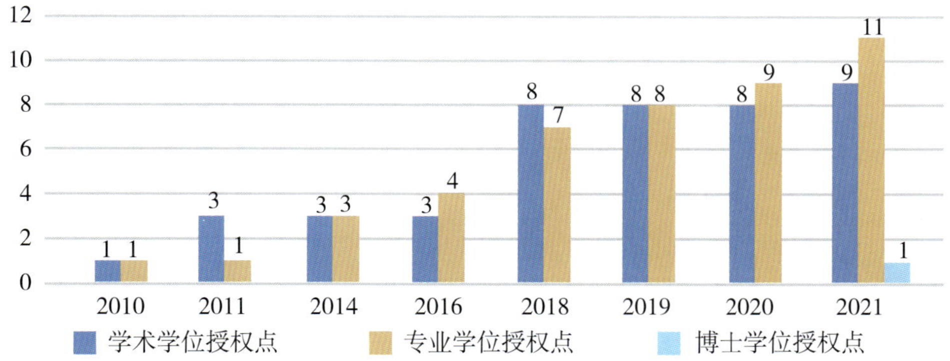

学位授权点分布情况

	法学类	工学类	管理学类	教育学类	经济学类	理学类	历史学类	文学类	医学类	艺术学类
学术学位	1	3	1			1	1	1	1	
专业学位	1	2	1	3	1			1	1	1

2010—2021学校新增硕士学位授权一级学科9个

2011年

新增**一级学科硕士点2个：**
化学工程与技术
管理科学与工程

2016年

新增**一级学科硕士点1个：**
材料科学与工程

2018年

新增**一级学科硕士点5个**
中国语言与文学
中国史
生物学
环境科学与工程
基础医学

2021年

新增**一级学科硕士点1个**
马克思主义理论

2010—2021学校新增硕士专业学位授权类别11个

2010年

新增**硕士专业学位授权领域1个：**
化学工程

2014年

新增**硕士专业学位授权类别2个：**
临床医学
艺术

2016年

新增**硕士专业学位授权类别1个：**
教育
调整**硕士专业学位授权领域1个：**
控制工程

2018年

新增**硕士专业学位授权类别3个：**
社会工作
体育
应用心理

2019年

新增**硕士专业学位授权类别1个：**
会计
调整**硕士专业学位授权类别1个：**
电子信息

2020年

新增**硕士专业学位授权类别1个：**
土木水利

2021年

新增**硕士专业学位授权类别2个：**
金融
翻译

研究生教育

（1）研究生规模持续扩大

经过11年的发展，学校在校研究生规模超过1500人，是2010年招生人数的60倍。招生专业及方向由2010年的3个扩增至80个。

（2）研究生导师队伍快速发展

截至2021年6月，兼职博士生导师29名，硕士生导师共计834名，其中校内导师382人、兼职导师452人。

（3）研究生教育教学成果丰硕

学校全面落实立德树人根本任务，深化落实学校“三步走”战略，构建与建设高水平城市大学目标相适应的学科体系，推动研究生教育高质量发展。探索构建科教协同、医教协同、产教协同和政教协同的研究生培养模式，出台了一系列研究生教育教学管理文件，加强研究生导师立德树人的责任机制建设，大力支持研究生开展科研创新和国内外学术交流，研究生创新实践能力不断提高。

2021年招生情况：招生667人，含学术学位型148人、专业学位型519人

2010—2021年各类硕士研究生招生人数

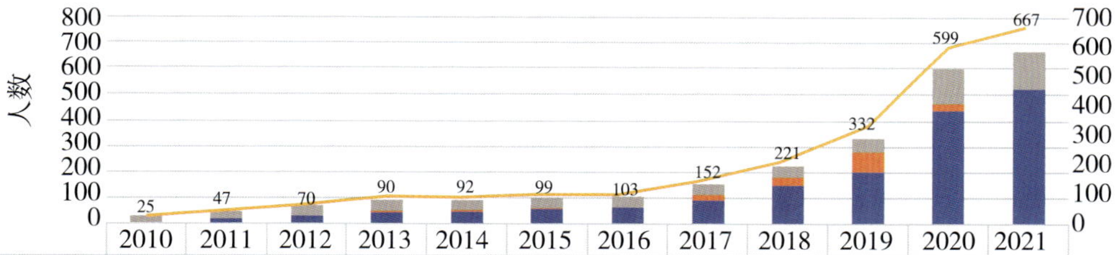

	2010	2011	2012	2013	2014	2015	2016	2017	2018	2019	2020	2021
学术学位硕士	25	26	40	40	40	40	40	42	42	57	137	148
同等学力申硕				6	4	1	1	19	33	77	25	
专业学位硕士		21	30	44	48	58	62	91	146	198	437	519
合计	25	47	70	90	92	99	103	152	221	332	599	667

学术硕士	■ 学术学位型677人	专业硕士	■ 专业学位型1654人	同等学力	■ 同等学力申硕人员166人

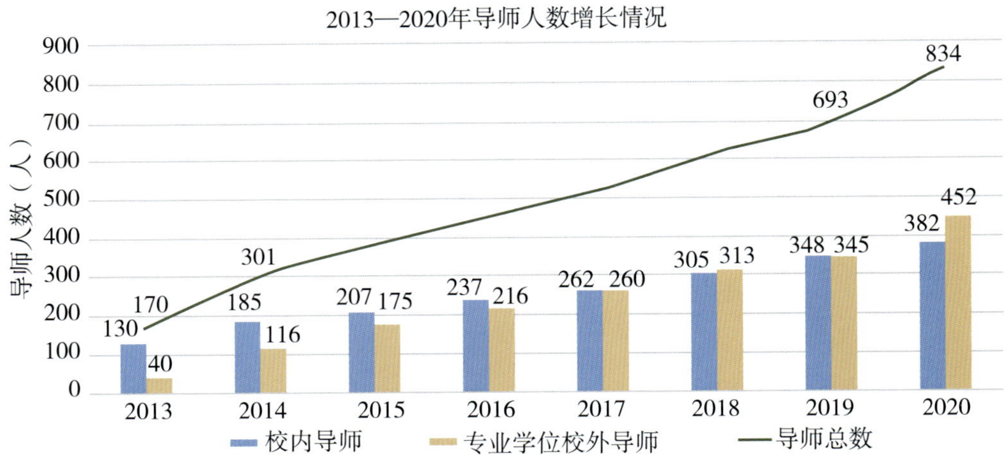

代表性成果（2016—2020）

●国家级奖励

研究生国家奖学金：获奖 39 人

●省级奖励

湖北省“长江学子”：获评 2 人

●学科竞赛奖励

参加教育部组织“中国研究生创新实践系列大赛”，在全国研究生数学建模竞赛、中国工程机器人大赛、“互联网+”创新创业大赛、“挑战杯”、微电影节等 35 类学科竞赛中，获各级奖项 128 项，人均获奖率超过 40%。

●学术成果

研究生公开发表学术论文 414 篇，其中 1、EI 收录论文 73 篇申请发明专利、实用新型专利或软件著作权 42 项。

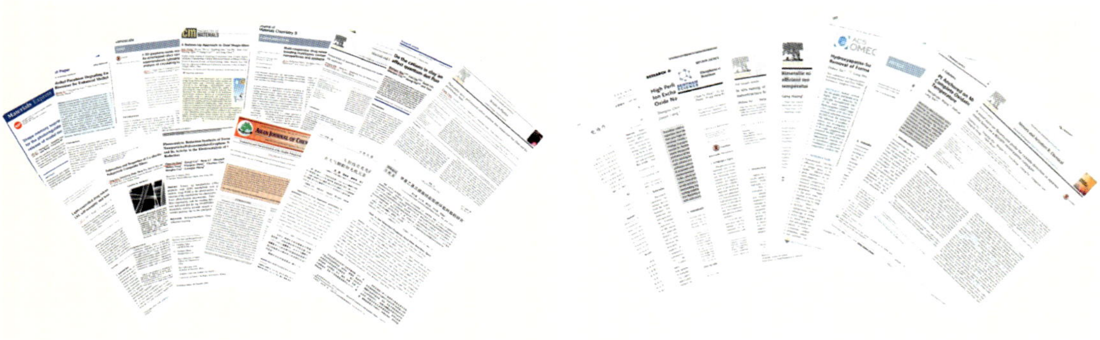

部分研究生发表的学术论文

研究生获省优硕士论文、国家奖学金及学科竞赛获奖部分证书

博士点取得历史性突破

申博工作取得突破性进展。学校不断加强学科内涵建设，优化学位点布局，着力提升学位点的水平和实力。学校生师比、专任教师博士学位比例、师均年科研经费、生均经费收入等各项指标全部符合《新增博士学位授予单位申请基本条件》；申博学科精心凝练研究方向，努力加强高水平学科平台和学科队伍建设，学科特色和优势突出。

2021 年 7 月，学校及化学工程与技术学科进入 2020 年新增博士学位授予单位审核结果公示名单（国务院学位委员会），学校办学层次实现里程碑式提高。

单位名称	学位授权点名称
温州大学	化学
中国计量大学	光学工程、仪器科学与技术
安徽建筑大学	土木工程
闽南师范大学	中国语言文学
东华理工大学	测绘科学与技术、地质资源与地质工程、核科学与技术
齐鲁工业大学	计算机科学与技术
青岛农业大学	园艺学、水产
郑州轻工业大学	化学工程与技术、食品科学与工程
江汉大学	化学工程与技术
湖南工业大学	材料科学与工程
广东药科大学	中西医结合
广州美术学院	美术学、设计学

江汉大学化学工程与技术学科进入国务院学位委员会公示的2020年新增博士学位授权学科名单

优秀毕业生代表

黄高旭，化学与环境工程学院材料学专业2020届硕士研究生毕业生，在专业学习和学术研究方面都取得了骄人成绩。毕业之际连续在国际期刊发表研究论文3篇，申请发明专利4项，由于表现突出，荣获“江汉大学2020届优秀毕业生”和湖北省“长江学子”。同年，被华东理工大学录取为博士研究生。

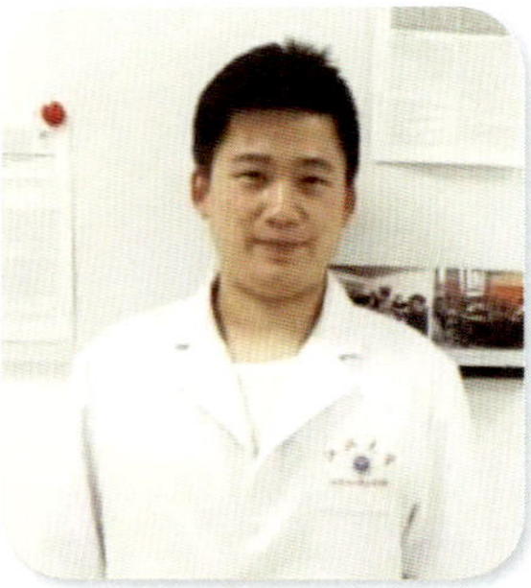

黄刚，化学与环境工程学院工业催化专业2021届硕士研究生毕业生。他无论是在专业学习还是学术研究上都取得了优异的成绩。他在国际期刊上发表SCI论文4篇，申请发明专利5项，另外还有2篇论文已完成初稿，1篇论文正在撰写之中。他还主持了1项研究生科研创新基金项目，参与了指导老师的国家自然科学基金及湖北省杰出青年基金等项目的研究工作。他先后荣获校研究生一等学业奖学金、武商励志奖学金及研究生国家奖学金等。2021年被武汉科技大学录取为博士研究生。

郭涵，2019届艺术硕士广播电视专业毕业生。2020年进入都柏林大学攻读博士学位，担任新华社驻爱尔兰分社实习记者，并作为爱尔兰前海洋与农业资源部部长 Frank Fahey 私人翻译，多次参与中国—爱尔兰文化教育交流活动，为推动两国文化教育交流作出贡献。

汤敏，2018届艺术硕士美术专业毕业生。毕业当年，基于个人喜好和偶然因素，走上了创业之路，经营第一家酒店“镇远时光里十二花居精品客栈”，2019年经营第二家酒店“时光里假日酒店”，2021年5月经营第三家酒店“H.Myway 白日梦酒店”，目前年营业额稳定在200万元以上。

戴湘文，2018届美术专业硕士研究生毕业生。在校期间荣获2017年研究生国家奖学金，创作作品1600余幅，其中速写1200余幅，油画400余幅，入选全国、省市、专业展览13次。举办个人画展联展5次，曾3次入选全国一级专业协会、中国美术家协会主办的全国美展，其中漆画作品《奥林光辉之胜利》入选第九届全国体育美展；漆画作品《世纪遗痕》入选首届全国青年漆画大展并获优秀作品奖；漆画作品《心迹图》入选中国美协主办的2017年中国厦门漆画展。戴湘文情系社会、情系母校，以实际行动来回报学校，为母校战“疫”防控而助力加油。他通过在互联网将自己创作的书画作品进行义卖，募集善款人民币2万多元，支持学校疫情防控工作。

3. 继续教育

教师培训基本情况

江汉大学继续教育学院，承担了为地方教师继续教育的职能，武汉市中学师资培训中心就设在这里。自江汉大学（筹）合并至2009年，江汉大学一直承担着武汉市教师培训任务。10年中为武汉市培训中学骨干教师10期3000人，每期为期半年的理论培训和实践研修；与华东师大合作进行为期1年半的学科带头人研修跟踪指导，所参与的对象正是现在的一批特级教师和名师；承担全市新教师培训、高中教师培训、湖北省新课程培训，省、市农村教师培训民办教师等各类教师培训近3万人；对武汉市区级培训机构进行业务指导和管理。为促进武汉市教育均衡发展和中学教师专业能力提升，作出了重要贡献。

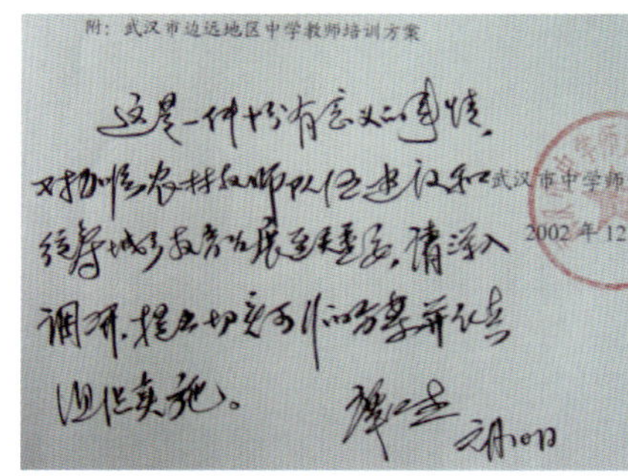

2003年1月，时任武汉市教育局局长谭仁杰批准农村教师培训方案

2003年，江汉大学承办湖北省新课程培训者省级研修培训班开学典礼

2007年，武汉市首届中小学学科带头人高级研修班

2008年，武汉市高中教师全员培训班开学典礼

2009年，武汉开发区中小学教师培训班开学典礼

农村教师培训首开先河

早在 2002 年，培训负责人深刻感受到城乡二元结构导致的农村教育资源相对贫乏，农村教师专业发展动力不足，农村孩子难以享受公平教育，农村教师走出来学习的机会太少。于是针对农村教师专项培训的方案就提了出来，很快市教育局谭仁杰局长批准。培训中心为提高培训针对性、实效性，组织培训者向外学习、深入一线调研，与教师面对面座谈交流，了解需求，在广泛听取各方意见的基础上形成了可操作性的培训实施方案。

2004 年暑期，为期 10 天面向农村中学教师的专项集中培训启动了，整个培训期间，参训的 1083 名教师积极性空前高涨，写下了 5000 多篇学习心得，取得了极大成功，在武汉在湖北产生了巨大影响！其培训经验为其后的湖北省 10 万农村教师素质提升工程积累了理论与实践上的宝贵经验。在全国首开先河，为全国农村教师专项培训提供了示范。100 期的《培训通讯》记录了每期各类培训学员心声。

2004 年，武汉市农村偏远地区中学教师培训班开学典礼现场

2005 年，学校承担湖北省中小学农村教师培训

2007 年，暑期湖北省·武汉市农村教师培训班开学典礼

2008 年，江汉大学暑期省、市级农村教师培训班开学典礼

江汉大学 2009 年武汉市农村中学教师培训班结业典礼

培训研究同步进行

农村教师培训是一项系统工程。将培训过程当作研究过程，负责本项目提出并组织实施的高双桂同志对此作了有益的探索和开创性的工作。她先后承担各级教师教育课题 20 余项，在实践的基础上总结研究形成一批理论成果，她撰写了全国第一本关于《农村教师培训的理论与实践》专著，发行 7000 册，为培训者提供了一部操作性很强的书籍。随后又相继出版了《百名农村教师谈农村教育》《农村课程资源的开发和利用》《有效课堂教学策略研究》等专著。为培训工作者将理论与实践紧密联系作出了有价值的探索，也带动了全国农村教师培训的实践和研究。为提升整个培训者队伍起到了很好的带动效应。

承担教育部课题

2005 年 11 月 3 日，教育部将“农村教师队伍建设对策研究”委托给江汉大学。为了使课题研究结果科学、有价值，我们邀请了部分高校、研究机构、培训机构的专家一起参与此项研究。课题信息发布后，得到了全国同行的积极响应。从 2005 年至 2009 年，全国有 90 个单位、25 个省、市、自治区 638 名科技工作者参与。课题组设计了一整套调研问卷，研究者深入到全国 47 个样本县、130 个乡镇、768 所中小学，对 36098 名中小学教师、51311 名学生进行问卷调查，座谈访问，收集整理出上千万个基础有效数据，在此基础上形成了调研报告。各参与单位还结合自身实际，形成了一批子课题研究成果。课题组还牵头合作开发了关于农村教师培训系列教材 23 本。其中高双桂、郭东歧老师所写《农村课程资源开发与利用》一书入选国家课程资源中心推荐目录。2009 年此课题被鉴定为：研究成果达到了同类国内领先水平。并获武汉市科技进步三等奖。

教育部《农村中小学教师队伍建设对策研究》课题组核心成员研讨会

2006 年，教育部《农村中小学教师队伍建设对策研究》课题研讨会

2006 年，农村教师队伍建设论坛

2007 年，全国农村教师队伍建设论坛暨教育部课题成果总结交流表彰会

2008 年，全国农村教师队伍建设论坛

2009 年，全国农村教师队伍建设论坛

效果和影响

课题研究引起广泛关注。课题成果通过《中国教育报》《农民日报》《新京报》《现代教育报》《长江日报》等 12 家有影响的平面媒体（初步统计）持续的关注和跟踪报道，中国教育电视台和几乎所有大网站都登载或发表了江汉大学研究信息，引起了社会对农村教育、农村教师队伍建设广泛关注。

推动了课题成果转换。直接推动武汉市、湖北省农村教师培训实践 12 万名，带动了全国农村教师培训相继启动。据不完全统计，此间全国各地农村教师专项培训达 100 万人之多。为农村教师专业化发展，促进农村教育发展起到了重要作用。

提高了培训工作者的研究能力。2007 年课题结题后，各成员单位和研究者不愿解散，要求进一步深度研究，一起创建《农村教师队伍建设论坛》平台，每年举办一次论坛会议，交流探讨实践中出现的新问题。此后课题组分别在北京、南京、内蒙古先后召开了四届大型论坛研讨会议，开创了与 90 个子课题组单位合作研究的范例，极大地提升了培训者的研究能力。

推动了政策制定。2007 年 3 月的“两会”，民进中央采用江汉大学调研成果形成提案。课题研究报告送到教育部后，领导们高度重视，所提出的政策建议被采纳，直接推动《国培计划》出台和有关农村教师队伍建设的相关政策制定。

分享成果。2009 年 10 月 25 至 29 日，受联合国教科文组织邀请，高双桂参加了在北京召开的九个人口大国基本文化学习的国际学术研讨会议，会上作为中国仅有的几名受邀专家，她与国外的同行进行交流和讨论，还将江汉大学在农村教育和培训研究方面的实践成果与各国与会者分享，受到各方关注，得到主办方的充分肯定。

"武汉舰"承载江大光荣

116 名官兵成为"海上课堂"毕业生。2008 年 12 月 26 日，中国海军"武汉舰"启程赴亚丁湾、索马里海域执行护航任务。该舰有 116 名官兵从江汉大学毕业，拿到了国家认可的大专文凭。江汉大学把大学教育办到军舰上，被《中国海军报》誉为"海上活动课堂"。

江汉大学继续教育学院于 2003 年 7 月与海军"武汉舰"开展成人学历教育办学，当时根据"武汉舰"官兵实际需要，开设了法律、计算机应用两个专业，共有 120 人参加学习，116 名学员如期毕业。两年来，计算机专业共开设 20 门课程，法律专业共开设 19 门课程，面授总学时达 1640 余个。

三、科学研究

江汉大学始终坚持科技创新发展理念，科研服务体系不断健全，崇尚学术、尊重人才的体制机制不断完善，自主创新能力不断提高。合并组建二十年来，江汉大学科研实现持续发展，近十年科研项目经费和高质量科研成果数量呈现指数级增长，特别是近几年在国家重点实验室、科技部重点研发计划项目、顶级期刊论文等方面取得新的重大突破，学校科研工作呈跨越式迅猛发展态势。

1. 发展历程

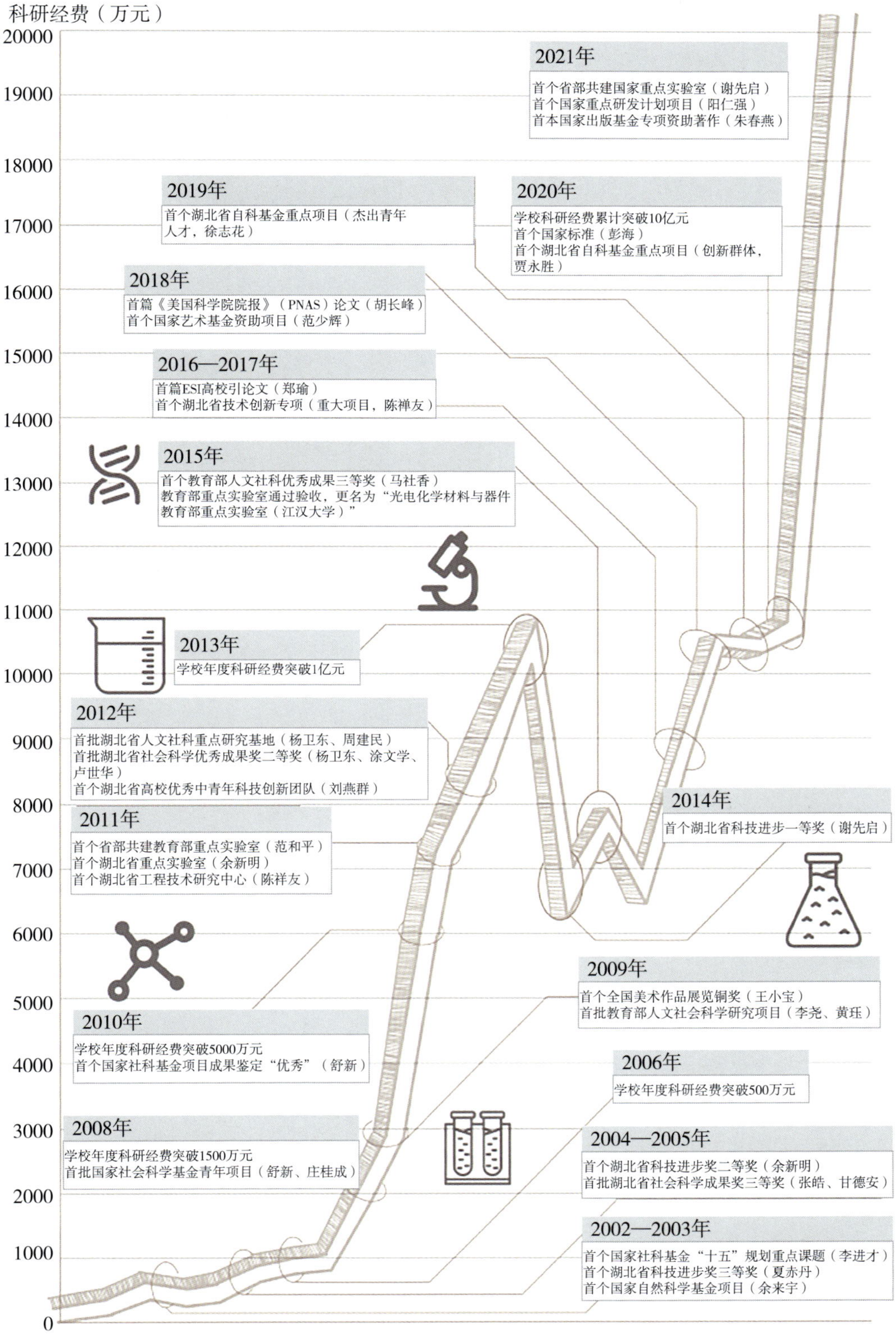

科研经费（万元）
20000
19000
18000
17000
16000
15000
14000
13000
12000
11000
10000
9000
8000
7000
6000
5000
4000
3000
2000
1000
0
2021年
首个省部共建国家重点实验室（谢先启）
首个国家重点研发计划项目（阳仁强）
首本国家出版基金专项资助著作（朱春燕）
2019年
首个湖北省自科基金重点项目（杰出青年人才，徐志花）
2020年
学校科研经费累计突破10亿元
首个国家标准（彭海）
首个湖北省自科基金重点项目（创新群体，贾永胜）
2018年
首篇《美国科学院院报》（PNAS）论文（胡长峰）
首个国家艺术基金资助项目（范少辉）
2016—2017年
首篇ESI高校引论文（郑瑜）
首个湖北省技术创新专项（重大项目，陈禅友）
2015年
首个教育部人文社科优秀成果三等奖（马社香）
教育部重点实验室通过验收，更名为“光电化学材料与器件教育部重点实验室（江汉大学）”
2013年
学校年度科研经费突破1亿元
2012年
首批湖北省人文社科重点研究基地（杨卫东、周建民）
首批湖北省社会科学优秀成果奖二等奖（杨卫东、涂文学、卢世华）
首个湖北省高校优秀中青年科技创新团队（刘燕群）
2011年
首个省部共建教育部重点实验室（范和平）
首个湖北省重点实验室（余新明）
首个湖北省工程技术研究中心（陈祥友）
2014年
首个湖北省科技进步一等奖（谢先启）
2009年
首个全国美术作品展览铜奖（王小宝）
首批教育部人文社会科学研究项目（李尧、黄珏）
2010年
学校年度科研经费突破5000万元
首个国家社科基金项目成果鉴定“优秀”（舒新）
2006年
学校年度科研经费突破500万元
2008年
学校年度科研经费突破1500万元
首批国家社会科学基金青年项目（舒新、庄桂成）
2004—2005年
首个湖北省科技进步奖二等奖（余新明）
首批湖北省社会科学成果奖三等奖（张皓、甘德安）
2002—2003年
首个国家社科基金“十五”规划重点课题（李进才）
首个湖北省科技进步奖三等奖（夏赤丹）
首个国家自然科学基金项目（余来宇）

2. 国家重点实验室

江汉大学省部共建精细爆破国家重点实验室于 2021 年 9 月 7 日获批（国科办基〔2021〕118 号），是我国第一家聚焦民用领域工程爆破理论与技术的应用基础类国家重点实验室。实验室以国家和湖北省重大科技需求和战略目标为导向，围绕“爆破作用机理与分析测试技术”“爆破效应精细控制理论与技术”“智能爆破新材料与新技术”三个研究方向，推进高水平基础理论研究和应用基础研究，在精细爆破理论与技术方面取得具有国际影响力的原创性、前瞻性和系统性成果，为我国城市更新、矿产资源开采、重大基础设施建设、特种材料制造加工等领域所面临的爆炸能量高效利用与精细调控问题提供科学和技术支撑。

中国工程院院士　谢礼立

中国工程院院士　谢先启

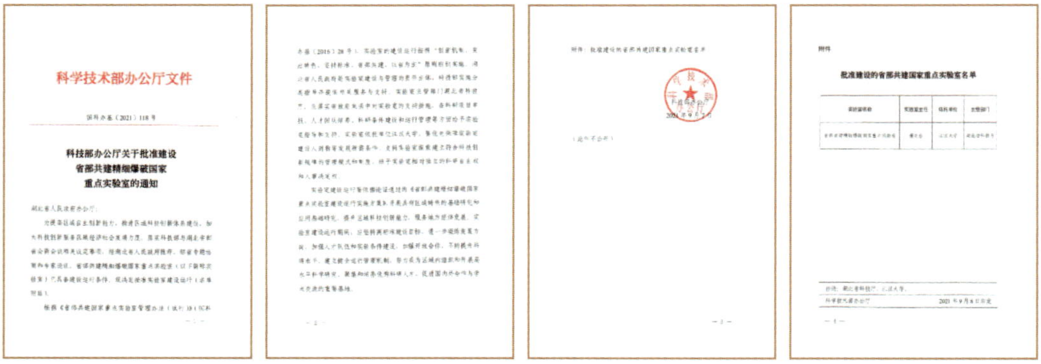

科学技术部办公厅文件

国科办基〔2021〕118 号

科技部办公厅关于批准建设省部共建精细爆破国家重点实验室的通知

批准建设的省部共建国家重点实验室名单

实验室现有固定人员 76 名，包括全职院士 2 名、双聘院士 1 名、国务院政府特殊津贴专家 3 人。室内实验室建筑总面积约 14690 平方米，拥有相关研究必需的主要仪器和设备，总值超过 1 亿元。近年来，实验室累计完成国家自然科学基金资助项目和国家重点研发计划资助课题 70 余项，省部级科研项目和产学研课题 100

国家重点实验室（科创大楼）效果图

余项，获各类科研经费 9000 余万元；获国家科技进步二等奖 2 项，省部级科技奖励 14 项；发表学术论文 500 余篇，主编和参编国家标准 5 项，出版专著 43 部，获国家授权发明专利 100 余项、软件著作权 12 项、国家级工法 3 部、省级工法 8 部；主要科研成果实现转化，直接经济效益超过 10 亿元，为国家和湖北省经济社会发展发挥了重要作用。

3. 科研平台和团队

建有各类高水平科研平台 84 个，其中国家重点实验室 1 个，省部级科研平台 20 个。涌现了一批湖北省自科基金重点项目创新群体、湖北省科技创新团队等稳定的优秀科研团队。特别是近三年，实现了国家重点实验室的突破，获批 7 个省重点实验室等省级科研平台，极大地提升了学校科研创新的实力。

科研平台（部分）

序号	机 构 名 称	负责人	批 准 部 门	批准文件
1	省部共建精细爆破国家重点实验室	谢先启	科技部	国科办基〔2021〕118 号
2	光电化学材料与器件教育部重点实验室	刘继延	教育部	教技函〔2011〕82 号
3	工业烟尘污染控制湖北省重点实验室	石　零	湖北省科技厅	鄂科技函〔2011〕187 号
4	爆破工程湖北省重点实验室	谢先启	湖北省科技厅	鄂科技发基〔2019〕1 号
5	持久性有毒污染物环境与健康危害湖北省重点实验室	梁　勇	湖北省科技厅	鄂科技发基〔2019〕1 号
6	湖北省豆类（蔬菜）植物工程技术研究中心	陈禅友	湖北省科技厅	鄂科技通〔2011〕101 号
7	湖北省汉江流域特色生物资源保护、开发与利用工程技术研究中心	曾长立	湖北省科技厅	鄂科技发条〔2019〕3 号
8	武汉语言文化研究中心湖北省人文社科重点研究基地	庄桂成	湖北省教育厅	鄂教科函〔2012〕53 号
9	武汉城市圈制造业发展研究中心湖北省人文社科重点研究基地	邹　蔚	湖北省教育厅	鄂教科函〔2012〕53 号
10	江汉大学城市研究中心湖北省人文社科重点研究基地	涂文学	湖北省教育厅	鄂教科函〔2016〕27 号
11	柔性显示材料与技术湖北省协同创新中心	刘继延	湖北省教育厅、湖北省财政厅	鄂教科函〔2012〕56 号
12	湖北省食用豆类植物自然科技资源中心	陈禅友	湖北省科技厅	鄂科技通〔2015〕23 号
13	湖北省校企共建起重安全智控研发中心	章　红	湖北省科技厅	鄂科技发条〔2013〕12 号

续表

序号	机 构 名 称	负责人	批 准 部 门	批准文件
14	湖北曲艺研究省非物质文化遗产研究中心	庄桂成	湖北省文化厅、湖北省教育厅	鄂文化办〔2013〕38 号
15	柔性光电材料与技术学科创新引智基地	王洪波	湖北省科技厅	2019 年
16	湖北省健康代糖产品企校联合创新中心	王亚珍	湖北省科技厅	鄂科技发重〔2020〕 29 号
17	湖北省环保型汽车油管智能制造企校联合创新中心	刘　霞	湖北省科技厅	鄂科技发重〔2020〕29 号
18	湖北省气体净化企校联合创新中心	米　铁	湖北省科技厅	鄂科技发重〔2020〕29 号

科研团队（部分）

序号	项目类别	团队名称	团队负责人	批准单位	批准文号
1	湖北省自科基金重点项目创新群体	建筑物爆破拆除钢筋混凝土破坏机制	贾永胜	湖北省科学技术厅	鄂科技发资〔2020〕15 号
2	湖北省高校优秀中青年科技创新团队	武汉地区持久性有机污染物的环境行为及对人体健康的危害	刘燕群	湖北省教育厅	鄂教科函〔2012〕19 号
3	湖北省高校优秀中青年科技创新团队	环境友好光电化学材料	刘继延	湖北省教育厅	鄂教科函〔2013〕5 号
4	湖北省高校优秀中青年科技创新团队	生物质能高效转化及污染控制	米　铁	湖北省教育厅	鄂教科函〔2014〕6 号
5	湖北省高校优秀中青年科技创新团队	豆类蔬菜植物研究与应用	陈禅友	湖北省教育厅	鄂教科函〔2015〕4 号
6	湖北省高校优秀中青年科技创新团队	环境监测新技术研究与应用	丁建军	湖北省教育厅	鄂教科函〔2016〕12 号
7	湖北省高校优秀中青年科技创新团队	光电功能超分子聚合物	王洪波	湖北省教育厅	鄂教科办〔2017〕4 号
8	湖北省高校优秀中青年科技创新团队	智能交通和物流的优化与决策	刘　霞	湖北省教育厅	鄂教科〔2018〕5 号
9	湖北省高校优秀中青年科技创新团队	柔性显示用光电聚合物及有序微纳结构加工技术	刘学清	湖北省教育厅	鄂教科〔2019〕8 号
10	湖北省高校优秀中青年科技创新团队	环境分析化学和环境毒理学	梁　勇	湖北省教育厅	鄂教科函〔2020〕15 号
11	湖北省高校优秀中青年科技创新团队	长江鱼类多样性保护	熊　飞	湖北省教育厅	鄂教科函〔2020〕15 号

4. 科研项目和经费

江汉大学合并组建二十年来，获批各类科研项目 6000 余项，科研经费累计 10.38 亿元。近十年，国家级科研项目数量和科研经费大幅增长，获批国家级科研项目 216 项，科研经费累计 9.16 亿元，分别是合并前十年的 14 倍和 13 倍。其中：国家重点研发计划专项（阳仁强团队）、国家重点研发计划课题（梁勇团队）、国家社科基金重大招标课题（李卫东团队）等高层次项目主持立项均取得突破，极大提升了学校高水平基础理论研究和应用基础研究水平。

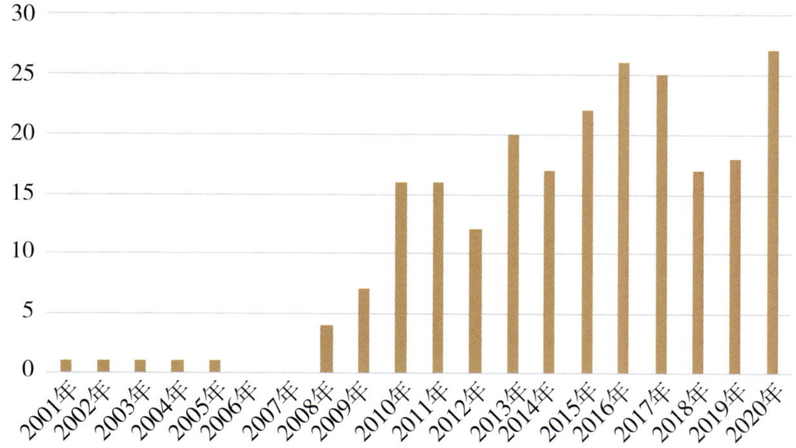

2001—2020 年获批国家级科研项目一览表

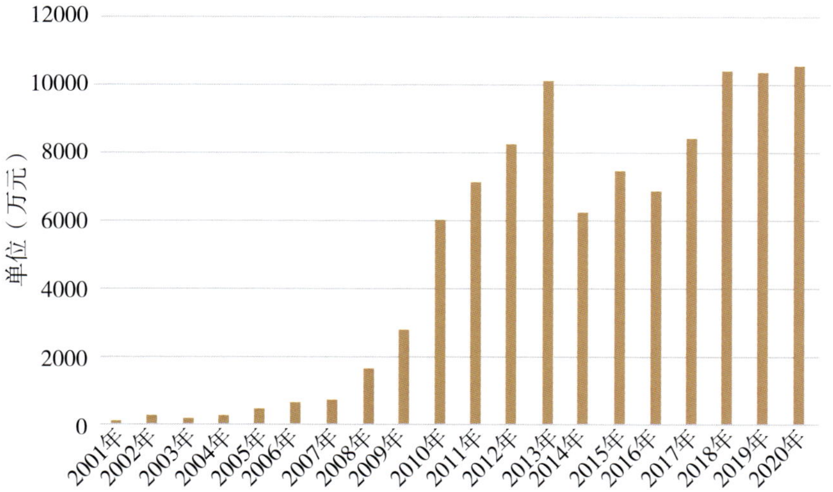

2001—2020 年学校年度科研经费一览表

5. 科研成果与奖励

高质量科研成果实现跨越式增长。近十年，发表学术论文被 SCI/EI/CPCI 三大检索收录 4200 余篇次，获知识产权授权 2600 余项，其中发明专利 426 项，分别是合并前十年的 15 倍、25 倍和 18 倍。

刘继延团队成果“高性能柔性显示用聚酰亚胺基板材料（PI）技术”打破国外垄断，实现技术转化，推动了我国柔性显示产业的健康可持续发展。彭海团队原创发明 MNP 标记法鉴定技术，主导制定了 3 项国家标准，为国家实质性派生品种制度出台、海南自由贸易港种业战略实施、《种子法》品种权保护提供了技术支撑。胡长峰团队在 PNAS 上发表的原创性成果“单细胞真核生物中转录水平调控纤毛基因表达的分子机理”解决了困扰该领域科学家近半个世纪的科学问题。涂文学教授、舒新教授等主持完成的一批国家社科基金年度项目成果以最高鉴定级别结题。高质量的原创科研成果不断涌现，学校科研水平持续显著提升。

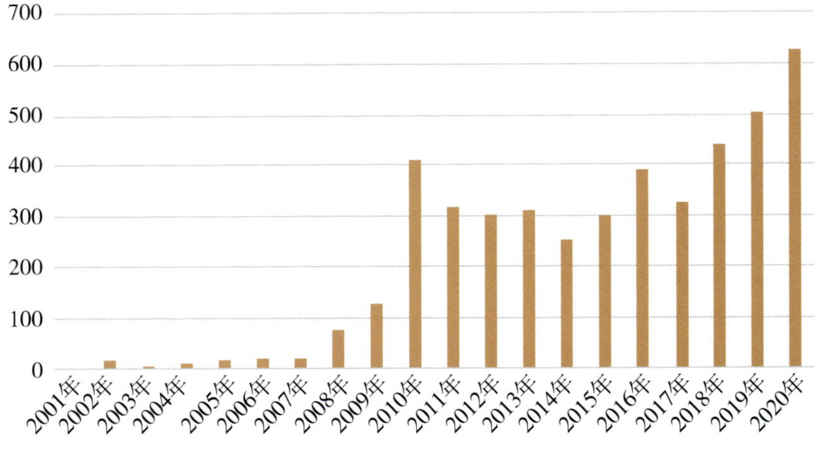

2001—2020 年论文被 SCI\EI\CPCI 等三大检索收录篇次一览表

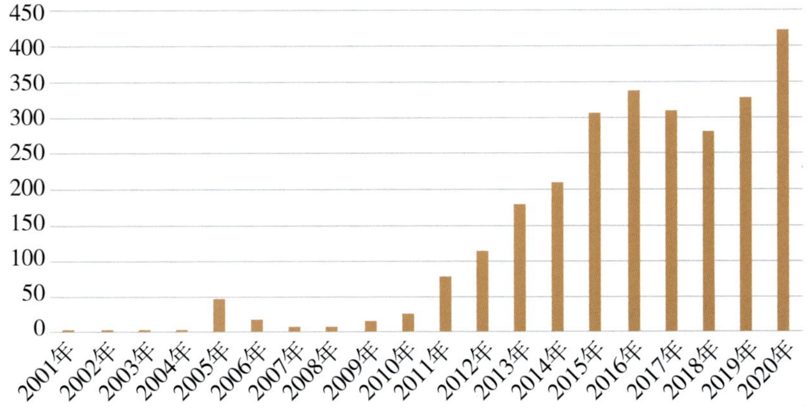

2001—2020 年获知识产权授权项数一览表

近十年来，国家科技进步奖、国家一级协会科技进步特等奖、教育部高等院校科学研究优秀成果奖、湖北省科技进步一等奖均取得突破。

自科类科研成果获奖（部分）一览表

序号	奖项	成 果 名 称	完成人	年度
1	国家科技进步奖二等奖	建（构）筑物拆除定向爆破关键控制技术与工程应用	谢先启、贾永胜等	2012
2	国家科技进步奖二等奖	爆破工程作业安全和有害效应控制关键技术与应用	谢先启、贾永胜等	2011
3	湖北省科技进步奖一等奖	复杂环境下城市超长高架桥精细爆破拆除关键技术与应用	谢先启、贾永胜等	2014
4	湖北省科技进步奖一等奖	精细爆破	谢先启、贾永胜等	2010
5	湖北省科技进步奖一等奖	拆除爆破中结构倒塌的网格实体模型仿真模拟技术与触地振动效应预测方法研究	谢先启、贾永胜等	2009
6	湖北省科技进步奖二等奖	覆膜滤料高效袋式除尘器应用	余新明等	2018
7	湖北省科技进步奖二等奖	豇豆新品种选育	陈禅友等	2011
8	湖北省科技进步奖二等奖	布袋收尘穿漏报警系统的研究	余新明等	2005
9	湖北省科技进步奖二等奖	复杂环境下城市建（构）筑物控制爆破拆除技术研究	谢先启、贾永胜等	2004
10	湖北省科技进步奖三等奖	赤龙湖国家湿地公园植物彩色图谱	董元火等	2020
11	湖北省科技进步奖三等奖	呼吸气道疾病基础与临床创新	李承红等	2019
12	湖北省科技进步奖三等奖	气相色谱法快速分离检测食品中有毒有害物质仿真技术与应用	胡思前等	2017
13	湖北省科技进步奖三等奖	夏枯草优质野生种质资源的筛选及推广应用	董元火等	2017
14	湖北省科技进步奖三等奖	GRP78 在雌激素介导的胃癌细胞增殖中的作用机制	付政祺等	2017
15	湖北省科技进步奖三等奖	电子产品用新型高效环保阻燃剂的研制	刘继延等	2016
16	湖北省科技进步奖三等奖	生物质气化过程焦油裂解催化剂及其催化裂解反应器	米铁等	2014
17	湖北省科技进步奖三等奖	菊花耐热种质创新与应用	蒋细旺等	2013

续表

序号	奖项	成果名称	完成人	年度
18	湖北省科技进步奖三等奖	多型号晒图机聚四氟乙烯滤网的研究与应用	胡思前等	2012
19	湖北省科技进步奖三等奖	地方鹅与朗德鹅杂交提高肥肝鹅繁殖性能的研究	王晓明等	2012
20	中国爆破工程协会特等奖	拆除爆破网格实体模型仿真模拟技术与触地振动效应预测方法研究及工程应用	谢先启、贾永胜等	2008
21	中国爆破工程协会一等奖	100米以上高烟囱双向折叠定向倾倒拆除爆破综合技术	谢先启、贾永胜等	2004
22	中国爆破工程协会一等奖	150m以上钢筋混凝土高烟囱爆破拆除定向控制技术	谢先启、贾永胜等	2008
23	中国爆破工程协会一等奖	19层框剪双向三折爆破拆除	谢先启、贾永胜等	2008
24	中国爆破工程协会一等奖	爆破振动对新浇混凝土影响的研究	谢先启、贾永胜等	2010
25	中国爆破工程协会一等奖	城市高架桥精细爆破拆除的设计理论、关键技术和工程应用	谢先启、贾永胜等	2014

人文社科类科研成果获奖（部分）一览表

序号	奖项	成果名称	完成人	年度
1	第七届高等院校科学研究优秀成果奖三等奖	中国农业合作化运动口述史	马社香	2015
2	湖北省第十二届社会科学优秀成果奖二等奖	《近代汉口市政研究（1861—1949）》	方秋梅	2020
3	湖北省第九届社会科学优秀成果奖二等奖	中国接受俄国文论研究（系列论文）	庄桂成	2015
4	湖北省第九届社会科学优秀成果奖二等奖	中国农业合作化运动口述史	马社香	2015
5	湖北省第八届社会科学优秀成果奖二等奖	城市早期现代化的黄金时代	涂文学	2012
6	湖北省第八届社会科学优秀成果奖二等奖	元代平话研究——原生态的通俗小说	卢世华	2012
7	湖北省第八届社会科学优秀成果奖二等奖	试论第三轮国企改革	杨卫东	2012
8	湖北省第十二届社科优秀成果奖三等奖	武汉沦陷史	涂文学	2020

续表

序号	奖项	成 果 名 称	完成人	年度
9	湖北省第十届社会科学优秀成果奖三等奖	承袭与僭越：中国共产党对社会民主党及民主社会主义的认知里程	舒 新	2016
10	湖北省第十届社会科学优秀成果奖三等奖	中国共产党的国家发展战略研究	李腊生	2016
11	湖北省第十届社会科学优秀成果奖三等奖	民生财政视域下的民生体育发展研究	李 丽	2016
12	湖北省第九届社会科学优秀成果奖三等奖	跨境教育研究	兰 军	2015
13	湖北省第九届社会科学优秀成果奖三等奖	控股股东超控制权收益的成因与规制研究	刘立燕	2015
14	湖北省第八届社会科学优秀成果奖三等奖	“80 后”写作与青年亚文化（系列论文）	苏文清	2012
15	湖北省第八届社会科学优秀成果奖三等奖	武汉工业发展研究报告 2009	梁 东	2012
16	湖北省第七届社会科学优秀成果奖三等奖	武汉城市圈发展研究（调研报告）	杨卫东	2010
17	湖北省优秀调研成果二等奖	基于赛车的武汉体育时尚产业发展研究	夏宏武	2018
18	湖北省发展研究奖三等奖	武汉市生活垃圾分类体系运行现状、存在问题和对策研究	胡思前	2021
19	湖北省发展研究奖三等奖	武汉城市圈发展研究（调研报告）	杨卫东	2010
20	湖北省发展研究奖三等奖	武汉上市企业发展的现状、问题与对策	杨 波	2018

6. 优秀科研工作者

张应天

国务院政府特殊津贴专家，首届“中国医师奖”“全国优秀教师”“全国先进工作者”“第三届湖北省优秀科技工作者”。

余新明

二级教授，获全国模范教师、武汉市有突出贡献中青年专家武汉市劳动模范、武汉五一劳动奖章等荣誉称号，享受国务院政府特殊津贴及武汉市政府专项津贴。主持国家、省、市重点科研课题10余项；获省市科技、教学成果奖12项，其中湖北省科技进步二等奖2项、省级科技进步三等奖5项、湖北省高等学校教学成果三等奖1项、武汉市科技进步二等奖2项，武汉市科技进步三等奖2项；获发明专利12项、实用新型专利17项；6项专利技术实现转化，多项科研成果得到推广应用，取得了良好的经济、社会和环境效益，获“第三届湖北省优秀科技工作者”称号。

陈禅友

二级教授，长期从事植物研究和教学工作，先后主持承担国家、省部级项目20余项，获湖北省科技进步二等奖等科技奖励6项，湖北高校十大科技成果转化项目提名奖1项，国家发明专利10余项， 在国内外学术刊物上发表论文100余篇。先后育成豆类蔬菜新品种11个，通过工程化推广应用，产生社会经济效益5亿多元，获“第二届湖北省科普先进工作者”称号。

董元火

教授，主持国家自科基金项目2项，湖北省自科基金项目2项以及多项横向项目。 近5年先后获得3项湖北省科技进步三等奖，1项科技成果达到国际先进水平。发表学术论文40余篇，授权发明专利3项，出版专著1部，获“第五届湖北省科普先进工作者”称号。

7. 8个“一”

《科技日报》近期系列报道我校主要科研成果

“一条鱼”克隆复生

——江汉大学系列报道之一

孙超 刘曙甲 刘志伟

瞄准当代科技前沿 紧贴武汉发展脉络

一条鱼：余来宁

“一把刀”济世救人

——江汉大学系列报道之二

孙超 刘曙甲 刘志伟

瞄准当代科技前沿 紧贴武汉发展脉络

一把刀：张应天

“一部史”填补空白

——江汉大学科研工作系列报道之三

瞄准当代科技前沿 紧贴武汉发展脉络

一部史：涂文学

“一条袋”变废为宝

——江汉大学科研工作系列报道之四

瞄准当代科技前沿 紧贴武汉发展脉络

一条袋：余新明

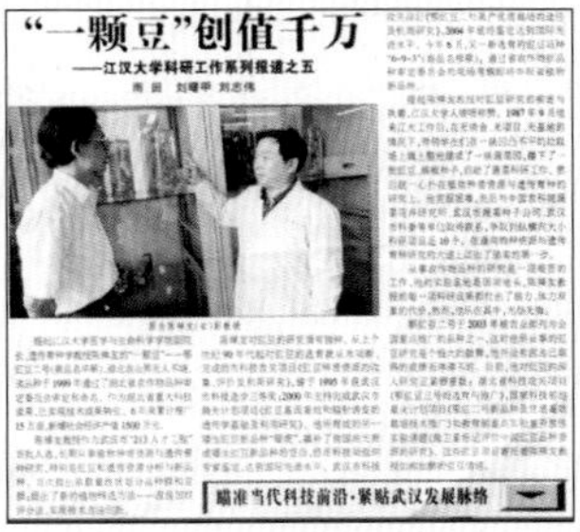

“一颗豆”创值千万

——江汉大学科研工作系列报道之五

瞄准当代科技前沿·紧贴武汉发展脉络

一棵豆：陈禅友

“一套机”前景广阔

——江汉大学科研工作系列报道之六

瞄准当代科技前沿 紧贴武汉发展脉络

一套机：范超毅

“一幅画”写意人生

——江汉大学系列报道之七

瞄准当代科技前沿 紧贴武汉发展脉络

一幅画：王心耀

“一枝花”造福社会

——江汉大学系列报道之八

瞄准当代科技前沿 紧贴武汉发展脉络

一枝花：蒋细旺

四、社会服务

学校肩负为武汉经济社会发展服务的历史责任与使命担当，立足武汉、服务湖北、面向全国，在科研转化、区域合作、精准扶贫、抗疫防控、社区互助、托管共建、规划评估、翻译推广、志愿服务等方面贡献力量。学校累计为社会培养各类人才 17 万余人，大批优秀校友成为技术骨干、行业翘楚、社会精英。武汉车谷江大女足获 2020 年女超联赛冠军，这也是武汉体育三大球历史上的第一个顶级联赛冠军。

1. 合作共建（江大女足）

2001 年 3 月，江汉大学联合武汉市足协、武汉证券公司共同出资，注册成立了“武汉江汉大学女子足球俱乐部”，并在此后多次参加全运会、大运会和女足联赛。

2005 年 10 月，江大女足代表湖北省参加第十届全运会获得成年女足比赛第八名，创造了湖北省成年女子足球的历史最好成绩。

2008 年 9 月，在市政府的支持下，武汉体育中心与江汉大学共建俱乐部，江大女足再次与企业联姻。

2014 年 11 月开始，原俱乐部改制成为职业俱乐部，成立武汉车都江大女子职业足球俱乐部，正式走上职业化道路，由江汉大学、武汉体育中心、武汉市足球协会共建。

2017 年 9 月，江大女足代表湖北省参加第 13 届全运会女足比赛获得第 5 名，再次创造湖北女足历史最好成绩。

2017 年 10 月，江大女足荣获中国女子足球甲级联赛冠军，提前一轮冲超成功。

2019 年 4 月 7 日，中国足协女子协会杯四分之一决赛中，武汉车都江大女足历史性挺进四强。

2019 年 5 月 27 日，原武汉车都江大女足队员、法甲巴黎圣日耳曼队球员王霜及武汉车都江大女足俱乐部队员吴海燕、林宇萍、刘艳秋、王莹、姚伟入选 2019 法国世界杯 23 人大名单。

2020 年 10 月 11 日，2020 年女超联赛决赛中，武汉车都江大女足 4 球大胜上赛季冠军江苏苏宁，获得女超联赛冠军，这是武汉车都江大女足历史上首次获得女超联赛的冠军，也是武汉体育三大球历史上的第一个顶级联赛冠军。

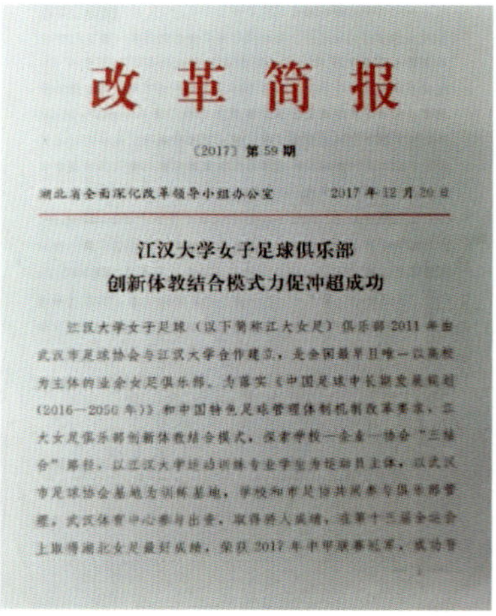

改革简报

（2017）第 59 期

湖北省全面深化改革领导小组办公室　　2017 年 12 月 20 日

江汉大学女子足球俱乐部
创新体教结合模式力促冲超成功

江汉大学女子足球（以下简称江大女足）俱乐部 2011 年由武汉市足球协会与江汉大学合作建立，是全国最早且唯一以高校为主体的业余女足俱乐部。为落实《中国足球中长期发展规划（2016—2050 年）》和中国特色足球管理体制机制改革要求，江大女足俱乐部创新体教结合模式，探索学校—企业—协会“三结合”路径，以江汉大学运动训练专业学生为运动员主体，以武汉市足球协会基地为训练基地，学校和市足协共同参与俱乐部管理，武汉体育中心参与出资，取得骄人成绩，在第十三届全运会上取得湖北女足最好成绩，荣获 2017 年中甲联赛冠军，成功晋

2021 年 11 月 30 日，2021 中国足球协会女子超级联赛决赛上，武汉车谷江大女足 2 ∶ 1 逆转江苏女足成功卫冕冠军。武汉市人民政府致贺信称赞江大女足“此次夺冠是武汉职业体育三大球历史上首个卫冕冠军，创造了新的历史，展示了奋发向上、勇攀高峰的精神风貌，为我市人民赢得了荣誉”。

2022 年 2 月 6 日，中国女足时隔 16 年再夺亚洲杯冠军，以永不放弃的顽强拼搏向世界诠释了“中国精神”的丰富内涵，其中 5 名主力队员来自武汉车谷江大女足。

2022 年 11 月 4 日，武汉车谷江大女足提前 4 轮夺得中超联赛冠军，实现联赛“三连冠”。

江大女足运动员王霜荣获亚洲足球小姐

王霜，1995年生，武汉籍球员，武汉车谷江大女足队员，2018年11月28日被授予亚洲足球小姐奖，历史上第4位获此殊荣的中国球员。

2. 研究机构（中国社会工作实务研究院）

2012年4月13日，江汉大学与中国社会工作协会联合创办的专业社会工 作本土化实践研究机构——中国社会工作实务研究院揭牌成立。

研究院立足我国社会工作实践，整合国内社会工作实务研究资源，积极承担实务研究项目，先后完成省部级课题10余项，其他委托课程20余项，主要研究成果均获采纳；举办全国性社会工作实务论坛10余期；编制的《中国社会工作实务报告》产生了广泛的行业影响力。一大批实务研究成果在社会治理创新实践中推广应用。

3. 武汉楚馨（社会工作服务中心）

2011年，学校与武汉市民政局共同扶持成立的湖北省首家具有独立民办非企业法人资格的专业社工服务机构。中心为中国社会工作联合会理事单位、湖北省社会工作联合会副会长单位、武汉市社会工作联合会副会长单位、全国社工实务创新基地、湖北省首家承接中央财政支持公共服务项目的专业社工机构。中心依托法学院专业力量，以武汉为核心，服务辐射宜昌、襄阳、恩施、十堰、荆州、荆门、黄冈、咸宁、鄂州、仙桃、天门等地，在社区治理创新、社区工作者能力提升、社会组织培育、志愿者队伍建设、公益服务项目督导评估以及关爱老年人、残疾人、妇女儿童、失独家庭、困境青少年、流浪人群等领域提供专业服务，荣获“全国百强社工机构”“中国社会工作发展基金会优秀公益合作伙伴”“武汉市工人先锋号”等荣誉称号。

楚馨社工中心专业服务受到各级各类媒体关注，产生广泛社会影响

楚馨社工中心被中国社工协会授予全国“社会工作实务创新基地”荣誉称号

楚馨社工中心“失独老人社工关爱服务项目”荣获武汉市首届“美丽武汉大爱江城”十佳公益项目

民政部副部长宫蒲光同志调研楚馨社工参与党建引领基层社会治理创新工作

4. 领军人物

2014年法学院副院长、武汉楚馨社会工作服务中心总干事赵立新被民政部评定为“首批全国专业社会工作领军人才”。2011年赵立新发起创办了湖北省首家专业社会工作机构——武汉楚馨社会工作服务中心并担任法定代表人。他带领团队开展的专业社工服务立足武汉、辐射省内所有地市州，为我省社会工作事业发展和社会治理体制创新作出了突出贡献，主持“失独老人关爱服务项目”获首届“美丽武汉 大爱江城”公益项目大赛十佳项目、“服刑人员未成年子女防辍学小桔灯计划”获中央财政和公益基金支持，多个服务案例获评“民政部优秀案例”和“全国百优案例”，团队成员3人获“中国最美社工”、2人获“中国百名社工人物”、3人获“武汉市黄鹤英才计划社会工作专项人才”、1人获武汉市“五四青年奖章”等荣誉称号，新冠疫情期间和疫后，他带领团队面向病患家庭和社区工作者的社会心理支持社工服务项目获民政部、中国社会工作发展基金会专项基金以及阿里公益基金等资助支持。其本人作为专家组组长主持起草了《武汉市志愿服务条例》《武汉市爱国

卫生工作条例》等地方法规，作为主要执笔人起草了环保部《国家环境保护环境与健康工作办法》，主持完成“农村留守老人关爱服务体系建设”等民政部政策理论研究项目，主持《法律援助》社会实践课程获批国家级一流社会实践课程。

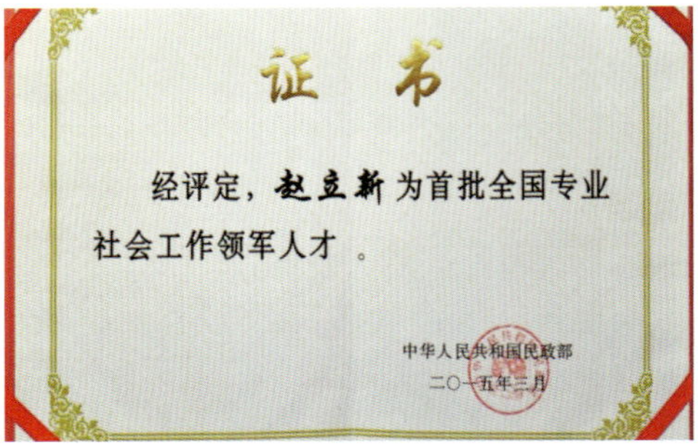

5. 博士服务团

2015 年 3 月 13 日，湖北省委组织部、团省委联合召开湖北省“博士服务团”第三批总结表彰暨第四批动员培训会，会议表彰了全省 22 个“博士服务团”工作先进单位、32 名先进个人。学校继 2014 年获得“第二批‘博士服务团’工作先进单位”后，2015 年蝉联此项殊荣。生命科学学院教师徐媛被授予“第三批‘博士服务团’工作先进个人”。

徐媛，江汉大学生命科学学院讲师，挂职任湖北炎帝农业科技股份有限公司（随县）副总经理。作为第三批博士服务团里最年轻的小姑娘，徐媛的经验停留在实验室阶段，在设备选型等方面缺乏历练。得益于长期从事一线生产工作的前辈们的悉心帮助，她成功研发出香菇罐头和香菇脆片加工工艺，并顺利投入生产。投产后香菇罐头和香菇脆片年产值分别达到 4000 万元和 5000 万元，为企业带来巨大的收益。

6. 先进高校

2012 年，学校被中共湖北省委办公厅湖北省人民政府办公厅授予“服务湖北经济社会发展先进高校”称号。

7. 战略合作

与长江新城、中科院生态环境研究中心合作共建

学校与长江新城管委会、中国科学院生态环境研究中心共同签署《武汉长江新城管委会——中国科学院生态环境研究中心——江汉大学战略合作框架协议》，助力长江新城生态环境保护。

与东湖高新区战略合作

江汉大学与东湖高新区签订战略合作协议，在人才培养、科学研究和社会服务、区校人才交流等方面开展全面合作。

东湖高新区党工委书记程用文、学校党委书记李强出席签约仪式。学校校长张幸平与东湖高新区管委会主任刘子清代表双方签约。

8. 翻译服务

江汉大学 10 余名教师组成专班继续承担《长江周报》29 期十万字、《长江周报》50 期十万字的英文翻译工作，受到有关部门和外国友人的好评。

Changjiang Weekly

Youth Sports Summer Camp starts

Changjiang Weekly

New semester, new start

Changjiang Weekly

Archery in Wuhan Games

9. 志愿服务（军运会）

举全校之力助力第七届世界军人运动会

江汉大学共 4321 名志愿者服务于军运会，参与学生 69350 人次。

2019 年 10 月 18 日晚 8 点，在武汉体育中心第七届世界军人运动会开幕式上，1400 名志愿者，800 名标兵，103 名合唱队员，60 名舞蹈队员，2 名中国队和伊朗队引导员，还有作为火炬手的江大女足主力队员王霜。江汉大学共 4321 名志愿者服务于军运会，是提供志愿服务人员最多、服务类别最多、训练周期最长的高校。

为军运会提供一流的办赛环境

江汉大学体育馆承接第七届军人运动会男排和女排赛事。

2019 年 10 月 16 至 17 日中国女排小组赛在江大体育馆举行，开军运会比赛头炮。19 至 26 日的男排赛事期间，中国、巴西、法国、韩国等 10 支队伍参赛，进行了 29 场比赛。

中国女排小组赛

男排赛事

2019年10月26日，第七届世界军人运动会男子排球赛事在江大体育馆圆满收官，中国男排夺得冠军。“在这里比赛我们感觉很享受，有一流的场馆和环境，有专业的赛事组织和热情周到的志愿服务。感谢江汉大学！”中国队主教练陈方在赛后新闻发布会上道别致谢。中央军委训练管理部军事体育训练中心、八一排球队发来感谢信：始终秉持先进的办赛理念，提供卓越的竞赛条件，充分兑现了“办赛水平一流”的承诺。

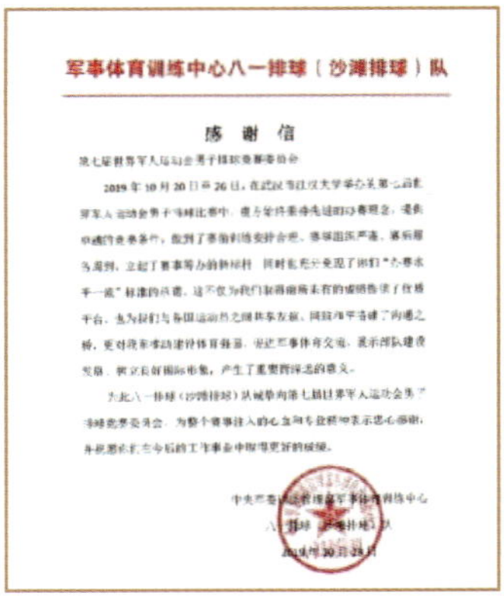
军事体育训练中心八一排球（沙滩排球）队

感谢信

江汉大学公安、武警、消防等部门以及军运会期间驻扎学校的部队、公安、武警、消防等提供后勤保障

江汉大学为部队提供了后勤保障，被武汉市公安局授予“第七届世界军人运动会安保工作先进集体”称号，龚正保等10名同志被授予先进个人称号。武警湖北总队襄阳支队军运安保任务执勤部队也来校赠送了“军队打胜仗 人民是靠山”的锦旗。

江汉大学体育馆承接第七届世界军人运动会男子排球测试赛

2019年8月29日至8月31日，第七届世界军人运动会男子排球测试赛在江汉大学体育馆举行。为期三天的测试赛包括湖北、浙江、上海等4支男排代表队进行了6场单循环赛。

10. 成果转化

如何发挥高校人才集聚地、智慧策源地的优势，勇担先锋重任，打通学术界与企业界的资源壁垒，凝练学科优势对社会经济形成切实的服务与拉动？江汉大学以实际行动给出答案——自获批“东湖国家自主创新示范区科技成果转化股权激励试点高校”以来，江汉大学党委、行政高度重视，将科技成果转化工作纳入学校每年的工作要点。通过一系列改革、激励与服务举措，科研成果转化成效卓著、硕果累累。

典型案例
项目 1　精细爆破技术及推广应用
项目 2　柔性显示基板材料浆料的产业化
项目 3　MNP 标记技术研发及产业化
项目 4　络合铁脱硫环保技术推广及产业化
项目 5　挠性高密度覆铜板的研发及产业化
项目 6　“江大紫”系列蔬果新品种开发
项目 7　厚板窄间隙焊机产业化
项目 8　环保型无苯动车腻子的研发及产业化
项目 9　生物质热解气化专利技术研发及产业化
项目 10　“易智行”大数据智能交通信号灯控制平台

精细爆破技术及推广应用

谢先启院士领衔创建“精细爆破国家重点实验室”

贾永胜教授向院士、专家介绍成果应用情况

武汉王家墩商务区 2 栋 19 层楼房“定向三次折叠”爆破拆除

武汉市汉口滨江国际商务区 19 栋楼房爆破拆除工程

武汉沌阳高架桥爆破拆除工程

柔性显示基板材料浆料的产业化

刘继延教授团队研发的柔性显示基板材料项目产业化

柔性 AMOLED 屏成功点亮

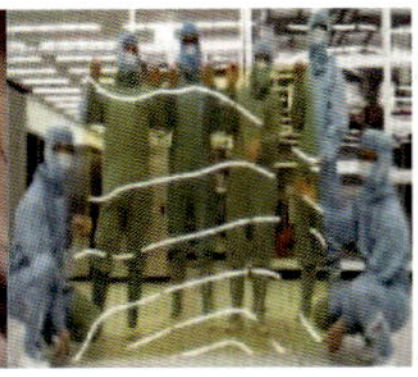

大批量流片验证成功

MNP 标记技术研发及产业化

毛卉副校长代表学校与崖州湾科技城签约合作助力海南自贸港建设

彭海教授接受媒体采访

GB

中华人民共和国国家标准

植物品种鉴定 MNP 标记法

Identification of plant varieties—MNP marker method

国家市场监督管理总局
国家标准化管理委员会 发布

GB

中华人民共和国国家标准

植物转基因成分测定
目标序列测序法

Determination for ingredients of genetically modified plants—Target sequencing methods

国家市场监督管理总局
国家标准化管理委员会 发布

制定植物品种鉴定、转基因鉴定国家标准

2020 年新冠病毒国家标准制修计划项目表

序号	计划编号	项目名称	标准性质	制修订	项目周期（月）	主管部门	归口单位	起草单位
1	20201830–T–469	细胞中 DAN 病毒测定 MNP 标记法	推荐	制定	24	国家标准化管理委员会	全国生化检测标准化技术委员会	江汉大学、中国计量大学、中国科学院动物研究所等
2	20201829–T–169	自动移液工作站性能检测通则	推荐	制定	24	国家标准化管理委员会	全国生化检测标准化技术委员会	中国测试技术研究院等

制定精准高效检测包括新冠病毒在内的 40 多种病原体的国家标准

络合铁脱硫环保技术推广及产业化

武汉国力通能源环保股份有限公司新三板上市

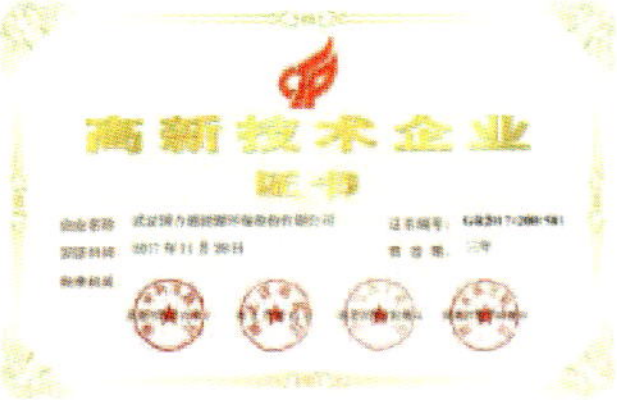

武汉国力通能源环保股份有限公司获得的荣誉证书

挠性高密度覆铜板的研发及产业化

范和平研究员团队研发的挠性高性能覆铜板（FPC）项目获得大规模应用，成为华为核心供应商

“江大紫”系列蔬果新品种开发

陈禅友教授团队研发的“江大紫”系列蔬果新品种之紫椒

厚板窄间隙焊机产业化

李敏副教授团队研发的厚板窄间隙焊机解决高性能压力釜关键难题并得到大规模生产应用

环保型无苯动车腻子的研发及产业化

刘继延教授和尤庆亮教授团队研发的环保型无苯动车腻子项目产业化并在中车集团获得推广应用

生物质热解气化专利技术研发及产业化

米铁教授团队将研发的蜂窝状文丘里除尘脱硫等专利技术转让给革命老区企业红安方达环保工程有限公司，同时米铁教授作为省经济信息化厅选派的科技副总帮助企业转型

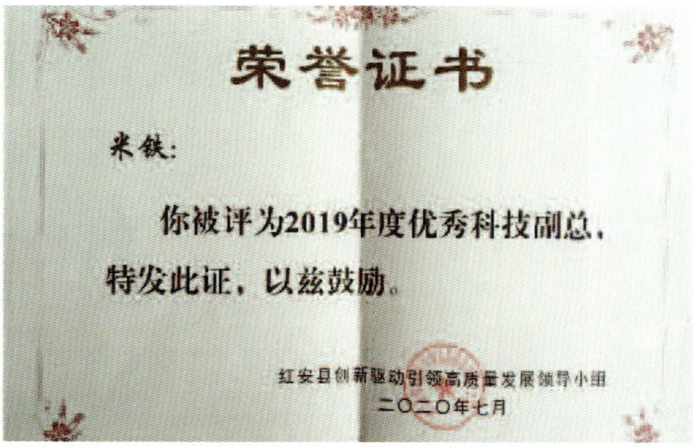
荣誉证书

米铁：

你被评为2019年度优秀科技副总，

特发此证，以兹鼓励。

红安县创新驱动引领高质量发展领导小组

二〇二〇年七月

米铁教授扎根革命老区红安县开展科技帮扶，荣获优秀科技副总表彰

"易智行"大数据智能交通信号灯控制平台

陈磊教授带领大数据研究中心团队开发"易智行"大数据智能交通信号灯控制平台已在武汉市东西湖区的吴家山区域应用

使用"易智行"后，总延误时间和出行时间均明显降低

多个道路交叉口应用"易智行"

11. 抗疫服务

抗击疫情

2020年初抗击新冠肺炎疫情的战役中，江汉大学12人被评为国家、省、市抗疫先进个人，其中国家级2人、省级5人、市级5人；获评省级和市级抗疫先进集体各1个。

刘建华（江汉大学附属医院、武汉市第六医院院长）荣获全国抗击新冠肺炎疫情先进个人光荣称号

国家、省、市抗疫先进个人名单

刘建华　全国抗击新冠肺炎疫情先进个人
　　　　江汉大学附属医院（市六医院）党委书记、院长

朱国超　全国卫生健康系统新冠肺炎疫情防控先进个人
　　　　江汉大学附属医院（市六医院）重症医学科主任

刘　敏　湖北省抗击新冠肺炎疫情先进个人
　　　　江汉大学附属医院（市六医院）副院长

王小江　湖北省抗击新冠肺炎疫情先进个人
　　　　江汉大学附属医院（市六医院）呼吸与危重症医学科党支部书记、科副主任

程　波　湖北省抗击新冠肺炎疫情先进个人
　　　　江汉大学附属医院（市六医院）综合二科主任

李淑英　湖北省抗击新冠肺炎疫情先进个人
　　　　江汉大学附属医院（市六医院）综合科护士长

王红波　湖北省抗击新冠肺炎疫情先进个人
　　　　江汉大学生命科学学院生态与食品科学系副主任、支部书记、副教授

吕建明　武汉市抗击新冠肺炎疫情先进个人
　　　　江汉大学附属医院（市六医院）副院长

李发久　武汉市抗击新冠肺炎疫情先进个人
　　　　江汉大学附属医院（市六医院）呼吸与危重症医学科副主任

李鸿波　武汉市抗击新冠肺炎疫情先进个人
　　　　江汉大学附属医院（市六医院）放射影像科主任

余燕子　武汉市抗击新冠肺炎疫情先进个人
　　　　江汉大学附属医院（市六医院）内科护士长

林　杰　武汉市抗击新冠肺炎疫情先进个人
　　　　江汉大学附属医院（市六医院）急诊科副主任

省、市抗击新冠肺炎先进集体

江汉大学附属医院（市六医院）呼吸与危重症医学科

——湖北省抗击新冠肺炎疫情先进集体

江汉大学附属医院（市六医院）党委

——武汉市抗击新冠肺炎疫情先进集体

夏思思

年仅 29 岁的校友夏思思同志在抗击新冠肺炎疫情中献出了宝贵的生命，先后被追授为“全国卫生健康系统新冠肺炎疫情防控工作先进个人”、第 24 届“中国青年五四奖章”、“全国三八红旗手”等；中宣部宣教局、全国妇联宣传部、国家卫健委直属机关党委、中央军委政治工作部组织局将其列入“一线医务人员抗疫巾帼英雄谱”。2020 年 4 月 2 日被湖北省人民政府追授为烈士。

附属医院（武汉市第六医院）作为抗击疫情的主战场，发挥了巨大的作用。近千名医护人员积极投身新冠肺炎救治，收治确诊及疑似病人 1325 人，发热门诊累计接诊 1.8 万人次，重症救治成功率高于全市三级医院平均水平。在核酸筛查“十天大会战”中，完成了 10 万人次采样和 13 万人份检测任务。

校医院在保障校内抗疫的同时，积极配合武汉市做好抗疫工作。校医院 10 人奔赴开发区定点医疗机构支援；其余医务人员参加了武汉市卫健委组织的网上医疗志愿者服务和为留校学生、外教以及工作人员提供日常医疗以及健康教育宣传工作；承担了学校疫情期间防护物资的筹集、接收、转运、发放以及管理工作，保障了全校防疫物资的供给；承担全体师生返校前的核酸抗体检测工作；负责了学校先后 2 个隔离医学观察点的设计、布局和日常运行管理工作；为在校师生接种新冠疫苗 32000 余剂次，为校园健康平安保驾护航。

前线支援的医疗队员们 2020 年获得来自武汉经济技术开发区新冠肺炎疫情防控指挥部颁发的新冠肺炎疫情防控“白衣卫士”称号以及患者送来的感谢锦旗，校医院也获得了武汉市总工会颁发的“武汉市工人先锋号”，获评湖北省高校医院抗疫先进集体、第十三届“感动江大人物”集体，校医院党支部获“先进基层党组织”称号。

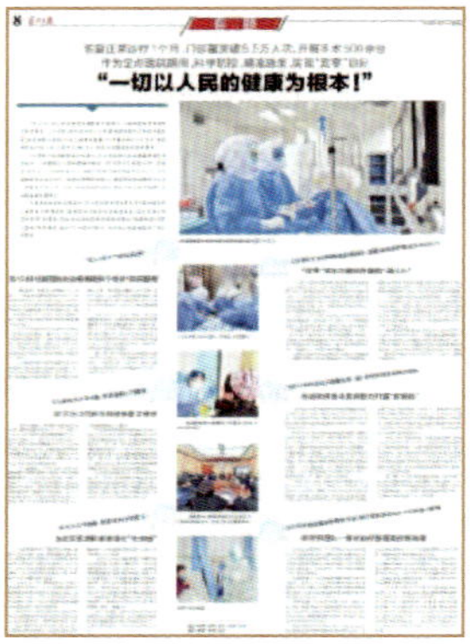
“一切以人民的健康为根本！”

长江日报专版以《一切以人民的健康为根本！》为题，报道江汉大学附属医院抗疫事迹

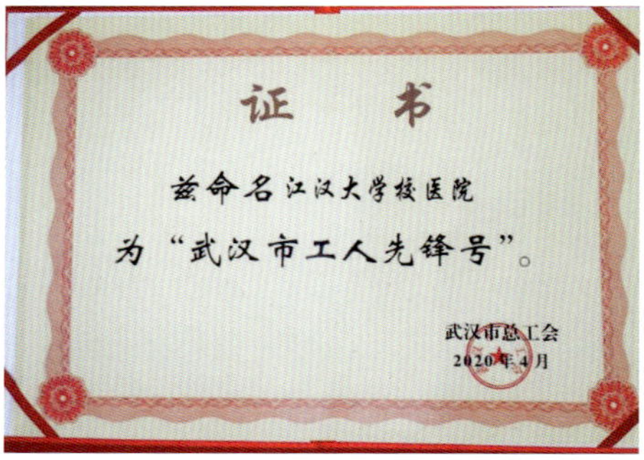
证书

兹命名江汉大学校医院

为“武汉市工人先锋号”。

武汉市总工会

2020年4月

人民日报

RENMIN RIBAO

打好武汉保卫战 不获全胜不收兵

人民日报以《打好武汉保卫战 不获全胜不收兵》为题，报道武汉市第六医院呼吸与危重症医学科主任李承红

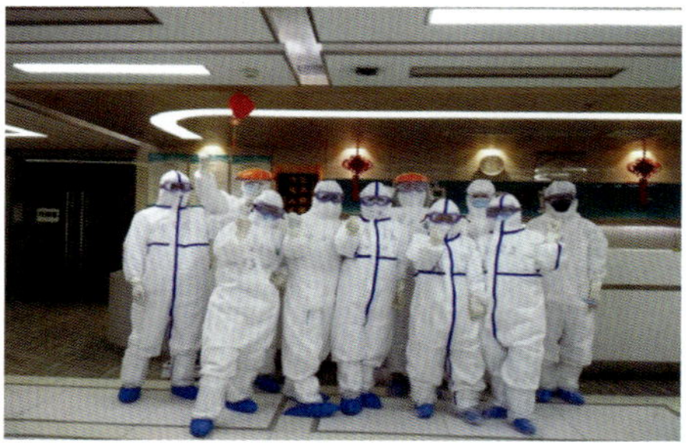

医学院精心挑选97名师生组成江汉大学流调专项调查工作队，分赴江岸、江汉、硚口、武昌、汉阳、洪山、青山、东西湖和经开（汉南）等9个区参加支援流调专项工作；院长舒细记教授多次受邀参加省市防疫指挥部专家咨询会，为防疫工作积极建言献策；积极组织学院科研力量开展了“疫情病原检测实验平台建设”“新冠肺炎疫情等公共卫生事件的应对、治理及影响”等项目的科研攻关；胡松博士受邀到市指挥部疾病控制组全程参加防控工作，并接受了中国教育电视台的采访。

武汉市新冠肺炎疫情防控指挥部医疗救治与疾控组

感谢信

武汉市新冠肺炎疫情防控指挥部写给学校的感谢信

参加支援流调专项工作

江汉大学校友会快速反应、积极行动、广泛宣传、多方联络、凝聚力量、共同战“疫”。广大校友在疫情防控工作中，踊跃捐款捐物助力疫情防控工作。据不完全统计，校友会组织校友及社会爱心力量为学校、附属医院及武汉市抗疫一线单位爱心捐赠款物（折价）共计 2000 余万元人民币。

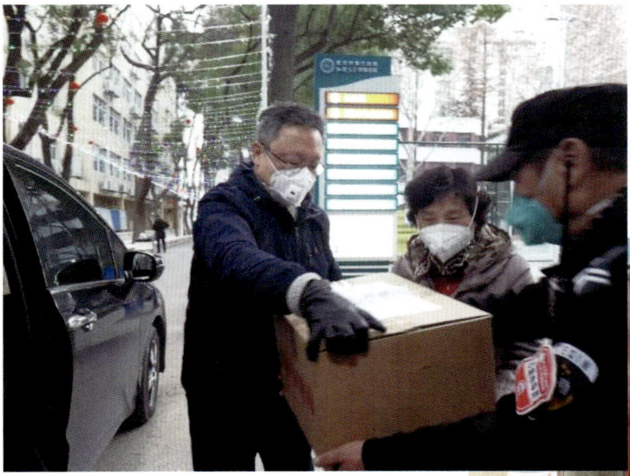

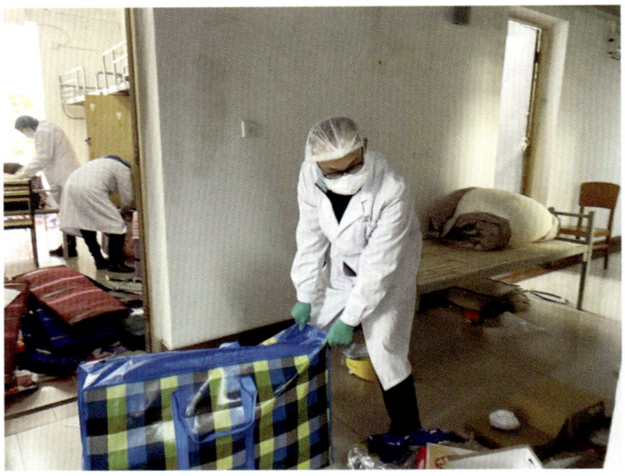

学生宿舍紧急改建医疗隔离点

学校先后2次征用1000间学生宿舍紧急改建医疗隔离点，累计收治隔离人员773人；全校24个基层党委（党总支）和直属党支部、137个在职教职工党支部与社区结对共建，513名教职工下沉全市14个区200余社区，近2000名党员就近开展常态化服务；87名教职工组建120急救中心远程分指挥中心，共接听处理热线求助电话9380个；1000余名学子参与抗疫志愿服务，30余名医学院学生到方舱医院参与疫情防控。生命科学学院王红波博士全程参与防疫抗疫一线工作，保障22个援汉医疗队、11处隔离点和5处医疗点的食品安全，最高日保障盒饭供应量达22593份。作为优秀志愿者的代表，医学院孙甘霖同学获评全国优秀共青团员。

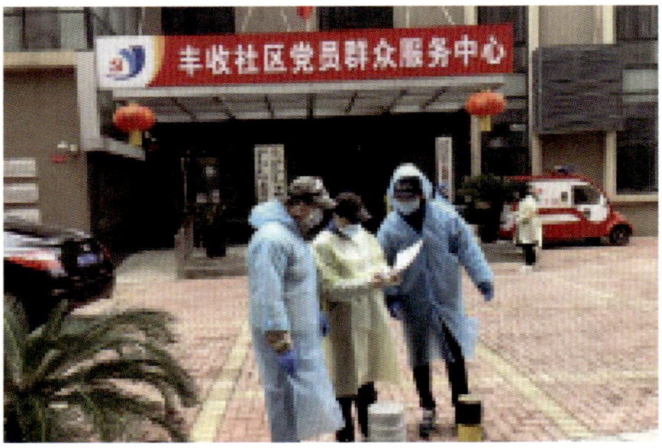

教职工下沉社区

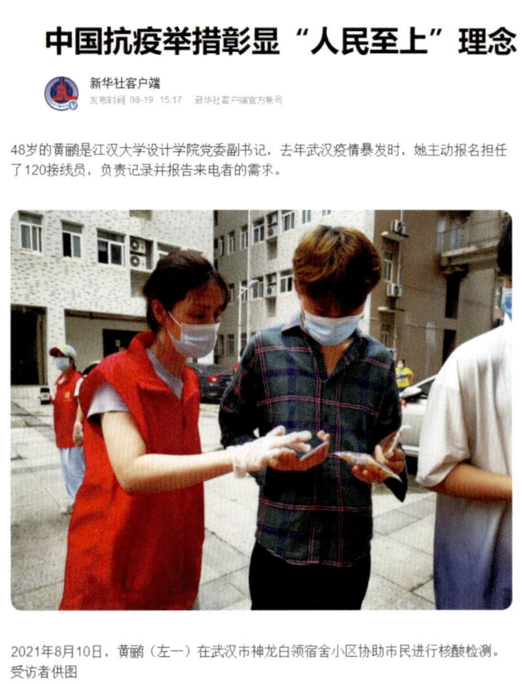
中国抗疫举措彰显“人民至上”理念

新华社客户端
发布时间 08-19 15:17 新华社客户端官方账号

48岁的黄鹂是江汉大学设计学院党委副书记，去年武汉疫情暴发时，她主动报名担任了120接线员，负责记录并报告来电者的需求。

2021年8月10日，黄鹂（左一）在武汉市神龙白领宿舍小区协助市民进行核酸检测。受访者供图

新华社对学校教职工下沉进行了报道

120 急救中心远程分指挥中心

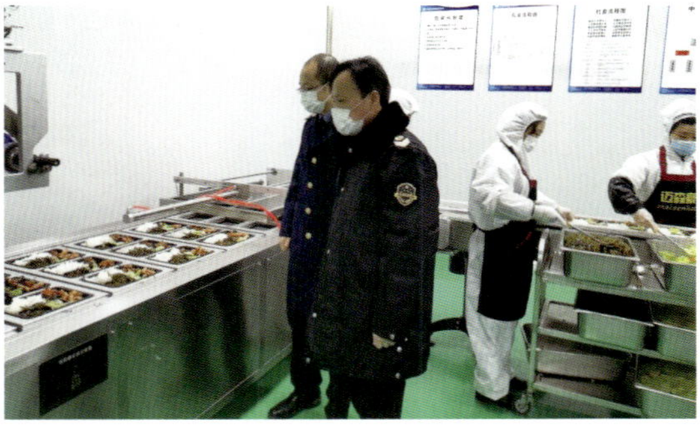

王红波博士保障抗疫期间食品安全

12. 精准扶贫

在省委省政府、市委市政府的指导下，江汉大学深入秦巴山区、田间地头，以高校力量与优势助力省脱贫攻坚战。学校先后与武汉市蔡甸区胜洪村、湖北省十堰市郧阳区安阳镇王庄村展开结对帮扶，校领导带队进行调研走访，分析地方优势，“因地制宜”制定扶贫策略。

胜洪村在学校的鼎力支持，村两委和学校驻村工作队的共同努力下，通过实施帮扶规划、产业扶持、基础设施建设、民生改善等切实有效的举措，提高胜洪村自身“造血功能”，

建立精准扶贫工作长效机制，实现精准脱贫。学校累计投入资金 159.5 万元进行村湾环境整治、解决贫困户困难、提升扶贫产业园生产能力等；组织结对帮扶，累计到村开展精准扶贫达 1412 人次，送慰问金 22.5 万元；号召师生购买农副产品，增加农户的收入。为提升该村造血能力，学校 2018 年协助建立扶贫种植园带动贫困户就业；2019 年引进学校创业大学生成立的武汉缘来生态农业科技有限公司进行食用菌种植销售，帮助村发展食用菌种植产业。胜洪村在 2018 年底提前脱贫摘帽。

王庄村地处偏远山区，水资源缺乏，进行农耕栽种的自然条件较为恶劣，贫困人口比例高达 50.5%，属于国家深度贫困村。对此，学校因地制宜，精准施策，建设水窖解决农户用水困难问题；推进香菇、柑橘等农作物的种植，进行产业支持；修缮道路，改善基础设施；购买农副产品，进行消费帮扶；“授人以渔”，多次开办农业技术培训班。王庄村在 2019 年顺利脱贫摘帽。

校领导带队赴胜洪村开展精准扶贫

学校发挥智力优势支持胜洪村发展食用菌种植产业

学校专家现场解决农户柑橘种植难题

毛卉副校长代表学校在省直定点扶贫单位工作联席会议上作经验交流

五、文化传承

凝聚文化自信，做好文化传承。学校文化底蕴深厚，文化传承与创新实力提升显著。学校逐步打造了中华诗词进校园、中华书画进校园、廉政文化进校园、民歌进校园、书香校园、延安精神进校园等各具特色的文化活动，并形成了“延安精神进校园”“感动江大人物”“榜样的力量”等四大品牌活动，均获得教育部高校校园文化建设优秀成果。浓郁的文化氛围滋养着学子的心灵，塑造良好德行，筑牢文化根基。

1. 中华诗词进校园

诗词大赛

2007 年 5 月 24 日，“心系中华、爱我祖国、弘扬文化、构建和谐”江汉大学杯全国诗词对联书法大赛评选揭晓并颁奖。

大赛由湖北省新闻工作者协会、《今日湖北》杂志发起，江汉大学及中国诗歌学会等单位联合举办。大赛共收到美国、日本、新加坡等多个国家，全国 34 个省市自治区的参赛诗词、新诗、对联、书法四类作品 16 万余件。

经过专家反复认真评审，共有 305 件作品获奖。

2007 年 5 月 24 日，“心系中华、爱我祖国、弘扬文化、构建和谐”江汉大学杯全国诗词对联书法大赛评选揭晓并颁奖

诗教先进

2010 年 4 月，湖北省教育厅公布了 2010 年湖北高校校园文化建设优秀成果评选结果，江汉大学《弘扬先进文化 传承民族精华——江汉大学实施“中华诗词进校园”工作纪实》荣获一等奖。

2011 年 9 月 15 日，中华诗词学会授予江汉大学“诗教先进单位”称号。

至此，江汉大学诗词进校园工作在湖北高校中创造了两个“第一”，即第一个在全国诗词进校园工作会议上做经验交流的高校，第一个被评为全国诗教先进单位的高校。

经验推介（教育厅推介）

江汉大学着力文化育人　推动中华诗词进校园

近年来，江汉大学推出“中华诗词进校园”工程，以中华文化瑰宝诗歌为载体，对学生进行德育及美育教育，在校园中引起较大反响，收到了良好的效果，受到湖北省教育厅的重视。湖北省教育厅 2008 年 10 月专门印发第 21 期简报《江汉大学着力文化育人推动中华诗词进校园》，在全省高校中予以推介。

重视发挥革命传统及文化传统教育在学生思想教育工作中的重要作用，在积极的探索中不断创新。近年来，学校在实施“延安精神进校园”工程的同时又推出“中华诗词进校园”工程，以中华文化瑰宝诗歌为载体，对学生进行德育及美育教育，在校园中引起较大反响，收到了良好的效果，受到湖北省教育厅的重视。湖北省教育厅今年 10 月专门印发第 21 期简报向全省各高校推介我校“中华诗词进校园”工程的成功经验。校报现转载简报原文，以励师生。

江汉大学着力文化育人 推动中华诗词进校园

江汉大学一直重视革命文化和传统文化在培育学生道德素质中的作用。学校在实施“延安精神进校园”工程的同时，又积极探索诗教，本着“以诗育德、以诗启智、以诗塑美”的目的，以校党委宣传部为主导，以学生诗社为工作主体，借武汉诗词楹联学会之力，内建平台，外搭舞台，实施“中华诗词进校园”工程，着力提高大学生诗词文化素养，培养更多热爱中华诗词传人，促进优良学风和校风的形成。

文化为旗　贴近学生

学校联系育人实际学习贯彻党的创新理论，高扬先进文化旗帜，努力提高办学软实力。2004 年以来，学校整合诗词教育资源，将“中华诗词进校园”工作纳入校园文化建设的重点内容，纳入精神文明创建规划，纳入学校工作要点，实施“中华诗词进校园”系统工程，确立“四个一”的工作思路，即：实现一个目标（传承诗词文化，服务和谐校园建设），抓住一个核心（人本核心），搭建一个平台（依托挂靠本校的武汉诗词楹联学会和学生“海天涯诗社”所开展的年度系列活动），办好一个诗刊（实现《武汉诗词》四季出刊，年终选编出一本诗词、楹联集）。

学校在实施“中华诗词进校园”工程中，始终坚持“二为”方向和“双百”方针，将“贴近生活，贴近实际，贴近群众”落脚到贴近学生的思想和生活实际。学校要求“办会”（武汉诗词楹联学会）、“办社”（海天涯诗社）、“办刊”（《武汉诗词》）、“办报”（《江汉大学报》“江大诗斋”专栏）正确处理中华诗词继承与创新的关系，普及与提高的关系，立足于时代精神、先进思想、真挚感情与艺术魅力的高度统一，推出诗词精品力作。“中华诗词进校园”实施几年来，为学校精神文明创建、和谐校园建设产生了积极的推动作用，也受到中华诗词学会的称赞。

依托会社　塑造品牌

江汉大学“中华诗词进校园”以中国古代诗词为主体，兼及现代白话诗，依托“武汉诗词楹联学会”和学生“海天涯诗社”开展形式多样的诗词学习、吟诵、创作活动。

一是讲座吟诵，聚升人气。积极发挥诗词专家学者的作用，学校聘请了一批客座教授，云集了一批有影响的诗人，采取举办定期诗词讲座、办诗词爱好者培训班、举办诗词吟诵比赛等形式，让诗人走近学生，让学生走近诗人，让诗词文化充满和谐校园。几年来，先后举办了诗词讲座和诗词研讨会 20 余场，有格律诗词曲联写作知识传授，有古典诗词赏析，有古代山水田园诗词品鉴。这些诗教活动或启智、或怡情，激发了大学生对我国古典诗词的热爱，先后约有万名诗词爱好者参与其中。

二是搭建平台，提供舞台。2005 年，武汉诗词楹联学会正式挂靠江大，时任校长李进才教授担任武汉市诗词楹联学会会长。党委宣传部、人文学院负责日常工作，着力将“两会一刊”打造成学校校园文化的一张靓丽名片。两会即一年办一次“榴花”诗会、“金秋”诗会，一刊即办好《武汉诗词》。2004 年以来，通过“两会一刊”，先后组织了“纪念邓小平同志诞辰 100 周年”、“纪念抗日战争胜利 60 周年”、“纪念红军长征 70 周年”，以及颂扬党的十七大，弘扬抗震救灾精神等主题诗教活动。据不完全统计，5 年来参与这些活动的省内外诗词名家、校外诗友和学校师生达 8000 余人次。学会和诗社先后收到师生及校外诗友投稿约四万余首，精选近万首，编印了 15 本《武汉诗词》集。同时，校报《江大诗斋》专栏发表学生诗作千余首，大学生中涌起了读诗、学诗、写诗的热潮。

三是依托社团，重点扶持。武汉诗词楹联学会和学生“海天涯诗社”共同承办的一年一度的“榴花”诗会、“金秋”诗会等活动，使中华诗词走进校园，走近师生。根据学生和会员的要求，学会和诗社邀请武汉大学、华中科技大学等高校一批老教授以及在湖北、武汉地区有影响的老诗人、老词人，编写一套贴近学生的培训配套教材——《诗词曲联写作教程》。武汉市教育局决定，从今年 9 月开始，《诗词曲联写作教程》作为武汉市属高校大学生公选课教材，并同时在全市选择一批中小学开展诗词进学校的试点工作。

辐射交流　扩大影响

武汉诗词楹联学会下面有 15 个诗词分会组织，遍布大江南北，借助这个平台，校学生“海天涯诗社”和全省 30 多个地市诗词组织建立交流关系，还与全国诸如湖南岳麓诗社、河南诗词学会等 10 多个诗词组织建立交流关系。学生刊物《海天涯》诗刊在校内发行，与武汉地区高校交流，在大学生中产生了较好的影响。2005 年 9 月，日本谷中诗吟研究会应邀第三次访华，访华团来到江汉大学，共同举办“中日诗吟交流”活动，其间“海天涯诗社”学生的诗词吟诵节目赢得日本友人好评。

近年来，江汉大学在推进“中华诗词进校园”中，成功举办和参与了一系列大型活动。如：“血与火的记忆——纪念抗日战争胜利 60 周年诗歌音乐会”、“江汉大学杯”全国诗词楹联书法大奖赛等，在省内外均产生了较大反响。2008 年 9 月，在武汉市委、市政府举办的“我们的节日·中秋·中华经典诗词诵读”比赛中，学校编排的《春江花月夜》获大赛金奖。

通过实施“中华诗词进校园”，学校还培育出戚兆磊等一批大学生诗人。戚兆磊出版诗词专著两部，其《现代诗歌创作与研究》入选省级学生科研立项，诗歌集《逝水浮萍》在 2006 年湖北高校大学生优秀科研成果评选中获一等奖。如今的江汉大学校园，学诗、写诗、吟诗的氛围浓郁，高雅艺术潜移默化地影响着学风、校风。

简报原文

江汉诗社

中华诗词进校园　铸魂育人谱新篇

2004 年 11 月 12 日，武汉诗词学会“金秋诗会”暨江汉诗社成立大会在江汉大学举办。江汉诗社社长、校长李进才教授指出，江汉诗社的成立，是学校加强校园文化建设，用优秀文化教育人，推进人文素质教育和民族精神教育的重要举措。

2004 年 11 月 12 日，武汉诗词学会“金秋诗会”暨江汉诗社成立大会在江汉大学举办

接力推进

2019 年 6 月 19 日，“中国作协诗歌委员会年会暨江汉大学新诗学诗丛研讨会”在江汉大学举行。

中国作协副主席吉狄马加表示，在庆祝新中国成立 70 周年之际，诗歌界要把创作繁荣和反映生活联系起来，创作更多作品，见证人民创造美好生活的实践，艺术地呈现时代的巨变。

《江汉大学新诗学诗丛》由人文学院和武汉语言文化研究中心策划出版，丛书分 5 卷，集中展示了江汉大学诗教工作尤其是新诗创作和新诗教育的重要成就。

戴国家，原江汉大学校长，武汉诗词协会原会长

李进才，江汉大学原校长，武汉诗词协会原会长

李强，江汉大学原党委书记、校长，武汉诗词协会会长

一桃演讲

慷慨诗文　激昂人生

2014 年 5 月 29 日，香港当代著名爱国诗人王一桃应邀来江汉大学做专题报告。

在《香港回归十周年心路历程》报告中，王一桃用爱国情浓、高亢激奋的诗文，让师生依稀看到鲁迅“横眉冷对千夫指，俯首甘为孺子牛”的创作风范。

王一桃说，要以辩证唯物主义的审美眼光，全面、深入地审视香港这一国际化大都市，把我国现代都市诗创作推向一个新高峰。

香港当代著名爱国诗人王一桃应邀来江汉大学做专题报告

重要会议

以诗育德　以诗启智　以诗塑美

2010 年 11 月 5 日，由教育部高等学校素质教育指导委员会和中华诗词学会联合主办的全国高等学校诗教工作暨当代中华诗教理论研讨会，在江汉大学召开。

教育部、文化部、湖北省、武汉市等领导齐聚江汉大学，清华大学、北京大学等 40 余所高校相关负责人参加会议。中华诗词学会常务副会长李文朝称，这次会议开创了全国诗教工作的里程碑。

校长杨卫东指出，创造爱诗、学诗、吟诗、写诗的浓厚氛围，不仅可以为大学生道德素质的培养提供肥沃的土壤，还可以使之成为学校提高大学生思想道德境界和人文素养的重要媒介和途径。

全国高等学校诗教工作暨当代中华诗教理论研讨会在江汉大学召开

2. 书香校园

学校获武汉市“十佳书香校园”光荣称号

在武汉市读书之城建设评先争优活动中，江汉大学荣获 2014 年度“十佳书香校园”光荣称号。

江汉大学党委高度重视学习型党组织建设和书香校园建设，将其列入学校重要议事日程，每年组织开展“清源之秋”读书节，各类大型校级活动 20 余项，院级活动和社团活动 60 余项，形成了师生爱学习、重读书、勤读书的良好风尚。

人文学子获湖北高校“诵经典·铸国魂”主题读书演讲比赛一等奖

2015 年 9 月 25 日，湖北高校“诵经典·铸国魂”主题读书演讲比赛决赛在湖北大学举行，江汉大学人文学院 2014 级播音主持专业学生孙昕荣获一等奖。

演讲中，孙昕声情并茂地向观众讲述了发生在楚国的著名历史事件，引导听众思考读书的重要性。

3. 四大品牌

延安精神进校园

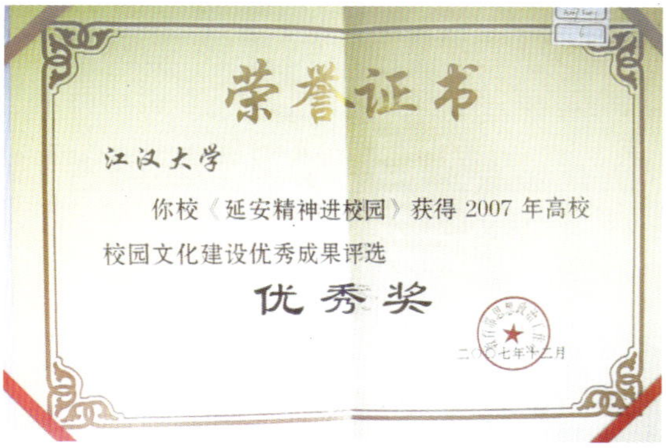

“延安精神进校园”获教育部高校校园文化建设优秀成果奖

中华诗歌进校园

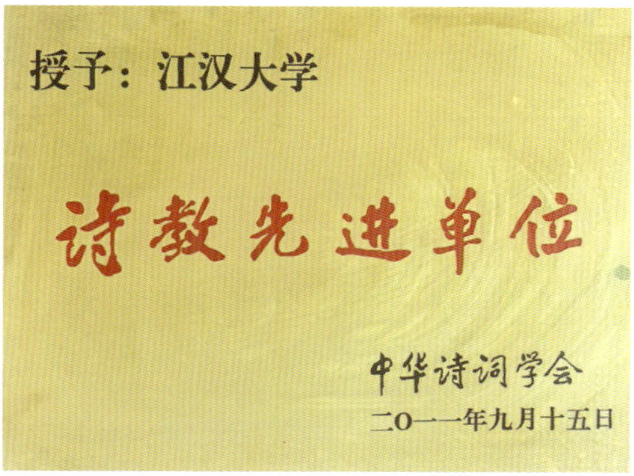

“中华诗歌进校园”获中华诗词学会诗教先进单位奖

感动江大人物

“感动江大人物”自2008年以来连续举办十余届，形成学校建设的独特“文化品牌”，获教育部全国高校校园文化建设优秀成果奖

08 专版

典型引领 感动校园 打造品牌 铸魂育人

——记江汉大学“感动江大人物”评选特色校园文化活动

《中国教育报》报道学校“感动江大人物”评选特色校园文化活动

榜样的力量

“榜样的力量”获教育部高校校园文化建设优秀成果奖

4. 中华书画进校园

首届湖北书法艺术节高校书法展在学校开幕

2010年12月10日，由书法报社、湖北省书法家协会高校分会、江汉大学共同主办的“首届湖北书法艺术节高校书法展”，在江汉大学美术馆举行。

本次展览共展出作品110件，其中特邀名家作品20件，入展作品90件。入展作品全部来自全国各高校教师，诸体皆备，风格各异，反映了我省高校书法创作的总体水平。

名家书画

谭仁杰　书法

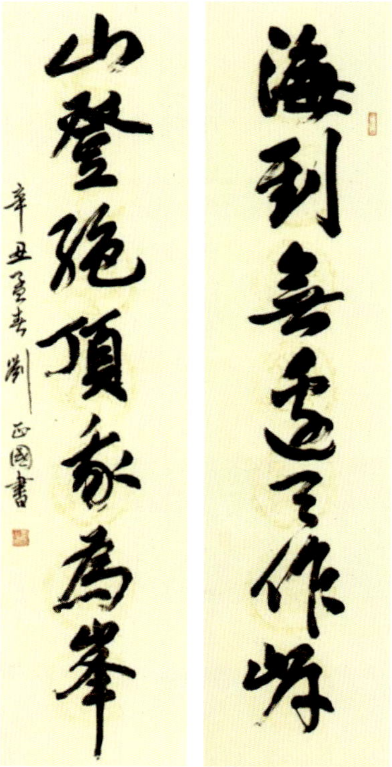

刘国正　书法

陈传德　剪纸

王心耀

陈明磊　山水

吴天宝　山水

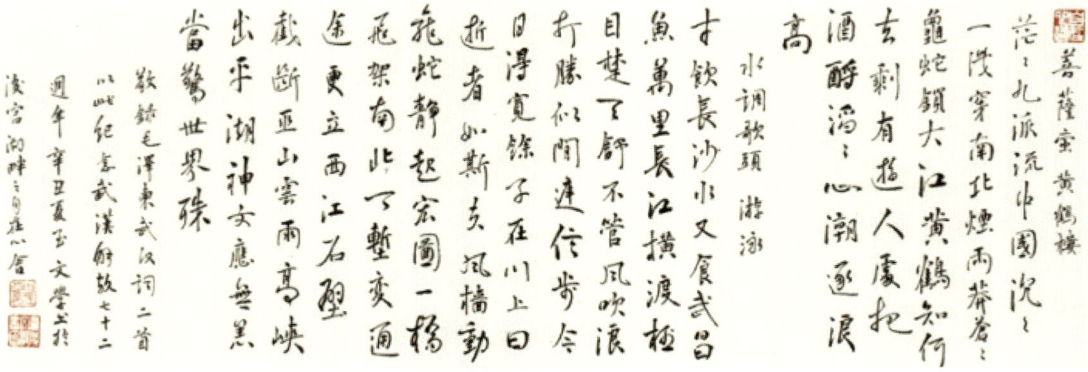

涂文学　书法

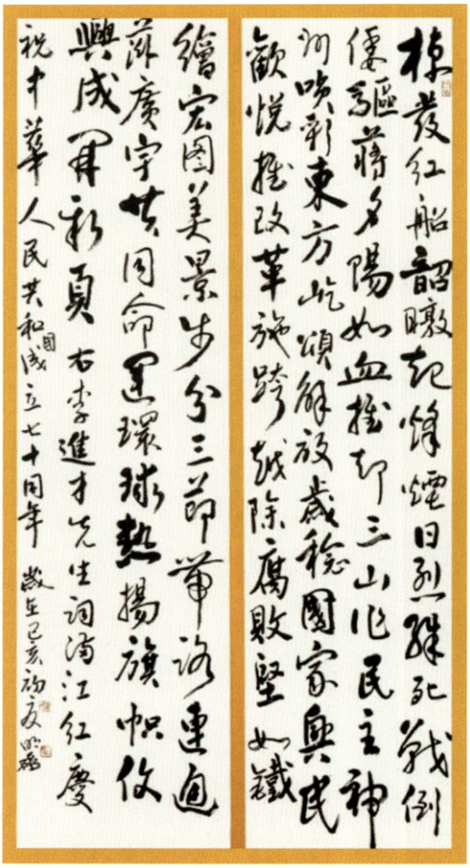

李进才 诗
陈明磊 书法

周彤　国画人物

2019年度资助项目结项证书

第三届全国少数民族美术作品展
THE THIRD NATIONAL EXHIBITION OF MINORITY FINE ARTS
彭苑 同志：
《第三届全国少数民族美术作品展》于2014年12月14日至12月22日在北京·民族文化宫举行，你的作品《 陕西土家 》经艺术评委会评定，荣获铜质作品奖。特发此证，以志纪念。

获奖证书
Certificate

马杰 惠波 先生／女士：
您创作的 中国画 作品
《 秋实 》
经评选，入选"第十一届全国美术作品展览"。
特颁此证
二〇〇九年十二月

参展证书
马杰 惠波 先生/女士
您的作品《黄土暖秋》入选第四届全国青年美术作品展览，经评委会评选为优秀作品。
特颁此证！

获奖证书
Dear Mr./Ms.
You are awarded the Prize for your sculpture
in 2018 China · Wuhu The 7th "Liu Kaiqu Award" International Sculpture Exhibition.

王心耀：
您的作品《高原的祈祷》 荣获《当代中国青年书画展》一等 奖，特发此证。
共青团中央
中国书法家协会
中国文化发展促进会
中央工艺美术学院
全国青联
中国美术家协会
中央美术学院
中华儿女杂志社
一九九九年五月

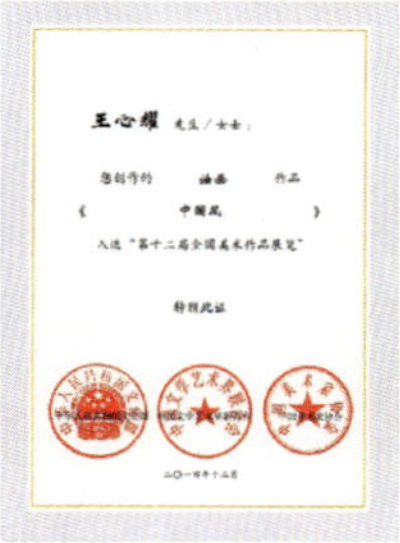
王心耀 先生／女士：
特颁此证

金 奖

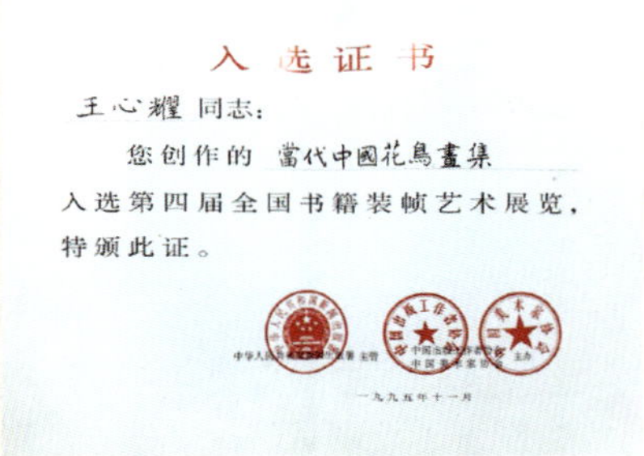
入选证书
王心耀 同志：
您创作的 當代中國花鳥畫集
入选第四届全国书籍装帧艺术展览，
特颁此证。
一九九五年十一月

特颁此证

证书

全国五一劳动奖章
证 书

中华全国总工会
决定授予：王心耀 同志
全国五一劳动奖章。
二〇〇九年四月
编号：0939

证 书
王心耀 同志：
为了表彰您为发展我国
事业做出的突
出贡献，特决定发给政府特
殊津贴并颁发证书。
国务院

证 书
王心耀 同志：
为了表彰您为发展我国
文化艺术 事业做出的突
出贡献，特决定发给政府特
殊津贴并颁发证书。
国务院

5. 廉政文化进校园

廉政文化研究

《中国清官廉事》，作者为原江汉大学副校长周庆苾

党风廉政教育

后勤财务、机关党支部赴红安参观黄麻起义纪念馆

廉政楹联大赛

为将党风廉政建设引向深入，弘扬清正廉洁、公平正义的时代精神，促进反腐倡廉建设与政治生态净化，营造崇廉尚洁的校园文化氛围，2015 年来学校组织举办多届“铸魂杯”廉政楹联大赛，得到了全校楹联爱好者的广泛关注和积极参与。

创新教育形式

反腐倡廉主题黄梅戏《铁面金光悌·审和珅》江汉大学专场演出

按照新时代党的建设的总要求，将廉洁文化建设纳入大学文化建设的重要内容。组织开展专家报告、廉政党课、专题辅导、观看警示片等实效性强的党风廉政宣传教育活动。加强对重要领域和重点岗位人员的警示教育，注重发挥师生身边反面典型案例的警示作用，以案明纪，用身边事教育身边人。

6. 民族歌舞进校园

走进江汉大学

2002 年 10 月 17 日，恰逢教育部批准组建江大一周年纪念日，江汉大学举行了隆重的庆典仪式。中央电视台《艺苑风景线》“走进江汉大学”大型文艺晚会为庆典留下精彩一笔。

赵保乐、孙小梅、朴树、蔡明、郭达等艺人在文艺晚会上演出，16000 多名江大师生一睹为快。

大师领引

2016 年 5 月 20 日，江汉大学举行两场聘任仪式，聘任加拿大皇家科学院院士乐晓春为环境与健康研究院特聘教授，聘任我国著名声乐教育家金铁霖为江汉大学荣誉教授。

校党委书记谭仁杰在讲话中指出，学校积极引进高水平、高层次人才搭建前沿学科平台，通过整合校内资源，利用社会资源，促进学校的学科专业和产学研等取得更大的突破。

音乐学院师资力量雄厚，拥有一批高素质、高水准、懂业务，教学经验丰富，不断创新进取的教师队伍。

学院聘请了一批德高望重的音乐大师，如：著名声乐教育家周小燕先生，旅美著名钢琴家殷承宗先生，中国音乐学院指挥系主任吴灵芬教授，著名作曲家、钢琴家、音乐理论家赵晓生等一批专家为客座教授。

合唱比赛

2013 年 11 月 10 日，第二届“长江之春”音乐季合唱比赛决赛在湖北剧院举行，音乐学院合唱团以总分第一名的优异成绩，荣获决赛专业组一等奖。

托管服务

2015 年 3 月 16 日，位于沌口的汤湖美术馆正式开馆，首次在武汉市采用“高校托管”的方式进行运营。美术馆的主管方是武汉经济开发区工会，日常工作全部交由江汉大学美术学院进行托管。作为武汉市公立美术馆的“新成员”，汤湖美术馆地处汤湖公园的沌口职工文化中心，美术馆建筑面积 4875 平方米，为仿古一层建筑，与汤湖公园打通，分为 4 个展厅。汤湖美术馆填补了汉阳地区没有公立美术馆的文化空白，开创国内首家高校托管公立美术馆之先河。

证书

汤湖美术馆：

你馆“产业工人家庭的美术课”系列公

活动在 2017 年度全国美术馆优秀项目评选中

评为优秀公共教育项目。

特颁此证。

汤湖美术馆通过举办优秀的美术作品展览、收藏、学术讲座和公共教育，推动了艺术与社会、艺术与生活、艺术与民众的融合，形成了展览特色，为积极构建现代公共文化服务体系，把文化艺术惠民落到实处贡献了力量。

六、国际交流与合作

1. 重要资格

第一批有条件接受外国留学生的高等院校

1993 年 3 月 9 日，国家教育委员会发布《关于公布第一批有条件接受外国留学生高等院校事》（教外来［1993］81 号），江汉大学成为第一批有条件接收外国留学生的高等院校。

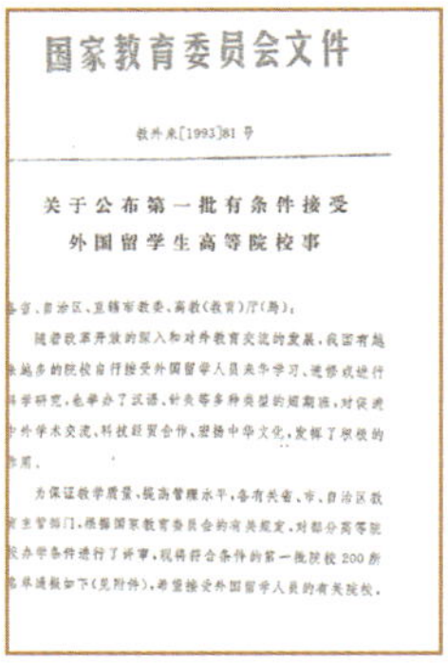

国家教育委员会文件

教外来[1993]81 号

关于公布第一批有条件接受外国留学生高等院校事

各省、自治区、直辖市教委、高教(教育)厅(局)：

随着改革开放的深入和对外教育交流的发展，我国有越来越多的院校自行接受外国留学人员来华学习、进修或进行科学研究，也举办了汉语、针灸等多种类型的短期班，对促进中外学术交流、科技经贸合作、宏扬中华文化，发挥了积极的作用。

为保证教学质量，提高管理水平，各有关省、市、自治区教育主管部门，根据国家教育委员会的有关规定，对部分高等院校办学条件进行了评审，现将符合条件的第一批院校 200 所名单通报如下(见附件)，希望接受外国留学人员的有关院校，

认真做好工作，并不断总结办学经验，为我国改革开放，经济发展，对外教育交流及增进中外交往做出更大贡献。

附件：具备接受外国留学生条件的院校名单

[illegible]三月九日

主题词：来华　留学　院校　通知

抄　送：外交部领事司，公安部六局，各省、自治区、直辖市外办、公安厅(局)，国务院有关部、委教育司(局)，有关院校

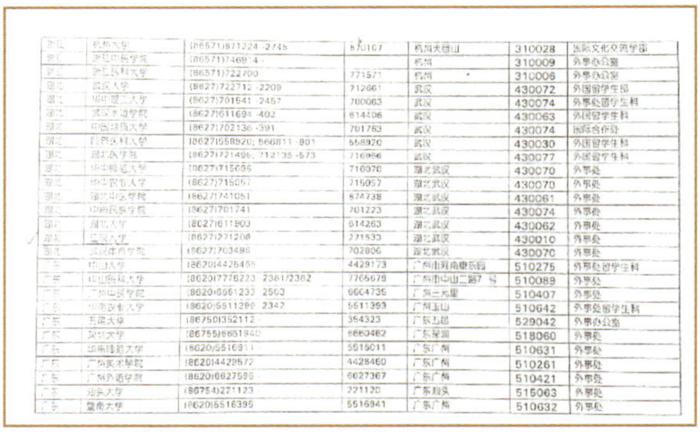

浙江	杭州大学	(86571)871224 -2745	870107	杭州天目山	310028	国际文化交流学部
浙江	浙江中医学院	(86571)746914 -		杭州	310009	外事办公室
浙江	浙江医科大学	(86571)722700	771571	杭州	310006	外事办公室
湖北	武汉大学	(8627)722712 -2209	712661	武汉	430072	外国留学生部
湖北	华中理工大学	(8627)701541 -2457	700063	武汉	430074	外事处留学生科
湖北	武汉水运学院	(8627)611694 -402	614406	武汉	430063	外国留学生科
湖北	中国地质大学	(8627)702136 -391	701763	武汉	430074	国际合作处
湖北	同济医科大学	(8627)558920; 566811 -801	558920	武汉	430030	外国留学生科
湖北	湖北医学院	(8627)721496; 712135 -573	716966	武汉	430077	外国留学生科
湖北	华中师范大学	(8627)715686	716070	湖北武汉	430070	外事处
湖北	华中农业大学	(8627)715057	715057	湖北武汉	430070	外事处
湖北	湖北中医学院	(8627)741051	874738	湖北武汉	430061	外事处
湖北	中南民族学院	(8627)701741	701223	湖北武汉	430074	外事处
湖北	湖北大学	(8627)611903	614263	湖北武汉	430062	外事处
湖北	江汉大学	(8627)271208	271533	湖北武汉	430010	外事处
湖北	武汉体育学院	(8627)703496	702806	湖北武汉	430070	外事处
广东	中山大学	(8620)4425465	4429173	广州市河南康乐园	510275	外事处留学生科
广东	中山医科大学	(8620)7778223 2381/2382	7765678	广州市中山二路74号	510089	外事处
广东	广州中医学院	(8620)6661233 2503	6664735	广州三元里	510407	外事处
广东	华南农业大学	(8620)5511299 2342	5511393	广州五山	510642	外事处留学生科
广东	五邑大学	(86750)352112 -	354323	广东五邑	529042	外事办公室
广东	深圳大学	(86755)6661940	6660462	广东深圳	518060	外事处
广东	华南理工大学	(8620)5516911	5516011	广东广州	510631	外事处
广东	广州美术学院	(8620)4429572	4428460	广东广州	510261	外事处
广东	广州外语学院	(8620)6627596	6627367	广东广州	510421	外事处
广东	汕头大学	(86754)221123	221120	广东汕头	515063	外事处
广东	暨南大学	(8620)5516395	5516941	广东广州	510632	外事处

首批外国文教专家聘请单位

1998 年 6 月 25 日，湖北省外国专家局发布《湖北省引进国外智力工作简报总第 96 期》，作为全国首批外国文教专家聘请单位资格的江汉大学年检注册圆满完成。

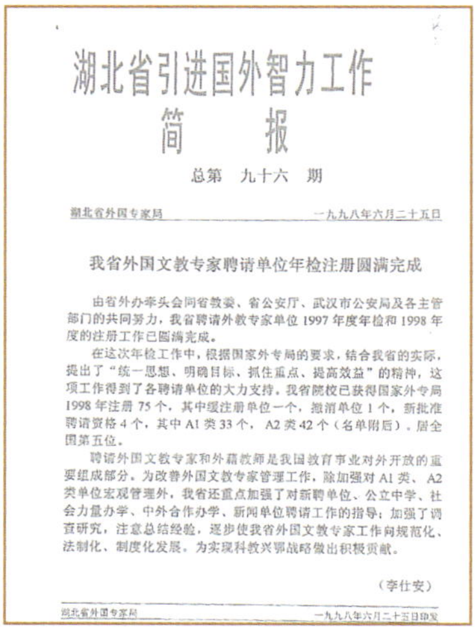

湖北省引进国外智力工作

简　　报

总第　九十六　期

湖北省外国专家局　　　　一九九八年六月二十五日

我省外国文教专家聘请单位年检注册圆满完成

由省外办牵头会同省教委、省公安厅、武汉市公安局及各主管部门的共同努力，我省聘请外教专家单位 1997 年度年检和 1998 年度的注册工作已圆满完成。

在这次年检工作中，根据国家外专局的要求，结合我省的实际，提出了“统一思想、明确目标、抓住重点、提高效益”的精神，这项工作得到了各聘请单位的大力支持。我省院校已获得国家外专局 1998 年注册 75 个，其中缓注册单位一个，撤消单位 1 个，新批准聘请资格 4 个，其中 A1 类 33 个，A2 类 42 个（名单附后），居全国第五位。

聘请外国文教专家和外籍教师是我国教育事业对外开放的重要组成部分。为改善外国文教专家管理工作，除加强对 A1 类、A2 类单位宏观管理外，我省还重点加强了对新聘单位、公立中学、社会力量办学、中外合作办学、新闻单位聘请工作的指导；加强了调查研究，注意总结经验，逐步使我省外国文教专家工作向规范化、法制化、制度化发展。为实现科教兴鄂战略做出积极贡献。

（李仕安）

湖北省外国专家局　　　　一九九八年六月二十五日印发

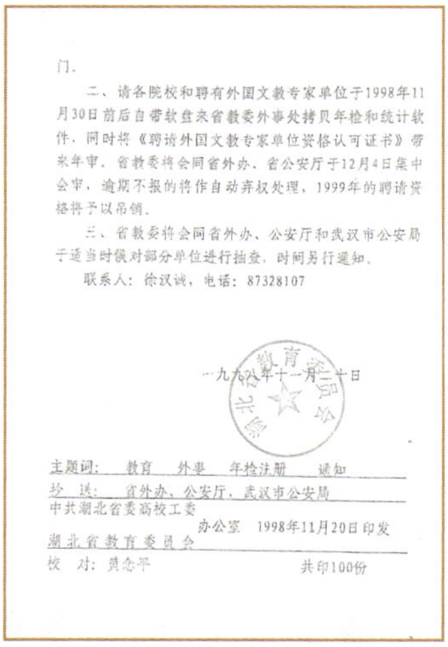

门。

二、请各院校和聘有外国文教专家单位于1998年11月30日前后自带软盘来省教委外事处拷贝年检和统计软件，同时将《聘请外国文教专家单位资格认可证书》带来年审，省教委将会同省外办、省公安厅于12月4日集中会审，逾期不报的将作自动弃权处理，1999年的聘请资格将予以吊销。

三、省教委将会同省外办、公安厅和武汉市公安局于适当时候对部分单位进行抽查，时间另行通知。

联系人：徐汉诚，电话：87328107

一九九八年十一月二十日

主题词：教育　外事　年检注册　通知

抄　送：省外办、公安厅，武汉市公安局

中共湖北省委高校工委
湖北省教育委员会　办公室　1998年11月20日印发

校　对：黄念平　　　　共印100份

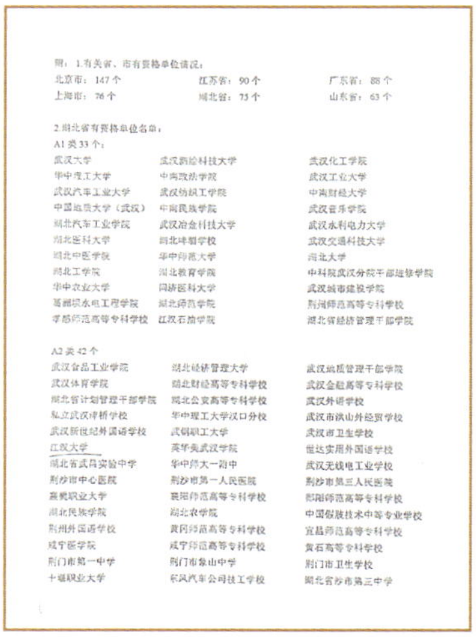

附：1.有关省、市有资格单位情况：

北京市：147 个　　江苏省：90 个　　广东省：88 个

上海市：76 个　　湖北省：75 个　　山东省：63 个

2.湖北省有资格单位名单：

A1 类 33 个：

武汉大学	武汉测绘科技大学	武汉化工学院
华中理工大学	中南政法学院	武汉工业大学
武汉汽车工业大学	武汉纺织工学院	中南财经大学
中国地质大学（武汉）	中南民族学院	武汉音乐学院
湖北汽车工业学院	武汉冶金科技大学	武汉水利电力大学
湖北医科大学	湖北体育学校	武汉交通科技大学
湖北中医学院	华中师范大学	湖北大学
湖北工学院	湖北教育学院	中科院武汉分院干部进修学院
华中农业大学	同济医科大学	武汉城市建设学院
葛洲坝水电工程学院	湖北师范学院	荆州师范高等专科学校
孝感师范高等专科学校	江汉石油学院	湖北省经济管理干部学院

A2 类 42 个

武汉食品工业学院	湖北经济管理大学	武汉地质管理干部学院
武汉体育学院	湖北财经高等专科学校	武汉金融高等专科学校
湖北省计划管理干部学院	湖北公安高等专科学校	武汉外语学校
私立武汉东湖学校	华中理工大学汉口分校	武汉市洪山外经贸学校
武汉新世纪外国语学校	武钢职工大学	武汉市卫生学校
江汉大学	英华美武汉学院	世达实用外国语学校
湖北省武昌实验中学	华中师大一附中	武汉无线电工业学校
荆沙市中心医院	荆沙市第一人民医院	荆沙市第三人民医院
襄樊职业大学	襄阳师范高等专科学校	郧阳师范高等专科学校
湖北民族学院	湖北农学院	中国假肢技术中等专业学校
荆州外国语学校	黄冈师范高等专科学校	宜昌师范高等专科学校
咸宁医学院	咸宁师范高等专科学校	黄石高等专科学校
荆门市第一中学	荆门市象山中学	荆门市卫生学校
十堰职业大学	东风汽车公司技工学校	湖北省沙市第三中学

2. 民间外交

应朝鲜民主主义人民共和国领导者金正日同志的邀请，江汉大学离休干部伍骅为团长，其子尚钢，儿媳容乃燕和孙子尚翌组成的一行四人家庭代表团于 1995 年 9 月 29 日至 10 月 13 日对朝鲜进行了参观访问。参观访问活动共分为四部分进行：瞻仰金日成主席遗容；参观烈士陵园及革命博物馆；参加朝鲜劳动党五十周年纪念活动（阅兵式及群众庆祝活动、焰火晚会、火炬游行及国宴等）；参观文化、教育等设施。临行前，朝鲜党史研究所玄副所长称“亲戚要走，不走不亲”，热情欢迎该团再次访朝。

代表团在金日成主席故居前合影。左起：儿子尚钢、儿媳容乃燕、孙子尚翌、母亲伍骅、翻译

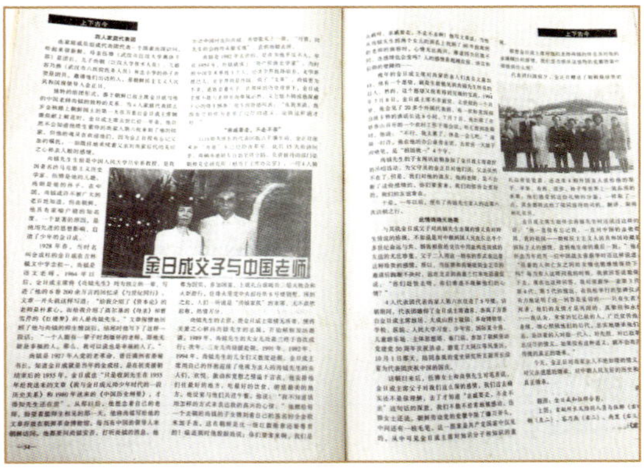

金日成父子与中国老师

《武汉晚报》金日成父子与中国老师

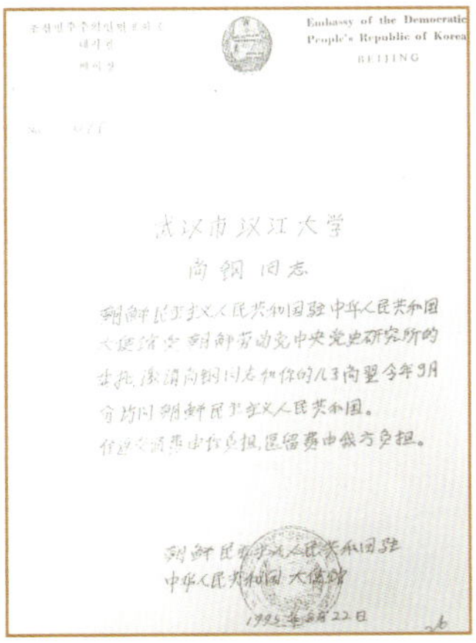

Embassy of the Democratic People's Republic of Korea
BEIJING

武汉市汉江大学
尚钢同志
朝鲜民主主义人民共和国驻中华人民共和国大使馆受朝鲜劳动党中央党史研究所的委托，邀请尚钢同志和你的儿子尚翌今年9月份访问朝鲜民主主义人民共和国。
往返交通费由你负担，逗留费由我方负担。

朝鲜民主主义人民共和国驻中华人民共和国大使馆
1995年8月22日

1995 年 8 月 22 日，朝鲜民主主义人民共和国驻中华人民共和国大使馆向武汉市江汉大学尚钢同志发出邀请函

中外友好
金日成父子对中国老师的情与义

《中外友好》金日成父子对中国老师的情与义

新安晚报
XIN AN EVENING NEWS
休闲刊
金日成父子与中国亲戚
国防教育好场所 休闲时光新去处

《新安晚报》1996 年 1 月 20 日第 630 期《金日成父子与中国亲戚》

《武汉晚报》1996年1月6日第1606期《金日成主席父子对中国老师的情与义》

《杭州日报》1996年1月9日《金日成父子对中国老师的情与义》

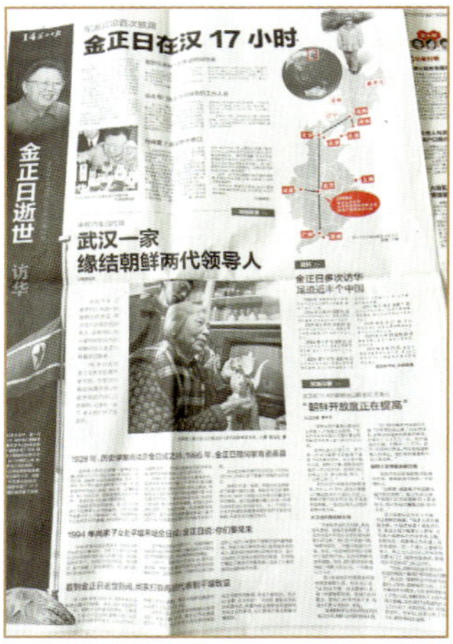

《长江日报》2011年12月20日《武汉一家缘结朝鲜两代领导人》

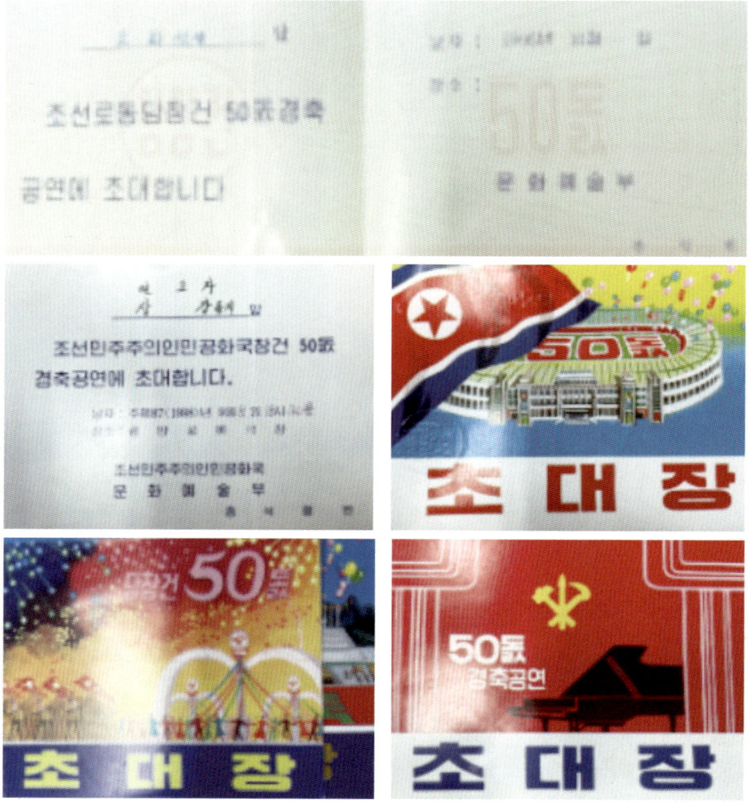

出访票证

3. 政要来访

2018 年 11 月 16 日，来汉参加 2018 中国国际友城大会的乌干达副总统爱德华・塞坎迪一行在中国人民对外友好协会副会长林怡的陪同下访问江汉大学，这是建校以来接待的首个国家政要。副总统塞坎迪参观了“中国国粹・四艺瑰宝・琴棋书画展”，为龙舟点睛并在江汉大学学术交流中心发表演讲，与在场师生代表进行了亲切交流互动，最后还向江汉大学颁发了嘉奖证书。

乌干达副总统爱德华・塞坎迪参观“中国国粹・四艺瑰宝・琴棋书画展”，右二为时任校长张幸平，右三为副总统，右四为中国对外友协副会长林怡，右五为时任党委书记李强

乌干达副总统爱德华・塞坎迪为龙舟点睛

4\. 重要来访

2018 年 10 月 14 日至 17 日，国际军体考察团抵汉考察第七届国际军人运动会相关筹备工作，国际军体主席赫尔维·皮奇里洛，国际军体秘书长曼比·科伊塔，国际军体排球运动委员会主任何塞·品海罗，中方排球项目竞赛负责人蔡毅，军方代表陈刚、崔咏梅先后造访学校，进行了为期两天的实地考察和磋商，与学校签订比赛场馆与功能用房、竞赛组织与器材标准两项工作备忘录。

2018 年 10 月 18 日上午，国际军体联及军运会执委会主席赫尔维·皮奇里洛，秘书长曼比·科伊塔等一行莅临江汉大学调研，在武汉市有关部门负责人和江汉大学副校长陈功江等领导的陪同下，一同在学校美术馆参观了设计学院“新·生”专题作品展。

2019 年 10 月 23 日，国际军事体育理事会主席皮奇里洛一行专程来到江汉大学观看男排比赛并点赞武汉。

2019 年军运会期间，学校接待了国际军事体育理事会（CISM）主席赫尔维·皮奇里洛上校、排球国际军体官方代表里贝罗上校等外宾近百人。

2018 年 10 月国际军体考察团抵汉考察军运会赛事筹备工作，并在武汉会议中心与江汉大学签订工作备忘录

2018 年 10 月国际军体联及军运会执委会主席、秘书长等一行参观设计学院

2019 年国际军体联主席皮奇里洛（右二）在贵宾席观看男排比赛

5. 高端讲座

应武汉市人民政府邀请，2003 年诺贝尔经济学奖得主、美国著名经济学家恩格尔教授一行四人，于 2005 年 12 月 3 日至 5 日访问武汉。恩格尔教授于 12 月 5 日赴江汉大学做主题为“全球性财务波动性：它的测量、解释和起因”的讲座。

诺贝尔经济学奖获得者——罗伯·恩格尔

6. “友好大使”

萨拉·普拉托博士，意大利籍，动物行为学、福利学和兽医学专家。现任江汉大学生命科学学院教师，中国生物多样性保护与绿色发展基金会生物与科学伦理委员会秘书长，野生动物救援组首席科学顾问。获得联合国环境署（UNEP）区域协调员提名（已公示），世界自然保护联盟（IUCN）“弗雷德·帕卡德奖”提名。

普拉托博士在华工作 13 年，对华长期友好，被意大利人民誉为“意中友好大使”。疫情期间，普拉托博士和家人选择留在中国，始终坚定地与武汉人民一道抗击疫情，并积极开展抗击疫情国际合作。

江汉大学教师萨拉博士

《你好 武汉》封面

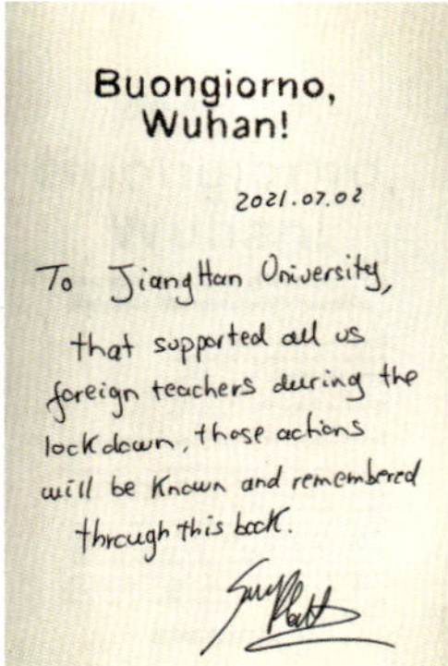

萨拉的赠语

人民日报对 Sara 的报道

2021 年 9 月 30 日，萨拉赴北京人民大会堂参加中国政府友谊奖颁奖仪式

7. 外教获奖

张福悦先生至今已在中国生活了30年，他对中国有着深厚的感情。他曾在中央电视台、《北京周报》《国际商业杂志》等杂志社从事法语审稿工作，积极参与和组织法语第二课堂。2012 年至 2021 年，他成为了江汉大学外国语学院的一名法语教师。他热爱教育事业，武汉电视台海外频道曾来校对张福悦进行了采访报道，深入课堂拍摄了张福悦老师上课的情景。他多次获得武汉市政府及学校各种奖励。2014 年，他获得了武汉市人民政府“黄鹤友谊奖”，并在湖北省政府举行的国庆招待会上接受了武汉市市长唐良智颁奖。同年，他还获得了武汉市教育局颁发的“武汉市优秀外籍教师合作友谊奖”和江汉大学颁发的“优秀外籍教师奖”。2015 年，他获得了江汉大学颁发的“感动江大”人物奖。

时任武汉市市长唐良智为张福悦颁发“黄鹤友谊奖”

8. 首位留学生

1984 年 7 月，应日本文化交流协会及国际拳道学联盟邀请，学校首次派出体艺系讲师安天荣赴日本进行为期 1 个月的拳道学交流、讲学。1985 年，江汉大学首次接待日本学生奥津昭（安天荣学生）来学校进行武术交流。

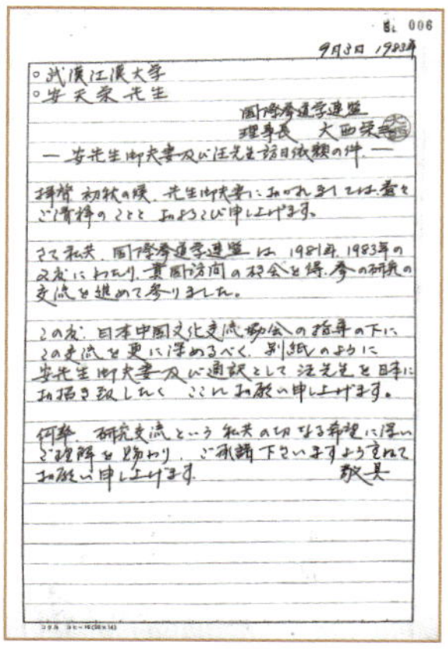
No. 006
9月3日 1983年

○武漢江漢大学
○安天栄先生

国際拳道学連盟
理事長 大西栄三

—安先生御夫妻及び汪先生訪日依頼の件—

拝啓 初秋の候、先生御夫妻におかれましては益々ご清祥のこととお喜び申し上げます。

さて私共、国際拳道学連盟は1981年、1983年の2度にわたり、貴国諸両の機会を得、拳の研究の交流を進めて参りました。

この度、日本中国文化交流協会の指導の下に、この交流を更に深めるべく、別紙のように安先生御夫妻及び通訳として汪先生を日本にお招き致したく、ここにお願い申し上げます。

何卒、研究交流という私共の切なる希望に深いご理解を賜わり、ご承諾下さいますよう重ねてお願い申し上げます。 敬具

1983 年，日本拳道学联盟理事长大西荣三邀请安天荣夫妇赴日邀请函

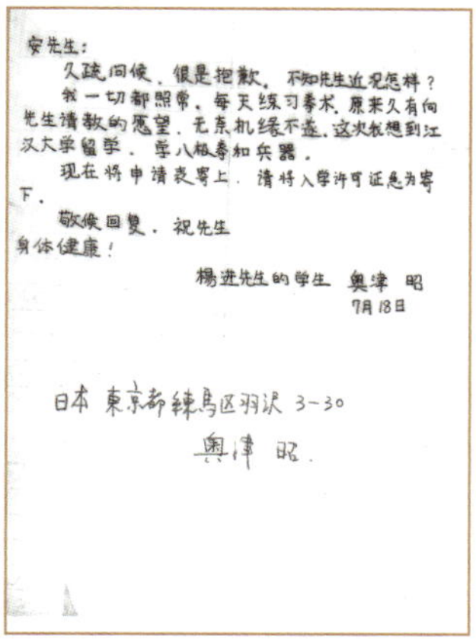
安先生：

久疏问候，很是抱歉。不知先生近况怎样？

我一切都照常，每天练习拳术。原来久有向先生请教的愿望，无奈机缘不凑。这次我想到江汉大学留学，学八极拳和兵器。

现在将申请表寄上，请将入学许可证急为寄下。

敬候回复，祝先生身体健康！

楊进先生的学生 奥津昭
7月18日

日本 東京都練馬区羽沢 3-30
奥津昭

1985 年，奥津昭来学校参加中国武术短期训练班申请书

9. 韩国进修生

大韩民国忠清北道清州市政府于 2014 年选派公务员金银培全脱产来学校进修汉语，金银培曾任韩国清州商工会议所武汉代表处所长。2014 年 6 月 20 日，在国际教育学院 105 会议室举办金银培结业典礼，时任副校长桑建平、时任市外办亚洲处处长金万婵参加结业典礼。

2014 年 6 月，金银培参加结业典礼

金银培参加 2021 年 5 月在济南举办的中日韩对接合作发展山东行对话会

10.《继续前行》

SIBANDA GIBBONS MABUTO，男，1994 年出生，津巴布韦籍，中文名：吉本斯，江汉大学国际教育学院 2021 届临床医学本科专业毕业生。他出生在津巴布韦一个小城市，家庭环境并不富裕，自小父亲便因病去世，但是他对生活充满了希望与热爱，立志成为一名医生，为自己国家的人民消除疾病带来的痛苦。

新冠肺炎疫情爆发后，为了学生安全，江汉大学国际学生公寓实施全封闭管理，留学生们的日常生活受到了不同程度的影响。在此期间吉本斯勇于担当、敢于作为、默默付出，积极参与学校的物资配送、发放工作，不论刮风下雨，志愿者队伍中总能看到他的身影，为在校留学生的安康，以及维护校园稳定做出了突出贡献。

吉本斯根据疫情期间的所感所想，自己一人作曲、填词、编曲，独立创作了说唱歌曲《WUHAN CARRY ON（继续前行）》，为在校的留学生们带来了精神上的鼓舞，展现了江汉大学国际学生良好的精神风貌。

该原创歌曲及采访视频先后在中国国际电视台（CGTN）、湖北广播电视报、湖北经典音乐广播、武汉教视进行报道。境外平台的浏览量突破 2 万次。并在 2020 年 10 月 15 日荣获第四届全国大学生网络文化节和全国高校网络教育“共抗疫情、爱国力行”主题宣传教育和网络文化成果征集展示活动歌曲类一等奖。

扫描二维码观看吉本斯说唱歌曲《WUHAN CARRY ON（继续前行）》

吉本斯表示，希望通过歌曲传达信念，只要听到它，都会提醒我们曾经同心协力、共克时艰，而且最重要的是我们最终团结一致取得了胜利。无论我们的肤色、性别、年龄或信仰如何，世界都是一个大家庭，只有和平、爱和团结才可以战胜一切。

11. 孔子学院

2018 年 9 月 26 日，江汉大学承办的“武汉—博伦厄友好城市孔子学院”在瑞典博仑厄市揭牌运营。中国驻瑞典特命全权大使桂从友，时任武汉市委副书记、常务副市长陈瑞峰，时任博仑厄市常务副市长玛瑞・咏森，江汉大学副校长毛卉等共同为该院揭牌。

“武汉—博伦厄友好城市孔子学院”的设立和运营，为中国语言和文化推广、“讲好中国故事”作出了积极努力，并在友好城市的经贸、环保、公共健康、民政、青少年发展等领域的交流与合作作出了积极探索。

遗憾的是，因外方原因，“武汉—博伦厄友好城市孔子学院”于 2020 年 8 月底关闭，成为最后一所关闭的在瑞孔子学院（含孔子课堂）。

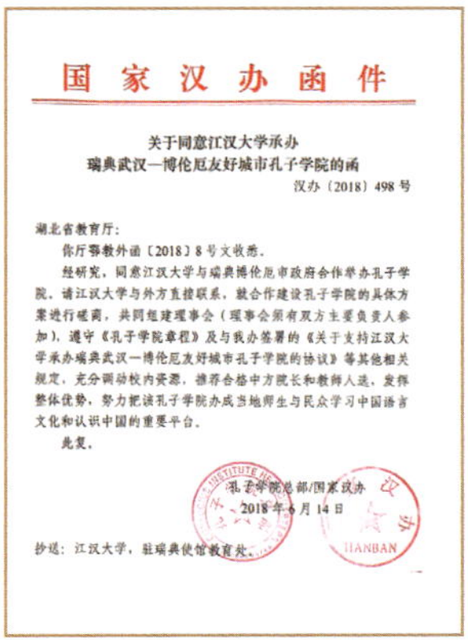

国家汉办函件

关于同意江汉大学承办
瑞典武汉—博伦厄友好城市孔子学院的函

汉办〔2018〕498 号

湖北省教育厅：

你厅鄂教外函〔2018〕8 号文收悉。

经研究，同意江汉大学与瑞典博伦厄市政府合作举办孔子学院。请江汉大学与外方直接联系，就合作建设孔子学院的具体方案进行磋商，共同组建理事会（理事会须有双方主要负责人参加），遵守《孔子学院章程》及与我办签署的《关于支持江汉大学承办瑞典武汉—博伦厄友好城市孔子学院的协议》等其他相关规定，充分调动校内资源，推荐合格中方院长和教师人选，发挥整体优势，努力把该孔子学院办成当地师生与民众学习中国语言文化和认识中国的重要平台。

此复。

孔子学院总部/国家汉办
2018 年 6 月 14 日

抄送：江汉大学，驻瑞典使馆教育处。

2018 年 9 月，“武汉—博仑厄友好城市孔子学院”在瑞典揭牌，博仑厄市常务副市长玛瑞・咏森（左三），武汉市委副书记、常务副市长陈瑞峰（右三），江汉大学副校长毛卉（右二），孔院院长凃乾（右一），参加了揭幕仪式

长江日报

大力传承弘扬推广长江文明 高水平建设世界历史文化名城

加快迈向中国经济增长"第四极" 推动长江中游城市群高质量一体化发展

"思问题所急，想国家所需"
——李德威留下的思考

对标对表 动真碰硬
全力做好省委巡视反馈意见整改落实工作

《外国人在武汉》把开放的武汉故事讲到吉隆坡

王蔷击败奥运冠军 今日向决赛冲击

武汉携手博伦厄建成全球首个友城孔子学院

1版:头版 PDF版下载 下一版 版面导航

长江日报

往期回顾 返回目录

武汉携手博伦厄建成全球首个友城孔子学院

长江日报讯（记者王蕾 通讯员崔静） 当地时间2018年9月26日，武汉-博伦厄友城孔子学院揭幕仪式在我市瑞典友城博伦厄市举行。

据介绍，武汉于2007年与博伦厄市正式结好，11年间，两市政府和人民积极开展教育、民政、文化、体育、旅游等领域的务实交流与合作，不断增进了解和互信，建立了丰富的合作伙伴关系和友城情谊。武汉与博伦厄携手建立全球首个友城孔子学院，是中瑞地方友城合作的标志性成果和创新实践，是对两地人民交往初心的美好回报。

据了解，"武汉-博伦厄友城孔子学院"的设立将为瑞典人民开启一个全新的了解中国的窗口，为推动中瑞人文交流互鉴，深化武汉与博伦厄的友好交流与合作，发挥积极的作用。武汉将全力支持并加快推进孔子学院建设和发展工作，与博伦厄共同打造全球孔子学院的示范，为中瑞文化交流与合作注入新动力，增添新能量。

孔子学院首任中方和外方院长由孔子学院承办单位江汉大学和博伦厄市政府派员担任。

长江日报首页报道"武汉—博伦厄友城孔子学院"成立

2019 首届武汉—博伦厄友城孔子学院学员来华春令营学员合影

12. 合作办学

2014 年 9 月，在湖北省、武汉市教育和外事部门的共同努力下，江汉大学与爱尔兰阿斯隆理工学院合作举办视觉传达设计专业本科教育项目，为武汉成为中国内陆首个全球创意城市网络"设计之都"添砖加瓦。

此项目是学校首个获批并通过复审的中外合作办学本科项目。自 2015 年招生以来，项目深受学生和家长欢迎，生源情况良好，招生分数逐年提高。截至 2020 年，共招收学生 595 人，目前在校学生 399 人，毕业生 190 人，毕业率达 100%，赴爱尔兰深造的学生均拿到外方学位证。

2014 年，江汉大学与新西兰 IGQ 国际高尔夫学院合作举办社会体育专业（高尔夫运动员 / 教练员）高等专科教育项目。截至最后招生年份 2019 年，该项目共招收六届学生，共计 127 人，毕业生 75 人，毕业率达 100%。

随着其办学特色和教学水平的提升，学校成为全国高尔夫教练员和裁判员考试中心，是全国大学生高尔夫锦标赛的获奖单位，在全国休闲时尚体育教育国际方面起到了创新引领的作用，走在全国同行的前列。

2019 中爱班开学典礼

2020 中爱班开学典礼

中爱班学生代表向张幸平校长（左二）和阿斯隆理工学院院长凯恩先生（左三）赠送作品

2015 年，中新双方互换联合办学牌匾仪式

江汉大学学生在 IGQ 参加高尔夫比赛并获奖

13. 校际交流

序号	项目名称	协议签署时间
1	（中法）江汉大学与法国波城大学合作举办法语专业校际交流本科项目（3+1）	2010
2	（中法）江汉大学与法国昂热大学合作举办法语专业校际交流本科项目（3+1）	2016
3	（中日）江汉大学与日本大分大学合作举办日语专业校际交流本科项目（3+1）	1989
4	（中日）江汉大学与日本大分县立艺术文化短期大学合作举办日语专业校际交流本科项目（1+1.5+1）	2009
5	（中荷）江汉大学与荷兰格罗宁根汉斯大学国际商务与管理专业校际交流本科项目（2+2）	2008
6	（中德）江汉大学与德国斯图加特双元制大学校际交流项目	2010
7	（中德）江汉大学与德国凯泽斯劳滕工业大学机械设计制造及其自动化专业校际交流项目（2+2.5）	2011
8	（中美）江汉大学与美国加州大学河滨分校合作举办金融学 / 会计学专业校际交流本科（硕士）项目（3+1+1）	2012
9	（中美）江汉大学与美国拉文大学合作举办金融学 / 会计学专业校际交流本科（硕士）项目（2+2）	2014
10	（中美）江汉大学与美国东北州立大学合作举办校际交换生项目	2018
11	（中美）美国佐治亚州瑞金斯大学护理专业校际交流本科项目（2+2）	2012
12	（中美）美国威斯康辛帕克赛德分校工商管理专业校际交流硕士项目（3+1+1）	2015
13	（中加）江汉大学与加拿大西安大略大学国际研究合作	2017
14	（中韩）江汉大学与韩国大真大学合作举办校际交换生项目	2014

学生赴国（境）外交流团组

德国凯泽斯劳滕工业大学项目学生刘丽婷

“十三五”以来，在校生出国（境）学习、交流、参赛达1046人次，分别赴美国、英国、爱尔兰、意大利、法国、德国、葡萄牙、澳大利亚、日本、韩国、新加坡、马来西亚等国家和地区。团组类型多样，既包括世界名校参访项目赴英国剑桥大学，美国哈佛大学、耶鲁大学、斯坦福大学、杜克大学，澳大利亚悉尼大学，新加坡国立大学等；也包括交

江大学生在法国昂热大学

流学习中期项目赴加拿大麦吉尔大学、西安大略大学，英国中央兰开夏大学，法国夏庞蒂埃学院等；还包括体育赛事项目参加美国长堤龙舟节暨国际大学生龙舟锦标赛、第七届韩国釜山亚洲大学生自行车锦标赛、比利时国际乒乓球公开赛、第25届中韩青少年体育文化交流大会等。

2017年美国斯坦福大学：2017年7月学校派出5名优秀学生参加美国斯坦福大学美西创新短期交流项目。本项目为中美两国一流高校学子提供校际交流平台，并让学生体验从寻找创新创业项目开始到商业路演的全过程，更让学生和美国成功创业的年轻企业家面对面交流，向斯坦福名师系统学习创新管理和培养领导力的全过程。

2018年悉尼大学访学项目：项目主要内容包括悉尼大学商学院专业课程、商务英语课程、商学院讲座、国际知名企业参观访问、中外学生交流、悉尼文化考察、校园大使活动等。参加项目的学生在悉尼大学学习包括商学院专业课程、商务英语表达、商务谈判、商务案例分析等。全部课程及讲座均为纯英文讲授。学习期间，学生将以个人或小组为单位进行课题研究，并在项目最后就各自的研究课题进行阐述、演讲。参加项目的学生还参观、访问了澳大利亚储备银行等知名企业，学生在企业访问中对课堂所学的国际商务等课程有一个更加深刻、直观的认识。

2017年7月，美国斯坦福大学暑期游学团组

2018年7月，悉尼大学访学团组

2019 年英国剑桥大学科技新趋势访学项目：剑桥大学科技发展新趋势课程为学生提供全方位支持的学习环境，课程培养学生的跨学科技能、探索新的领域、拓展新的思路，并提高学生的思辨能力。课程涉及科技发展新兴热门专业，如：网络安全、人工智能、生化、气候变化、纳米技术、神经生物学、量子力学，等等。

2019 年 7 月，英国剑桥大学科技新趋势访学团组

2019 年联合国国际组织优秀人才培养计划：同学们在联合国学习不同主题的国际组织精选课程，由联合国知名外交官及学者执教，采用案例式全英文教学。课程为小班式教学，强调师生互动和小组讨论，最大程度上活跃学员的思维。学生有机会聆听来自联合国日内瓦总部、世界贸易组织、国际红十字会、世界气象组织、联合国欧洲经济委员会、联合国环境署等联合国官员的学术讲座，同时，作为学生观察员参与观摩正在举行的联合国会议 / 辩论。联合国中国青年专业代表、中国外交部代表和德国、英国等青年专业人员与学生们分享如何进入联合国实习和工作的经验。

2019 年 8 月，联合国国际组织优秀人才培养计划团组

来华留学学历生教育

基本情况

学校 2013 年开始尝试招收来华留学学历生，2014 年，招收外国留学生专业进一步扩大。2015 年开始成建制招收来华留学全日制本科学历生（临床医学专业），在校留学生规模进一步增大。2019 年增设国际经济与贸易专业，2020 年增设环境科学与工程专业，2021 年增设工商管理和汉语国际教育专业。2013 年至 2020 年，学校共录取国际学生 418 人，分别来自欧洲、非洲、亚洲等共计 27 个国家，学生分布具有国别多样、地域广阔、文化丰富等特点。

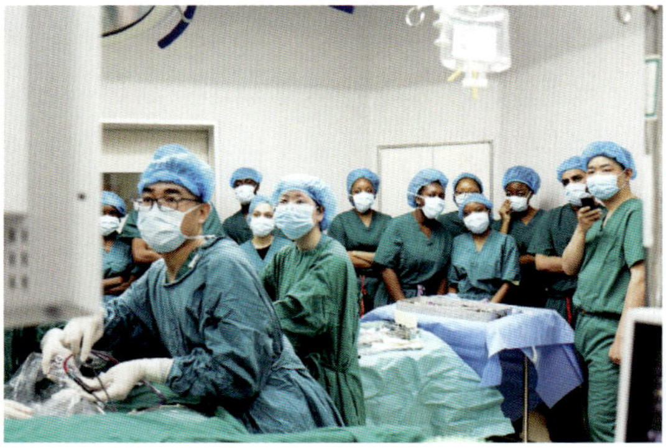

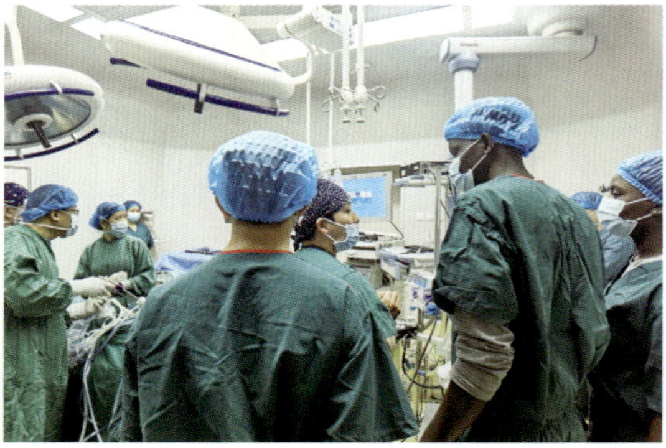

临床实习见习

获奖情况

2016年至2021年期间，学校国际学生参加各类赛事，多次获得国家级、省级、市级奖项。2018年5月21日，学校第二次组织国际学生和中国学生代表队赴武汉体育学院参加第三届“留动中国——在华留学生阳光运动文化之旅（湖北赛区）”的比赛，学校代表队喜获3V3篮球比赛第三名、定向越野比赛第六名、体育艺术展示第八名和团体总分第三名的优异成绩，并代表湖北省参加了在江苏大学举办的东南片区赛。

校园多元文化建设

截至2021年4月，学校成功举办近百场校内外多元文化活动。2014年学校举办Education Changes主题征文大赛。2015年举办学校首届ELITE杯英语书法大赛。2015年至2018年期间连续四年选派国际学生参加“榜样的力量”颁奖典礼。2016年至2019年连续成功举办4届江汉大学国际文化节。2020年国际教育学院国际学生事务管理与服务团队荣获第十三届“感动江大人物”集体奖。

国际学生奖学金

2017 年，共有 5 名国际学生荣获湖北省外国留学生奖学金；2018 年至 2020 年期间，共有 50 名国际学生荣获“留学武汉”政府奖学金。

2020 年开始设立“江汉大学外国留学生奖学金”，实现了对学校国际学生本科学历生奖学金全覆盖政策。

第一届来华留学本科毕业生情况

2021 年 6 月，2015 级临床医学专业国际学生学历本科生（6 年制）毕业率为 91.6%；13 名毕业生分别被华中科技大学、武汉大学、江苏大学、陕西师范大学录取为硕士研究生，占毕业生总数的 17.1%；2 名毕业后签约武汉企业，留汉工作。

年份	专业	录取人数	国别数量	国别详情
2013	教育学	1	1	韩国
2014	教育学、运动训练	2	2	韩国、荷兰
2015	临床医学	103	11	埃塞俄比亚、巴基斯坦、博茨瓦纳、加纳、津巴布韦、喀麦隆、孟加拉、南苏丹、坦桑尼亚、乌干达、赞比亚
2016	临床医学	95	12	埃塞俄比亚、巴基斯坦、博茨瓦纳、加纳、津巴布韦、喀麦隆、科特迪瓦、卢旺达、南苏丹、坦桑尼亚、印度、赞比亚
2017	临床医学	122	7	巴基斯坦、津巴布韦、卢旺达、孟加拉、坦桑尼亚、印度、赞比亚
2018	临床医学	56	6	博茨瓦纳、卢旺达、南苏丹、坦桑尼亚、印度、赞比亚
2019	国际经济与贸易	22	9	阿尔及利亚、俄罗斯、几内亚、加蓬、喀麦隆、科摩罗、摩洛哥、坦桑尼亚、印度尼西亚
2020	国际经济与贸易	17	6	布基纳法索、赤道几内亚、几内亚、利比里亚、摩洛哥、乍得
	总计	418		

来华团组

接收海外学生来校短期交流团组数近年也有大幅增加。

近四年来学校承接了短期来华团组 51 个，分别来自于日本、瑞典、意大利、墨西哥、韩国、奥地利、突尼斯、荷兰、新加坡、巴西、南非等国家。包括：2014 年日本大分县立艺术短期大学汉语短期班；2014 瑞典博仑厄市学术交流与文化体验代表团；2014 年意大利瓦雷泽市国际交流与文化体验代表团；2015 年墨西哥托卢卡州立大学针灸研习留学项目培训班；荷兰汉恩大学代表团；2016 年日本交流生中国文化进修班；2016 年英国林肯大学代表团；2016 年墨西哥托卢卡谷州立大学针灸研习留学项目；2017 年日本交流生中国文化进修班，马来西亚苏丹伊德理斯教育大学代表团；法国巴黎高等文化艺术管理学院代表团；2018 年墨西哥针灸研习留学项目，法国交流生中国文化进修班；2019 年日本交流生中国文化进修班，首届武汉—博伦厄友城孔子学院学员来华春令营等。

2019 年 12 月第十七届韩国清州市青少年汉语进修班开班仪式

中韩“汉语”

2003 年至 2019 年江汉大学连续举办 17 届韩国清州市汉语进修班，超 400 名韩国青少年到校学习。

韩国清州市汉语进修班是团组当中来访时间最早、次数最多、持续性最强的。自 2003 年该进修班 20 人来学校交流学习以来，共来访 17 次，来访人数超 400 人。

中瑞护理

2008 年 10 月，经武汉市外办、武汉市教育局引荐，学校启动了与瑞典博仑厄市在护理领域的国际交流项目。2014 年 4 月 23 日，瑞典博仑厄市学术交流与文化体验代表团来访，增进了两市之间的友谊和了解，进一步促进了学校护理学科的发展和护理教育的国际化。

2014 年 4 月，瑞典博仑厄市学术交流与文化体验代表团开学典礼合影

中墨中医

2014 年至 2018 年墨西哥托卢卡州立大学共来访 5 次，来访人数 47 人。

中新“管乐”

为促进中新文化交流，新加坡南洋理工大学管乐团于 2015 年 12 月 10 日至 14 日来访，并于 12 月 13 日晚在学术交流中心明德厅举行联合音乐会，市教育局局长孟晖、时任江汉大学校长李强、副巡视员童幸生与 700 余名师生欣赏了此次音乐会。

2018 年 11 月，墨西哥托卢卡州立大学针灸研习留学项目开学典礼

2015 年 12 月，新加坡南洋理工大学管乐团来校交流演出

武汉市首次获批教科文卫引智重点项目

2017 年 7 月 20 日，学校通过武汉市外国专家局申报的《光电功能超分子多孔材料的构筑与性能研究》成为武汉市首次申报获批的教科文卫类重点引智项目，获 8 万元资助经费。

依托江汉大学组建的光电化学材料与器件教育部重点实验室，针对湖北省光电产业显示领域对柔性光电显示材料与器件的开发及产业化的迫切需求，江汉大学牵头组建的柔性显示材料与技术湖北省协同创新中心与光电化学材料与器件教育部重点实验室汇聚了化学、化工、材料科学与工程以及环境科学与工程等多学科拔尖创新人才；实施了以任务为导向的校企协同创新机制，坚持推进对外交流与合作，聚集和培养高层次国际科技人才、开展国际科技合作和国际学术交流，推动学校创新体系建设和综合改革，提高自身创新能力和人才培养质量，为湖北省和武汉市光电特色产业发展提供较强的科研创新动力和人才储备。

项目的申报成功对于切实发挥外国专家作用，推动地方所属高等院校的引智工作，具有极为重要的引领作用和示范效应。

我市首次获批科教文卫重点引智项目

发布日期：2017-08-09

为认真贯彻我市招才引智"一把手工程"精神，引进更多海外高端人才，武汉市外国专家局经过充分调研，积极向国家外专局申报了多项科教文卫重点引智项目。今年7月20日，国家外国专家局办公室签发〔2017〕278号文件，下达已批准的2017年度地方高校教科文卫引智项目计划和经费的通知。江汉大学通过武汉市外专局申报的教科文卫类重点引智项目《光电功能超分子多孔材料的构筑与性能研究》获批8万元引智资助经费，此项目为我市首次申报获批的文教类引智项目，项目的申报成功对我市切实发挥外国专家作用，推动地方所属高等院校的引智工作，具有极为重要的引领作用和示范效应。

《光电功能超分子多孔材料的构筑与性能研究》项目负责人，光电材料与技术学院教授王洪波

七、党的建设

江汉大学党委坚持以习近平新时代中国特色社会主义思想为指导，落实新时代党的建设总要求，坚持和加强党对学校的全面领导，以政治建设为统领，加强思想建设、组织建设、作风建设、纪律建设和制度建设，推进全面从严治党向纵深发展。党的建设是江汉大学推进改革和发展的坚强组织保证，学校认真贯彻落实党委领导下的校长负责制，把握学校发展方向，以人才培养为中心的各项建设任务全面完成。学校扎实推进党史学习，坚守初心，砥砺前行谋发展，连续多年获市属高校党建工作考评优秀。推行综合导师制，创新思想政治教育模式，形成全员全过程全方位育人格局。党风廉政建设逐步强化，管党治党意识不断增强，构筑起拒腐防变的坚固防线。

1. 政治建设

以党的政治建设为统领，不断增强“四个意识”，坚定“四个自信”，做到“两个维护”。加强党对高校的全面领导，全面贯彻党的教育方针，坚持社会主义办学方向，将政治要求落实到人才培养、学科建设、师资队伍建设等各项工作中。

江汉大学2021年全面从严治党暨学校工作会议

学习贯彻习近平总书记视察湖北重要讲话精神市级宣讲团走进江汉大学

中央巡视组巡视反馈意见整改推进会

江汉大学落实省委第四巡视组情况反馈意见整改工作部署会

人工智能学院2020年度民主生活会暨中央巡视反馈意见整改专题民主生活会

智能制造学院2020年度民主生活会暨中央巡视反馈意见整改专题民主生活会

武汉市抗击新冠肺炎疫情先进事迹报告会

光荣在党五十年

2. 思想建设

加强和改进思想政治工作，大力弘扬社会主义核心价值观，把立德树人融入思想道德、文化知识、社会实践教育各环节，全员全过程全方位育人格局加快形成。推进习近平新时代中国特色社会主义思想进教材进课堂进头脑，以制度创新推动思政课改革不断深入。

2019 年，基层党组织书记及党务干事“不忘初心 牢记使命”培训班（井冈山）

2019 年，基层党组织书记及党务干事“不忘初心 牢记使命”培训班（延安）

2016 年 10 月 14 日，“湖北省老干部讲好中国故事”进高校报告团为师生作生动感人的报告

2016 年 3 月 11 日，“武汉好人圈”百姓宣讲团高校行首站宣讲活动来到学校

武汉市属高校思想政治工作座谈会在我校召开

党委中心组专题理论学习会

党委中心组扩大学习报告会

3. 组织建设

党的干部是党和国家事业的中坚力量。江汉大学党委坚持以马克思列宁主义、毛泽东思想、邓小平理论、“三个代表”重要思想、科学发展观、习近平新时代中国特色社会主义思想为指导，全面贯彻党的十九大以来历次全会精神，认真落实新时代党的建设总要求和组织路线。坚持正确用人导向，把好干部选出来、用起来，促进能者上、庸者下、劣者汰。

中共江汉大学委员会

外国语学院党委	教育学院党委	人工智能学院党委	体育学院党委	智能制造学院党委	数字建造与爆破工程学院党委	光电材料与技术学院党委	环境与健康学院党委	医学院党委	生命科学学院党委	美术学院党委	音乐学院党委	设计学院党委	继续教育学院地党委	机关与直属单位党委	图书馆党总支	后勤服务保障中心党委	校办产业管理公司党总支	附属医院党委		离退休党委	国际教育学守直属党支部	湖北（武汉）爆炸一爆破技术研究院（武汉爆破有限公司）直属党支部
支部数	支部数	支部数	支部数	支部数	支部数	支部数	支部数	支部数	支部数	支部数	支部数	支部数	支部数	支部数	支部数	支部数	支部数	支部数	支部数	支部数	支部数	支部数
9	6	10	9	16	2	10	3	15	8	4	4	7	4	22	3	6	3	4	30	28	1	1
个	个	个	个	个	个	个	个	个	个	个	个	个	个	个	个	个	个	个	个	个	个	个

（下设 22 个基层党委，2 个党总支，2 个直属党支部；基层党委下设 4 个党总支，235 个党支部）

党员数 5498 人

江汉大学 2018 年科级干部培训班

“双认领”活动

“两学一做”学习教育

“创先争优”活动

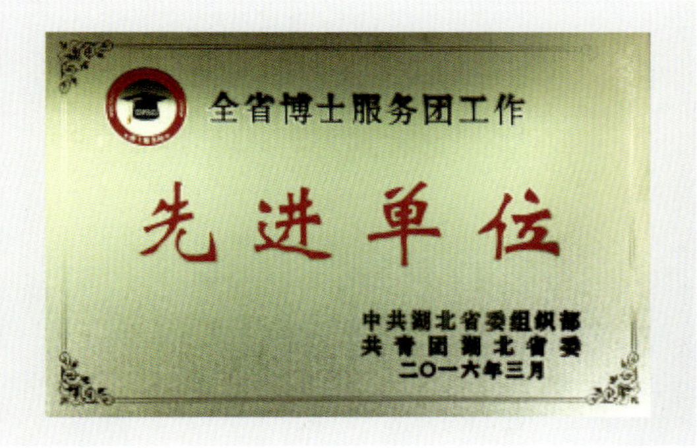

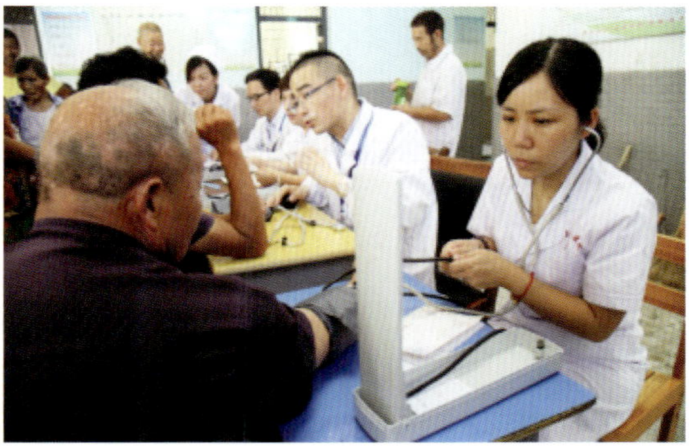

博士服务团

4. 作风建设

党的作风是党的形象，是观察党群干群关系、人心向背的晴雨表。党的作风正，人民的心气顺，党和人民就能同甘共苦。实践证明，只要真管真严、敢管敢严，党风建设就没有什么解决不了的问题。作风建设永远在路上。

2021 年纪检监察工作推进会

江汉大学召开纪委扩大会议照片

2019 年 10 月 12 日，参观长江博物馆

“不忘初心、牢记使命”主题教育动员部署会

党的群众路线教育实践活动

“三严三实”专题教育

“两访两创”活动

5. 纪律建设

加强纪律建设是全面从严治党的治本之策。党要管党、从严治党。江汉大学党委加强宣传教育，严明各项纪律，全面推进反腐倡廉工作。

组织参观中国共产党纪律建设历史陈列馆

参观廉政文化展

2017 年 6 月 8 日，学校组织党员领导干部参观中共五大会址纪念馆、中国共产党反腐倡廉历程展、毛泽东旧居、中央农民运动讲习所

江汉大学 2019 年工作部署暨党风廉政建设工作会议

党风廉政教育册子

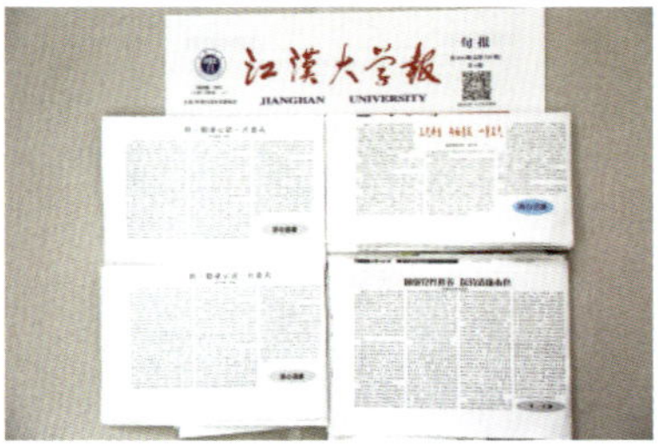

在全校党员干部中开展“清心话廉”专题征文活动

江汉大学“铸魂杯”廉政楹联大赛

6. 制度建设

制度建设是全面从严治党的重要保障。健全完善制度，以党章为根本遵循，本着于法周延、于事有效的原则，制定新的法规制度，完善已有的法规制度，废止不适应的法规制度，健全党内规则体系，扎紧党纪党规的笼子。

纪委新建的专员场所

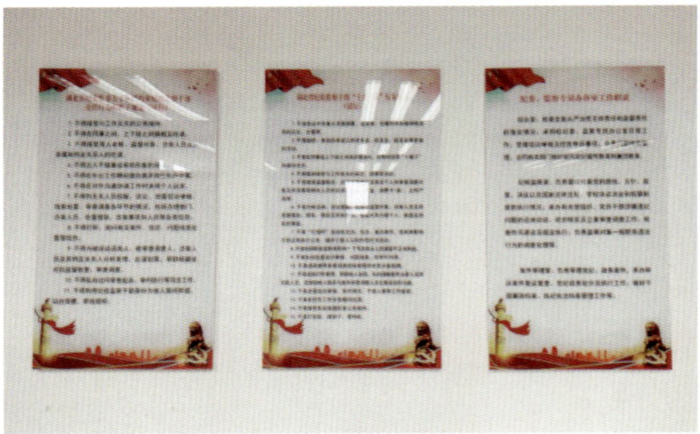

制度

江汉大学按照党委领导下的校长负责制，通过建章立制，加强了党委统一领导学校工作，健全了党委与行政议事决策制度

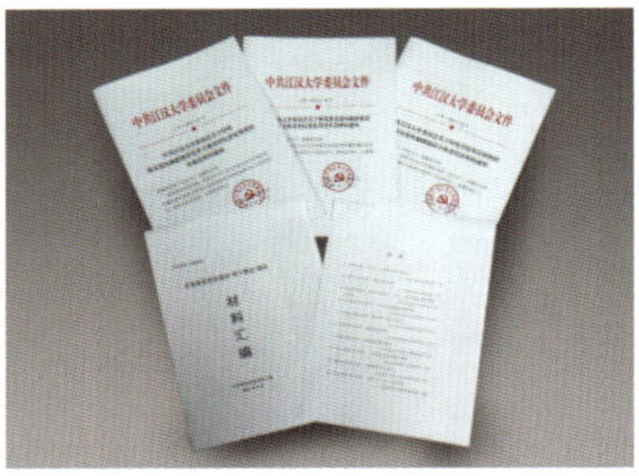

校党委从制度上把学校党的建设纳入管党治党、办学治校的主体责任，出台了有关实施意见和责任清单

江汉大学把党的建设作为目标绩效管理的重要内容，出台了《江汉大学目标（绩效）管理办法》，制定了学院评价和非教学类单位目标（绩效）考核指标体系

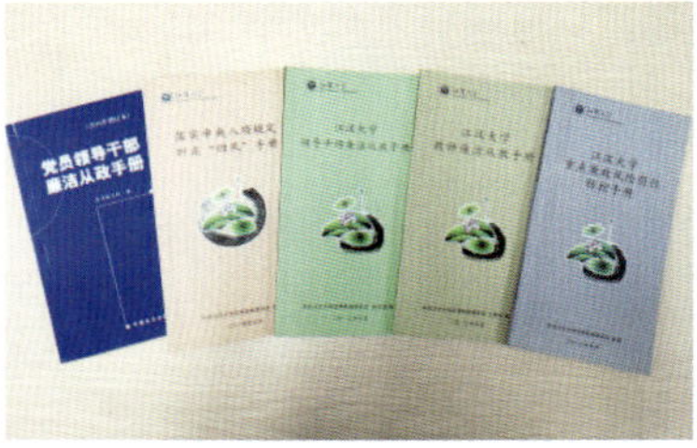

领导干部廉洁从政等手册

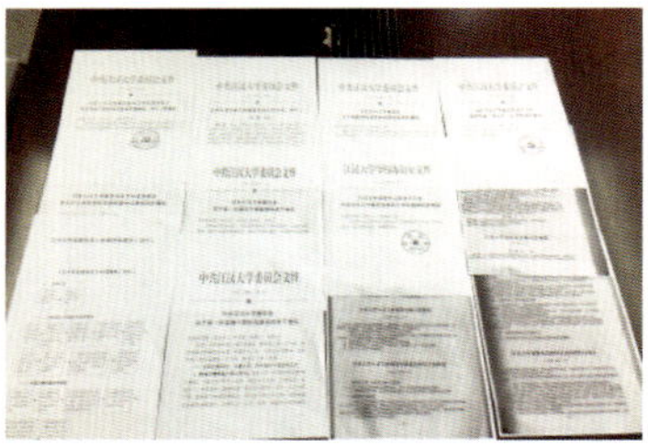

以党章为根本加强党的制度建设，保证党内民主生活的正常化

7. 专项活动

感动江大

学校在履行人才培养、科学研究、社会服务职能的同时，还积极致力于增强武汉地方文化软实力，为地方社会主义文化大发展大繁荣贡献积极力量。

“感动江大人物”评选活动

自 2008 年以来连续举办十三届，形成学校建设的独特“文化品牌”，获教育部全国高校校园文化建设优秀成果奖

08 专版

中国教育报

典型引领 感动校园 打造品牌 铸魂育人

——记江汉大学“感动江大人物”评选特色校园文化活动

《中国教育报》报道学校“感动江大人物”评选特色校园文化活动

延安精神进校园

纪念辛亥革命 100 周年理论研讨会，前排左起：王汉章、苏希胜、任世茂、邢世忠、逄先知、李铁映、李鸿忠、有林、尹汉宁、张启华、李文海

武汉延安精神研究院揭牌仪式

李铁映与代表亲切交谈

逄先知主持研讨会开幕式

故事三则

一位老党员的忠诚

7月中旬的一天，炙热的骄阳下，一位满头大汗、步履蹒跚的老人正在校园内四处打听校党委组织部的办公地点，经人指点，他终于找到了组织部，将自己最近两个月的党费交到组织部同志的手中。此时，老人的脸上露出会心的微笑。他，正是原江汉大学离休老干部、老党员彭虹同志。

彭老1938年到延安，曾担任延安电影放映队队长，解放初，先后就读于吉林工业大学、中国人民大学，随后留学苏联。回国后，执教于武汉大学，20世纪60年代，调到洛阳拖拉机厂任党委书记。离休后回到家乡湖北省武汉市东西湖区吴家山，其组织关系放在原江汉大学。

半个世纪的革命生涯，培养了彭老对党的无限忠诚，虽已是84岁高龄，但他仍念念不忘党员的义务和责任。在原江汉大学时，只要身体允许，他都会从吴家山乘车到学校，按时向党组织交纳党费。这次因原校区搬迁新址，于是他主动找到新江汉大学，就出现了前面那感人的一幕。

彭老非常关心新江大的建设和发展，看到新校美丽的校园，他激动不已，并说："没按时向党组织交纳党费，我内心深感不安，我年事已高，不能再为党继续工作了，但作为一名老党员，履行党员的义务是我义不容辞的责任。"

一位老共产党员的最后心愿

开学初的一天下午，一位精神矍铄的老妇人和一名年轻小伙子来到离退休工作处书记办公室，自称为其亲属交党费。

经询问得知，他们是我校退休教师刘子源的老伴和小儿子。2007年2月，刘子源因病去世，享年 79 年。刘老生前曾有过嘱托，希望能把党费交至 80 岁，亲属正是带着他的嘱托，来了却他这一最后心愿。

刘子源系江汉大学会统系书记，生前为党的教育事业勤勤恳恳、任劳任怨地工作，践行着党的全心全意为人民服务的宗旨，在各方面都发挥着模范带头作用。退休后，仍然按照一名共产党员的标准严格要求自己，积极参加退休支部组织的各项活动，关心国家大事，关心江大的建设和发展。他还参加了武汉市老年大学摄影班的学习，以此充实晚年生活，并取得了一定的成绩。

刘子源

刘老一生热爱党，忠于党，坚信党。在生命将息的最后，也没有向组织上提出任何要求。家属按照刘老的意愿，丧事从简，甚至连一个花圈都没有让单位送。

这笔党费虽不多，但让我们感到十分的沉重。刘老作为一名老共产党员，在人生 尽头，以他的实际行动表达了对党的一片赤诚之心，使我们看到了一名普通共产党员朴实无华的党性光辉。

闻立三同志临终不忘交最后一次特殊党费

2009 年 2 月 18 日下午，江汉大学离退休工作处党总支收到了前几天已故退休干部闻立三同志生前要小儿子遗嘱转交的最后一次特殊党费 1000 元。看到这动人的场面，离退休工作处的同志们深受教育，为之感动。

江汉大学原市职工医学院退休干部闻立三同志，一生拥护共产党的领导，忠诚党的教育事业，积极向党组织靠拢。

闻立三

2007 年 7 月，在闻老 84 岁高龄时，他终于加入了中国共产党组织，成为一名光荣的共产党员，实现了他人生的追求和心愿。他从此不顾年事已高，积极参加离退处党总支组织的政治学习和各种活动，他带头向汶川地震灾区多次捐款，献爱心。先后向市红十字会捐款 1000 元，向学校组织部交特殊党费 1000 元。2009 年春节，他知道自己重病缠身，医治无效，就再三叮嘱小儿子在他逝世后，代表他向学校、离退处党组织交最后一次特殊党费 1000 元。

闻立三同志退休 20 多年，工资不高，家庭经济条件也不好。特别是近几年来，他老伴及两个儿子先后病故，扯下了不少债务。他本人年老多病，平时舍不得吃，舍不得穿，经常把节省下来的钱帮助贫困学生，向灾区捐款，交特殊党费。他生前话不多，没有什么豪言壮语，但他用自己的实际行动，默默地实现着一个共产党员的人生追求，表现了他对党对人民无限热爱的崇高思想境界。

英勇壮举

2003年1月，武汉市委教育工委、市教育局发出通知，号召全市教育战线广泛开展向陈波同志学习的活动。

陈波是江汉大学88届校友，自体育专业毕业后，被分配到武汉广播电视大学新洲区分校工作。2002年，为保护学生，陈波被歹徒连刺两刀身亡，年仅35岁。

此后，省、市综治委决定，授予陈波“湖北省见义勇为先进分子”“武汉市见义勇为先进分子”称号。

2000年4月16日，学校体育系97届女生胡玲莉与其好友在长江二桥下四美塘公园散步，身后一女青年突然对塘而立跳入水中。紧急时刻，胡玲莉脱掉鞋袜跳入冰冷的水中，她一手划水、一手拖住昏迷状态的女子，艰难地靠向岸边，随后众人合力将女青年救上岸。胡玲莉从水中爬上岸，顾不上自身的伤口便将女子侧放在地，用手按其腹拍其背，使其尽快吐出脏水。待女青年呼吸趋于正常，胡玲莉才悄然离去。

刘子源

胡玲莉

党建平台

“树立一面旗帜，带动一个同学，负责一片责任区”——响应中央号召，江汉大学开展“三个一”活动，从行动上回答了地方综合大学如何铸就学生党建新平台等系列命题。

树立一面旗帜，靠的是实际行动。在活动纵深推进中，江大学生党员清醒地认识到，要不断完善自己、发掘自己，时时刻刻走在理论学习的最前沿。

带动一个同学，为的是共同进步。充分发挥党员的先锋模范作用，带动普通同学一起进步，成为各学院学生党员践行“三个一”的一项重要内容。

负责一片责任区，要的是党性锻炼。在高校学生党建工作的全局中，江汉大学以“三个一”活动为平台，建立和完善发展学生党员队伍的长效机制。

工作创新

《光明日报》

改变单一的以“我”为主的灌输模式，换之以“导”为主，江汉大学等 7 所武汉市属高校积极探索和创新大学生思想教育模式，收到良好效果，登上了《光明日报》。

从 2004 年起，武汉市在江汉大学等市属高校推行综合导师制，师生双向选择，对大学生进行各方面的引导。

综合导师制的推出，既让学生独立思考，充分发挥积极性；更转变老师教育观念，使其受益匪浅，成果频出。江汉大学余新明获“全国模范教师”、陈少锋获评全国“三育人”先进个人。

《湖北日报》

为本科生配备导师，江汉大学酝酿近一年，率先试点的化学与环境工程学院 2000 级的 250 名毕业生成为首批直接受益者：考研上线人数达 56%，有的班级甚至达到 90%，学生党员达 16%，这些均超过以往比例。

在总结推广化环学院经验的基础上，江汉大学正式开始实施以“思想引导、学生辅导、生活指导、心理疏导”为核心内容的综合导师制。

《长江日报》

专题

“凝心铸师魂 立德育新人”

江汉大学努力推进新时代思想政治理论课建设改革创新

思政教育眼底高又责任重大 要做青年学生思想引路人

思政小课堂融入社会大课堂 将疫情防控作为高校思政课的鲜活教材

办好思政课关键在教师 大力推进思政课教师队伍建设

市委宣讲团走进江汉大学

推进学校“双一流”建设

用好红色资源 传承红色基因

红岩革命故事展演走进江汉大学

江汉大学思政课教师陈菲：

为青年一代上有意思有意义、有深度有温度的思政课

奋斗百年路 启航新征程

党史学习教育市委宣讲团走进江汉大学

大学师生要做历史洪流中的坚定者、奋进者和搏击者

学习党史

敬畏党史　学好党史

2009 年，党的十七届四中全会精神要求：要把党史作为建设学习型党组织的三个重点学习内容之一。2010 年 7 月，全国党史工作会议召开，进一步把学习党史和党史工作提到重要议事日程。围绕中央精神，江汉大学展开党史学习教育，取得丰硕成果。

有一种担当，躬身前行，苦干实干；有一种力量，冲锋在前，甘于奉献；有一种信仰，为国为民，坚定如磐。

2021 年以来，以中国共产党成立 100 周年为契机，江汉大学全面深入开展党史学习教育，推出“带你去看三角湖畔最灿烂的‘红’”等专栏，深挖身边最生动的党史教材，最宝贵的红色资源，讲好江大人自己的红色故事。

学党史、悟思想、办实事、开新局。党的声音是永远振奋人心的主旋律，江大的每一名党员都是红色音符，共同唱响新时代的伟大赞歌。

凌莎：一片丹心照寒夜　化作春蚕育新天

杨德亮：壮歌士气盛　躬耕桃李芳

张林苏：峥嵘岁月革命路　苦乐年华总关情

颜白秋：用生命践行入党誓言

追寻红色记忆　讲好江大故事

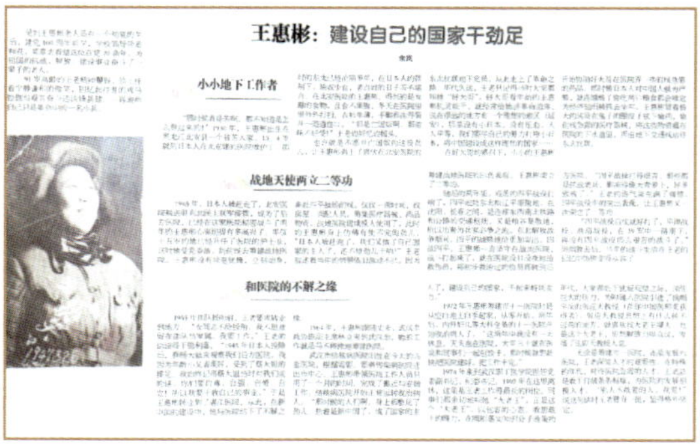

王惠彬：建设自己的国家干劲足

研讨会

2011 年 6 月，由湖北省延安精神研究会和武汉延安精神研究院共同主办的“纪念中国共产党成立九十周年暨弘扬延安精神、助推科学发展理论研究会”在江汉大学隆重召开。

研究会作出《光辉的历程，伟大的实践》专题报告，讴歌了中国共产党成立九十年来所取得的光辉成就。

江汉大学党委被武汉市委授予“先进基层党组织”称号

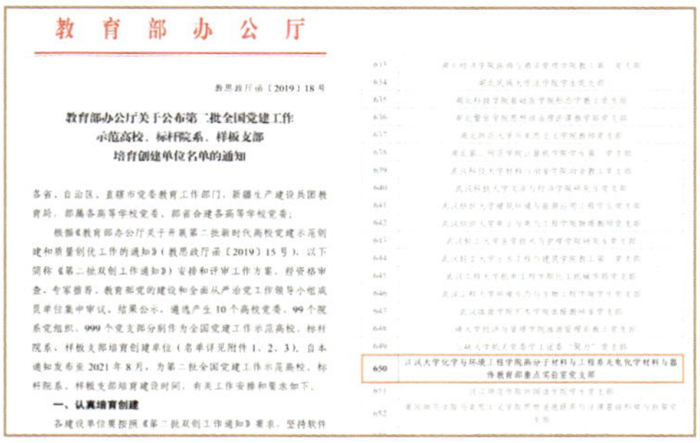

教育部办公厅

教思政厅函〔2019〕18号

教育部办公厅关于公布第二批全国党建工作示范高校、标杆院系、样板支部培育创建单位名单的通知

各省、自治区、直辖市党委教育工作部门，新疆生产建设兵团教育局，部属各高等学校党委，部省合建各高等学校党委：

根据《教育部办公厅关于开展第二批新时代高校党建示范创建和质量创优工作的通知》（教思政厅函〔2019〕15号，以下简称《第二批双创工作通知》）安排和评审工作方案，经资格审查、专家推荐，教育部党的建设和全面从严治党工作领导小组成员单位集中审议，结果公示，遴选产生10个高校党委、99个院系党组织、999个党支部分别作为全国党建工作示范高校、标杆院系、样板支部培育创建单位（名单详见附件1、2、3）。自本通知发布至2021年8月，为第二批全国党建工作示范高校、标杆院系、样板支部培育建设时间。有关工作安排和要求如下。

一、认真培育创建

各建设单位要按照《第二批双创工作通知》要求，坚持软件

江汉大学被教育厅评为全国党建工作示范高校、标杆院系、样板支部培育创建单位

党管人才

要紧紧围绕学校自身发展目标，按照确保重点、突出特色的原则，以加速培养中青年学科带头人和骨干教师为核心，实施新的人才建设工程，大力推进岗位聘任和分配制度改革，努力做到“用好现有的人，留住关键的人，引进优秀的人，培养未来的人”，努力造就一支师德高尚、业务精湛、规模适度、结构优化、充满生机和活力的创新型师资队伍，适应教学科研型大学发展需要。

《实现我校师资队伍建设的超常规发展》

——党委书记余茂才在 2008 年中青年骨干教师座谈会上的讲话

一所大学的办学和治理就是要靠队伍。靠什么队伍？要靠专业队伍、学术队伍，还要靠管理队伍、服务保障队伍，更要靠干部队伍。要使若干支队伍成为我们整个事业的中坚力量。我们整个事业的发展取决于我们整个队伍建设的水平。这是学校生存发展的生命线。

《要以生命线意识切实加强党管干部、党管人才和队伍建设》

——校党委书记　谭仁杰

培养中青年拔尖人才，对于学校，是战略工程，更是未来，在当前高校竞争日趋激烈的形势下，加大人才引进力度，是推进学校“双一流”建设一项具体的、实实在在的举措，有助于在全校范围内营造干事创业的良好氛围，激励全校教职员工下功夫、花心思去开展教学科研。

——2018 年 9 月 19 日，张幸平校长在学校中青年拔尖人才培养工作部署会上的讲话

8. 重要会议

首次党建与思想政治工作会议

2004年3月18日至19日，江汉大学召开首次党建与思想政治工作会议，总结交流学校组建以来党建与思想政治工作经验，研究和确定今后一个时期党建与思想政治工作的新思路和新任务。

近两年来，江汉大学党建与思想政治工作成效显著，被省委宣传部授予2002年至2003年度“理论学习先进单位”的称号，并被《光明日报》报道。

围绕发展目标，江汉大学优化配置干部，整合和优化干部的年龄结构、学历结构、知识结构，使一批年富力强的中青年同志走上了领导岗位；构筑“堡垒”工程，强化基层组织，涌现一批先进的学生党支部、先进基层党组织。

第二次党建与思想政治工作会议

2010年5月29日，江汉大学召开党建与思想政治工作会，共同探讨党建与思想政治工作，并认真审议学校《关于加强和改进新形势下党的建设工作实施意见》。

意见指出，以科学发展观统领学校党的思想建设，牢牢掌握党在意识形态领域的主导权；建设高素质领导班子和干部队伍，不断提高领导学校科学发展的能力和水平；大力加强和改进党的组织建设，增强党组织和党员队伍的创新活力，等等。

省委高校工委组织处副处长乔志强指出，高校党建工作的落脚点就是培养合格的建设者和可靠的接班人，不断强化育人为本、德育为先、理想信念教育的理念。

江汉大学——

以创新精神探索
高校思想政治工作新路子

走高质量发展之路　建高水平城市大学

中国共产党江汉大学第一次代表大会于 2020 年 12 月 19 日至 20 日召开。大会全面回顾和总结了江汉大学合并组建以来特别是近五年来改革发展的主要成就和基本经验，提出了建设高水平城市大学新的发展定位，对到 21 世纪中叶学校发展战略、理念和未来五年的主要任务作出了全面部署，为学校事业发展明确了目标任务和总体思路。

坚持立德树人　服务武汉发展　全面开启建设高水平城市大学新征程

大会背景

本次大会是在全国即将全面建成小康社会、开启全面建设社会主义现代化国家新征程的历史性时刻召开的一次重要会议；是新江汉大学合并组建以来召开的首次党代会，是回顾总结工作，谋划未来发展，全面开启建设高水平城市大学新征程的一次重要会议。

大会主题

以习近平新时代中国特色社会主义思想为指导，深入贯彻党的十九大和十九届二中、三中、四中、五中全会精神，全面加强党的领导，全面贯彻党的教育方针，坚持社会主义办学方向，落实立德树人根本任务，培养担当民族复兴大任的时代新人，主动服务武汉国家中心城市建设，求真务实，开拓创新，为实现学校高质量发展，建成高水平城市大学而努力奋斗。

过去主要工作回顾

加强党的建设，党的领导核心作用充分彰显

党的领导更加坚强有力
基层党组织建设成效显著
思想政治工作守正创新
党风廉政建设扎实有效

不断深化改革，学校办学水平全面提升

人才培养质量稳步提高
学科建设水平明显提升
科研创新能力持续增强
师资队伍建设成效显著
服务武汉发展亮点纷呈
新冠疫情防控彰显担当

对外交流合作深化拓展
内部治理体系不断完善
办学保障条件大幅改善
附属医院发展面貌焕然一新

宝贵经验

必须始终坚持党的领导，强化党建引领
必须始终坚持依靠师生，凝聚发展合力
必须始终坚持改革创新，激发办学活力
必须始终坚持立足武汉，服务城市发展

问题和不足

思想政治工作和基层党组织建设有待进一步加强。

办学特色不够鲜明，学术领军人才较少，高水平成果不多，融入武汉深度不够。

综合改革有待深化，治理能力有待进一步提升，服务意识尚需增强。

建成高水平城市大学的发展战略和发展理念

江汉大学是一所城市大学，由城市举办，服务城市，这是江汉大学的定位，也是江汉大学最鲜明的特色。

走高质量发展之路，建高水平城市大学，是江汉大学的必然选择。

奋斗目标

以服务武汉为己任，在学科专业设置、人才培养、科研成果转化和社会服务等方面，积极构建与城市发展深度融合的体制机制，深度融入和有力支撑武汉发展，努力建设与武汉国家中心城市和国际化大都市城市地位和发展水平相适应的高水平城市大学。

为建成高水平城市大学 学校实施“三步走”战略

第一步到 2025 年

学校综合实力快速提升，为高水平城市大学建设打下坚实基础，更好适应武汉经济社会发展。

第二步到 2035 年

学校综合实力继续大幅提升，跻身国内一流高校行列，基本建成高水平城市大学，有效支撑武汉经济社会发展。

第三步到 2050 年

学校人才培养、科学研究和社会服务高度协调发展，全面建成高水平城市大学，走在全国同类城市高校前列，积极引领武汉经济社会发展。

全面贯彻四大发展理念

——内涵式发展理念

——创新发展理念

——融合发展理念

——特色发展理念

聚力改革创新 奋力谱写建设高水平城市大学新篇章

坚持教学改革，全面提升人才培养质量

坚持特色引领，全面提升学科建设水平

坚持创新导向，全面提升科学研究能力

坚持引育并举，全面提升师资队伍水平

坚持开放办学，全面提升社会服务能力

坚持传承创新，全面提升校园文化品位

坚持依法治校，全面推进治理体系和治理能力现代化

坚持统筹推进，全面提升服务保障能力

坚持和加强党的全面领导 为建设高水平城市大学提供坚强政治保证

坚持把政治建设摆在首位

坚持用党的创新理论武装头脑

切实增强思想政治工作实效

不断夯实基层党组织根基

着力打造高素质专业化干部队伍

持之以恒正风肃纪

大会号召

使命在于担当，实干铸就辉煌。让我们紧密团结在以习近平同志为核心的党中央周围，高举中国特色社会主义伟大旗帜，用奋斗拥抱新时代，用实干开启新征程，为实现学校高质量发展，建成高水平城市大学而努力奋斗！

9. 先进单位

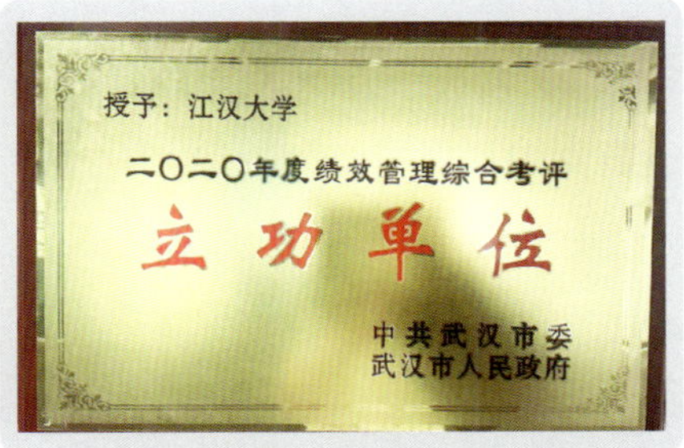

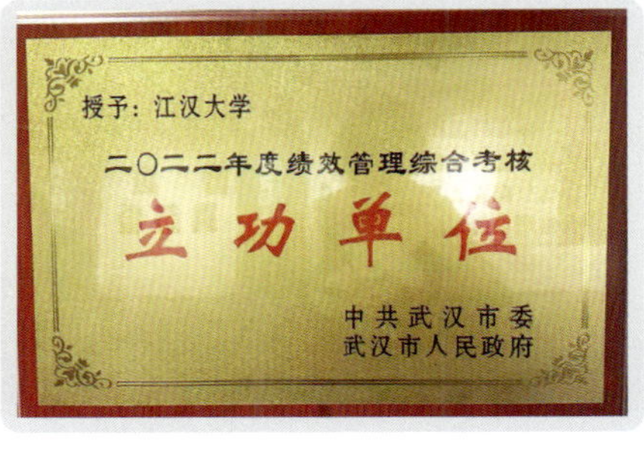

坚持和加强党对学校工作的全面领导

要实现把我校建设成为地方一流大学的目标关键在党，关键在人。我们要有一支“志存高远、敬业奉献、乐在其位、朝气蓬勃”的干部队伍。

——校党委书记罗友松在 2002 年教学工作会议上的讲话

要紧紧围绕学校自身发展目标，按照确保重点、突出特色的原则，以加速培养中青年学科带头人和骨干教师为核心，实施新的人才建设工程，大力推进岗位聘任和分配制度改革，努力做到“用好现有的人，留住关键的人，引进优秀的人，培养未来的人”，努力造就一支师德高尚业务精湛、规模适度、结构优化、充满生机和活力的创新型师资队伍，适应教学科研型大学发展需要。

——校党委书记余茂才在 2008 年中青年骨干教师座谈会上的讲话

一所大学的办学和治理就是要靠队伍。靠什么队伍？要靠专业队伍、学术队伍，还要靠管理队伍、服务保障队伍，更要靠干部队伍。要使若干支队伍成为我们整个事业的中坚力量。我们整个事业的发展取决于我们整个队伍建设的水平。这是学校生存发展的生命线。

——校党委书记谭仁杰在 2015 年的讲话

向内挖潜，自强不息，一岗双责，切实履责，抓好党建是最大的政绩。

——校党委书记李强在 2019 年学校工作部署暨党风廉政建设工作会议上的讲话

我们的教师，不管是共产党员，还是民主党派人士或非党人士，都必须做政治上的明白人，必须与党中央保持高度一致。

——校党委书记张幸平在 2020 年人才培养质量与教学改革专题会议上的讲话

选择了教师这个职业，就是选择了追求崇高，就是选择了点亮希望。做一名好老师，是每一个老师孜孜以求的信念。

——校党委书记覃道明在 2023 年教师节上的讲话

八、院士风采

领军人才，是大学高质量发展的关键所在。江汉大学拥有两名全职院士，在工程爆破、地震工程领域领跑。谢礼立，中国地震局工程力学研究所名誉所长、研究员，中国工程院首批院士，教授、博导。当选为国际世界地震工程协会的终身名誉理事。谢先启，我国著名工程爆破专家，中国工程院院士，教授、博导。30 多年来，一直奋战在工程爆破第一线，主持完成各类爆破工程 500 多项。

全职院士

谢礼立

出生年月 1939 年 3 月，专业专长，主要研究领域为地震工程与安全工程，城市防震减灾能力评估，工程抗震设防标准，抗震设计规范研究等。2008 年第 14 届地震工程大会被选为国际世界地震工程协会终身名誉理事，这是国际地震工程领域的最高学术荣誉和终身荣誉，也是我国被授予该荣誉的唯一中国学者。

谢先启

出生年月 1960 年 12 月，江汉大学学术委员会主任，专业专长，首次提出了“精细爆破”理念，并构建了“精细爆破”技术体系，是工程爆破发展新阶段的标志。

双聘院士

江桂斌

中国科学院院士

桂建芳

中国科学院院士

刘加平

中国工程院院士

九、校友撷英

复兴浪潮奔涌向前，在迈向社会主义现代化的伟大征程中，江大人不仅是见证者，更是勇立潮头的重要参与者。他们不忘初心、坚守理想、努力奋斗，在思考中成长，在实践中奉献，汇聚成不可或缺的时代力量。

勉力育桃李，英才遍天下。学校始终牢记立德树人的根本任务，为国家经济建设和社会发展培养了一大批优秀人才。他们在各自岗位上无私奉献、拼搏进取、频创佳绩，为母校赢得了良好的社会声誉。

张俊武
首席技术专家
国防技术发明奖一等奖

马泽江
湖北省宜昌市市长

刘　洁
湖北省黄冈市委副书记
市政府党组书记、市长

叶金生
原武汉市政协主席

夏菊花
著名杂技表演艺术家杂技皇后

胡绪鲲
原武汉市人大常务委员会副主任

陈　平
湖北省政府副省长

王沈顺
原武汉市体育局局长

苏霓斌
原武汉市青山区委书记

唐成春
河北工业大学教授 博导
河北省突出贡献中青年专家

段逸群
武汉市第一医院主任医师
中国医师奖

余建明
华中科技大学教授
中华医学影像技术学科
建设首席专家 伦琴学者

王　曦
上海交通大学 博导
2021 年伊丽莎白·赫白
环境法与外交奖

金　波
西南科技大学教授 博导
四川省杰出青年科技人才

李真林
四川大学教授 博导
中华医学会影像技术
分会主任委员

胡勇胜

中国科学院物理研究所

研究员 博导

鞠　峰

西湖大学特聘研究员博导

浙江省海岸带环境与资源

重点实验室副主任

柳　莺

武汉广播电视台副总主编

全国播音主持“金话筒”奖

（刘　英）

郑小红

武汉市江汉区人民法院法官

全国模范法官 全国优秀法官

蔡学恩

德伟君尚律师事务所主任

全国优秀律师

刘江超

原武商集团董事长

党委书记

陈　彬

东风集团总裁助理

神龙汽车有限公司

执行副总经理 党委书记

冷　军

中国国家画院油画院研究员

国家一级美术师

殷安建

著名导演

全国“五个一工程”奖获得者

郭 静

中央人民广播电台
中国之声特别报道部副主任
全国播音主持“金话筒”奖

肖 牧

澳大利亚贸易委员会
武汉代表处首席代表
武汉市招商大使 招才大使

吴又存

武汉市解放中学副校长
全国优秀思政课教师

赵莉莉

广西艺术学院音乐学院
声乐教授
国家一级演员 女高音歌唱家

邰丽华

中国残疾人艺术团团长
艺术总监
全国劳动模范 全国自强模范

孙邦春

武汉歌舞剧院院长
文化部文华大奖
全国十佳精品奖

黄 莹

武汉市硚口区汉水桥街
社区卫生中心家庭医生
全国优秀全科医生

胡 丹

武汉东方荣升米业有限公司
总经理
全国致富青年带头人

邹超颖

儿童文学作家
冰心儿童文学奖

结束语

七十年建校兴校，二十载跨越发展。江汉大学校史展见证了学校砥砺奋进的历程，她的脉搏始终与城市同频共振，她的成长始终与国家紧密相连。

倾听历史足音，感悟发展成就。这一路激昂的号角，体现的是以人为本、立德树人的教育初心，是立足武汉、服务地方的城市使命，是艰苦创业、顽强拼搏的执着追求，是同心同德、兴校荣校的江大情怀，这是弥足珍贵的精神财富，我们必须传承与弘扬。

一年一小步，十年一大步。十年获得硕士学位授予权、省部级科研平台零的突破，再十年获得博士学位授予权、国家重点实验室零的突破。十年又十年，既是里程碑，更是新起点。进入省属高校和副省级城市大学先进行列，为建设高水平城市大学奠定坚实基础，这是下个十年的发展目标，我们充满自信和期待。

筑梦新时代，奋斗新征程。我们要贯彻落实习近平总书记关于教育的重要论述，坚定理想信念，强化责任担当，为党育人、为国育才，为建设教育强国作出新的更大贡献。

Concluding Remarks

Seventy years ago, the university was established and since then it had embarked on the journey of growth and realized twenty years of leapfrog development. The exhibition of Jianghan University history has witnessed the university's untiring pursuit. The pulse of the university always resonates with the development of the city, and its growth has always been closely linked to the country.

Through listening to the rhythm of history, one can really understand and appreciate the achievements and development. Passionate voice of horns echoing all the way, reflects the original aspiration of people-oriented education and moral cultivation; the mission of being located in Wuhan while serving the area; the persistent pursuit of hard work and tenaciously strive to succeed; and also the Jianghan University's grit of solidarity in making progress. All these are precious spiritual wealth that we shall inherit and carry forward.

One small step in a year makes one giant leap in ten years. For the university, it had obtained the authority to award master degrees and made the breakthrough in possessing provincial or ministerial level science and technology platform in ten years. Then it took another ten years to obtain the authority to award doctoral degrees and make breakthroughs in establishing national key laboratories. Ten years after ten years, these achievements are both milestones and new starting points. To advance into the ranks of provincial universities and sub-provincial city universities, as well as to lay a solid foundation for building a high-level university is the development goal for the next ten years, for which we are confident and highly anticipated.

To build dreams for a new era and embark on a new journey, we should implement Xi Jinping's important discourse on education, strengthening our ideals and beliefs, reinforcing sense of responsibility, cultivating people for the Party and the country, and making greater contributions to constructing a strong education country.

图书在版编目（CIP）数据

江汉大学图史 / 江汉大学档案馆编. -- 武汉 : 长江出版社，2023.11

ISBN 978-7-5492-9131-1

Ⅰ. ①江… Ⅱ. ①江… Ⅲ. ①江汉大学－校史－图集 Ⅳ. ① G649.286.31-64

中国国家版本馆 CIP 数据核字 (2023) 第 236549 号

江汉大学图史

JIANGHANDAXUETUSHI

江汉大学档案馆 编

责任编辑：胡箐
装帧设计：汪雪
出版发行：长江出版社
地　　址：武汉市江岸区解放大道 1863 号
邮　　编：430010
网　　址：https://www.cjpress.cn
电　　话：027-82926557（总编室）
　　　　　027-82926806（市场营销部）
经　　销：各地新华书店
印　　刷：湖北金港彩印有限公司
规　　格：787mm×1092mm
开　　本：16
印　　张：17
字　　数：180 千字
版　　次：2023 年 11 月第 1 版
印　　次：2024 年 9 月第 1 次
书　　号：ISBN 978-7-5492-9131-1
定　　价：118.00 元